yh 2583

Paris
1863

Goethe, Johann Wolfgang von

Poésies

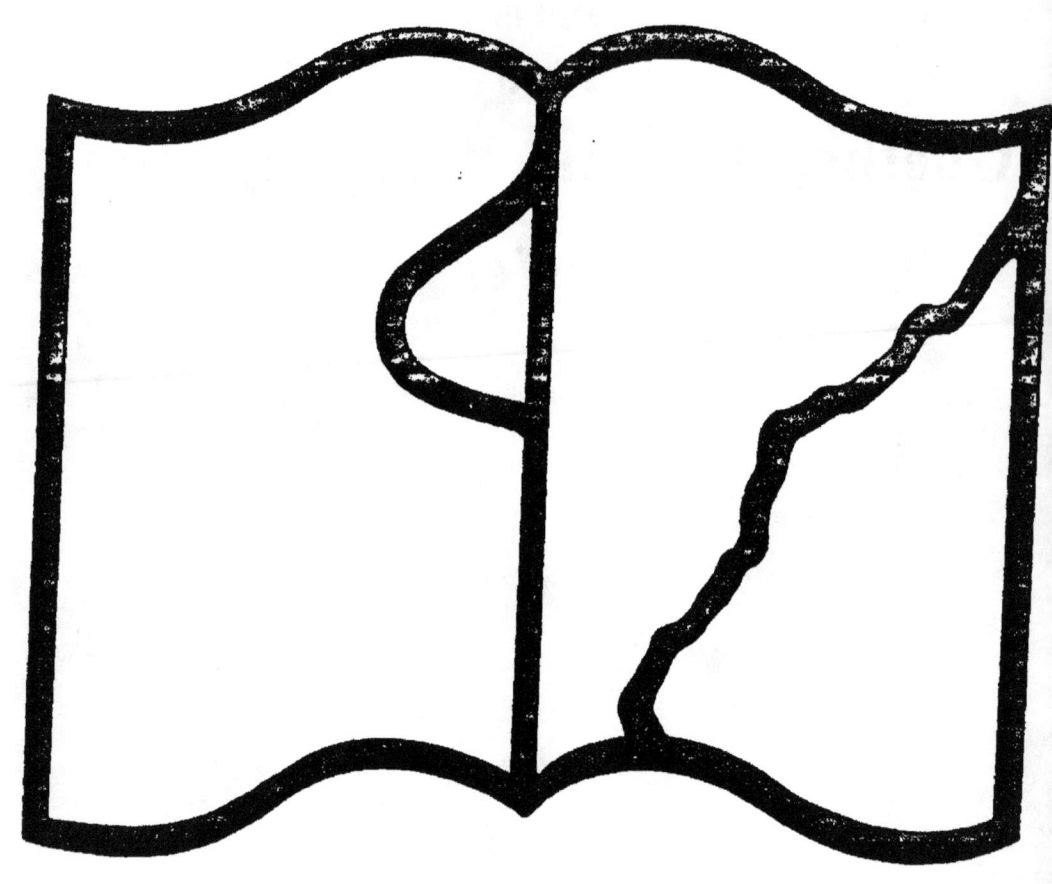

Symbole applicable
pour tout, ou partie
des documents microfilmés

Texte détérioré — reliure défectueuse

NF Z 43-120-11

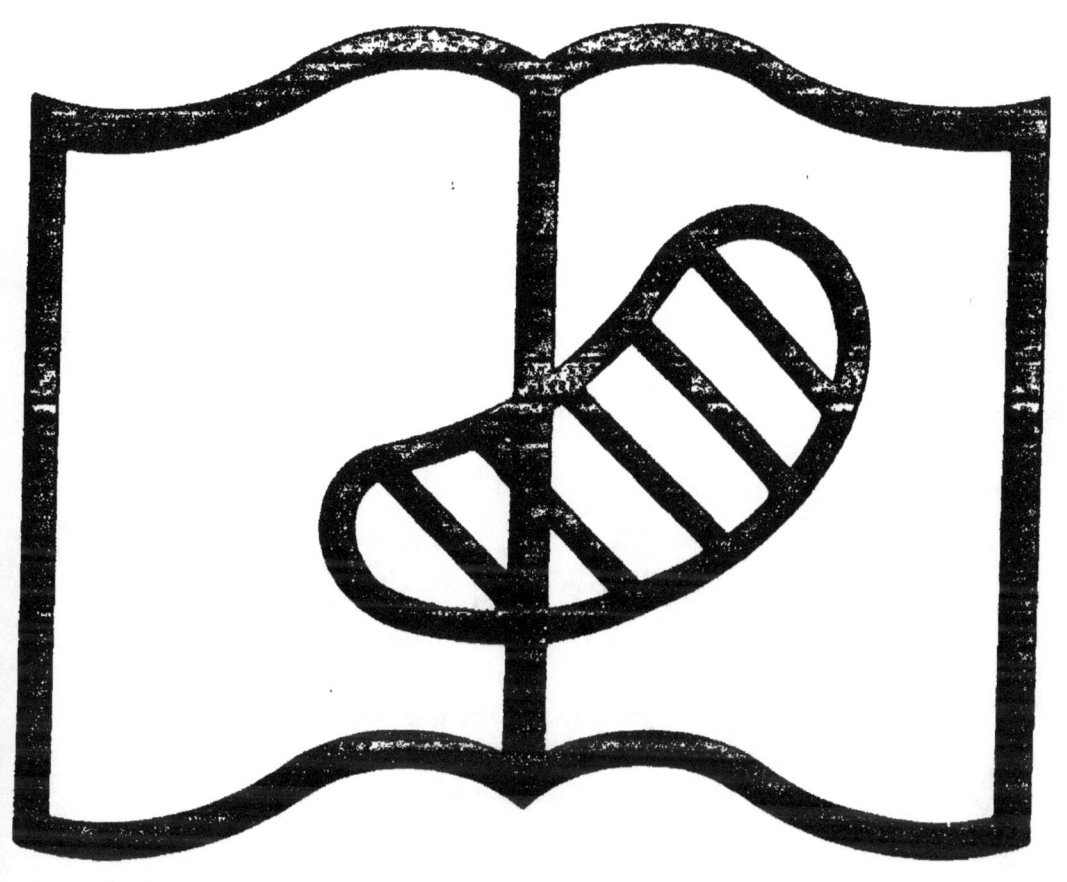

Symbole applicable
pour tout, ou partie
des documents microfilmés

Original illisible

NF Z 43-120-10

POÉSIES
DE GOETHE

Paris. — Imprimerie de P.-A. Bourdier et Cie, rue Mazarine, 30.

POÉSIES
DE GOETHE

TRADUITES

PAR M. HENRI BLAZE

Auteur de la traduction complète de *Faust*

AVEC UNE PRÉFACE DU TRADUCTEUR

DEUXIÈME ÉDITION

PARIS

CHARPENTIER, LIBRAIRE-ÉDITEUR

QUAI DE L'ÉCOLE, 28

1863

A

SON ALTESSE ROYALE

MONSEIGNEUR

CHARLES ALEXANDRE

GRAND-DUC HÉRÉDITAIRE DE SAXE-WEIMAR

Son très-humble et très-obéissant serviteur,
Baron BLAZE DE BURY.

INTRODUCTION

« Les poésies de Goëthe, disait Beethoven, exercent sur moi une grande influence, et cela, non pas seulement par leur contenu, mais aussi par leur rhythme. Je me sens inspiré et porté à composer par cette langue, dont on dirait que des Esprits ont ordonné la sublime architecture, et qui porte en soi déjà le secret des harmonies. » Ces paroles de Beethoven à Bettina seraient une admirable introduction à la lecture des poésies de Goëthe, des *Lieds* surtout, véritables chefs-d'œuvre de contre-point et de facture, délicieux motifs présentés avec un art, une mesure, une subtilité que personne avant lui n'avait soupçonnés dans la poésie allemande, et dont il semble pour toujours avoir emporté le secret. C'est surtout dans les Lieds que cette science du rhythme, de l'harmonie, pour parler la langue de Beethoven, vous frappe et vous étonne. Là, chaque mot double de prix par la place qu'il occupe; la moindre syllabe, le moindre chiffre a sa valeur, à peu près comme dans l'hiéroglyphe musical; et nulle part le maître, chez Goëthe, ne vous apparaît davantage que dans ces petites pièces d'un fini sans exemple, contextures profondes où le travail ne se sent pas, bulles de savon taillées dans le cristal de roche et le diamant.

Énumérer dans l'original de semblables qualités, c'est d'avance faire le procès à notre traduction. En effet, dira-t-on, qu'espérez-vous d'une si hasardeuse tentative? Comment oser s'attaquer à des œuvres de marqueterie qui n'existent la plupart du temps que par les détails ou les nuances, choses fragiles s'il en fut, et qui doivent naturellement s'altérer et perdre tout leur charme en passant d'un climat dans un autre? Quelle image froide et décolorée nous apportez-vous de ce printemps ailé, sonore, vaporeux, qui scintille et bourdonne et frémit au soleil d'Allemagne? quel triste et stérile reflet de cette vie généreuse et féconde, si puissante en sa concentration calculée? Ces reproches, au fond, n'auraient rien que de juste, et loin de s'en étonner, l'auteur de cette traduction se les serait adressés à lui-même avant d'entreprendre sa tâche, si toutefois l'on pouvait désigner ainsi une étude commencée à loisir, laissée là, puis reprise, et qui avait pour lui le charme de renouer en quelque sorte des liens d'intimité avec un maître qu'il aime, et vers lequel il se sent toujours un peu porté à revenir. Traduire des poésies détachées, traduire les poésies de Goethe! Mais qui oserait s'aventurer à tenter les hasards d'une œuvre de cette nature? Personne, à coup sûr, cher lecteur. Cependant on a son poëte de prédilection, on le relit souvent, on en cause avec la femme aimée; on note au crayon, çà et là, une pièce, puis l'autre; on les transcrit l'été au retour de la promenade, l'hiver au coin du feu; le soir, et de causerie en causerie, de pièce en pièce, le volume entier y passe. C'est toujours un peu l'histoire du panier de cerises de madame de Sévigné. Autrefois, dans un temps où les travaux de l'intelligence étaient pris au sérieux, une traduction des poésies de Goëthe soigneusement élaborée, écrite avec goût, aurait pu compter, aux yeux de bien des gens, pour un titre littéraire ; mais aujourd'hui les temps sont changés. Il ferait beau voir, en effet, un écrivain s'attarder sur une traduction à une époque où les œuvres originales s'improvisent. Remarquez bien que nous ne disons point cela pour nous ; à Dieu ne plaise ! D'abord, nous commençons par dire que nous ne reconnaissons point à ce travail les grandes qualités de style et de méditation indispensables à l'œuvre dont nous parlons ; ensuite, il ne nous arrivera jamais d'attendre d'une étude de cette nature d'autre satisfaction que celle qui vous revient d'un commerce plus régulier, plus libre, avec un génie affectionné. Certes, nous n'avons pas la prétention de croire que nous avons pleinement réussi dans notre œuvre, et nous doutons fort que les Lieds de Goëthe eussent jamais inspiré à Beethoven les belles paroles que nous venons de citer, si le chantre de la symphonie *en ut mineur* n'eût connu les Lieds de Goëthe que par notre traduction. Cependant, à défaut du rhythme, de la partie musicale et de pure *facture*, nous avons essayé de donner le sentiment. Et d'ailleurs si les Lieds présentaient des difficultés presque insurmontables, peut-être aurons-nous mieux réussi dans les *Ballades* et les *Élégies romaines*, qui, d'un tissu non moins serré, offraient pourtant une plus ample étoffe à la traduction.

Plusieurs passages des *Mémoires* ont trait à ces petits poëmes, dont ils expliquent, pour ainsi dire, les origines et les corrélations : « La vie bornée[1] que je menais à cette époque (il étudiait à Leipzig) me conduisit naturellement à ne rien demander qu'à moi-même. Sentiments ou réflexions, force m'était de chercher en mon propre sein toute base à donner à mes poésies ; et quant à la représentation poétique, une contemplation immédiate de l'objet, de l'événement, me la fournissait sans que je sortisse jamais du cercle de mes sympathies. Je commençai par écrire dans ce sentiment certaines petites poésies en forme de lieds, ou d'un rhythme moins sévère, issues pour la plupart de la réflexion, et qui traitent du passé et affectent une tournure épigrammatique. Tels furent les premiers effets, chez moi, d'une tendance qui depuis ne m'a jamais abandonné, et qui consiste à transformer à l'instant en poëme, en image, toute chose qui me réjouit, m'afflige ou simplement me préoccupe, uniquement pour en avoir le cœur net et me rendre un compte exact des objets extérieurs. J'ajouterai que jamais semblable don ne fut plus nécessaire, étant porté par ma nature à me jeter sans cesse d'un extrême dans l'autre ; et toutes les pièces de cette époque ne sont que les fragments d'une confession, que ce petit livre va essayer de rendre complète. » Et plus loin, page 132 : « Comme il est vrai que le cœur nous touche de plus près que l'esprit et nous pousse à créer, tandis que celui-ci sait très-bien se venir en aide à lui-même, les circon-

---

1. Dichtung und Warhrheit Zweites Theil. — 124.

stances où le cœur se trouve en jeu m'ont toujours paru les plus considérables. Je n'avais que faire de m'épuiser à réfléchir sur l'inconstance des inclinations, sur les vicissitudes de l'être, sur tout ce sublime et ce profond, dont les connexions dans notre nature peuvent être envisagées comme les énigmes de la vie humaine ; non, je n'avais d'autre vue que de me débarrasser, dans un lied, une épigramme, une rime, de l'affection qui me tenait ; et ces pièces se rapportant à des sentiments qui me sont personnels, à des circonstances toutes particulières, je doute qu'elles puissent intéresser quelque autre que moi-même. » Cette confession préliminaire expliquera suffisamment l'ordonnance du premier livre de poésies de Goëthe, où les lieds d'amour abondent en si grande quantité, bien qu'au dire même des *Mémoires*, la collection soit loin d'être complète. A qui s'en prendre? aux réserves du poëte, ou bien aux vents qui dispersent, souvent pour ne jamais les rendre, les feuilles volantes de ces petits livres du cœur?

Le plus grand nombre des Lieds de Goëthe s'inspirent de l'amour ; ceux-ci plus enjoués, plus doux, plus superficiellement tendres ; ceux-là plus intimes, plus empreints de mélancolie allemande et de cette langueur indicible qu'ils appellent *Sehnsucht* au delà du Rhin. Je citerai dans la première classe : *le Compagnon orfévre*, et les pièces intitulées: *A Belinde, Lied de mai, Chant alterné pour la danse, En été, Printemps anticipé, Trouvé, Salut de fleurs*; et dans la seconde : *la Prude et la Convertie, la Rose des Bois, l'Adieu, la Plainte du Pâtre, la Volupté de la douleur, la Consolation dans les larmes*, etc. Nous avons parlé de mélancolie. Avec Goëthe, le mot pourra paraître singulier; toutefois, appliqué aux Lieds, œuvres de sa jeunesse, émanations presque involontaires d'un premier épanouissement du cœur, il s'en faut qu'il soit déplacé. « Je demeure de plus en plus convaincue, disait une femme d'une sensibilité poétique vraiment rare, que la mélancolie est la base fondamentale de l'harmonie chez les natures élevées, et que c'est par elle seule que leurs œuvres conservent ce charme inépuisable et résistent à toutes les vicissitudes du temps, des opinions et des mœurs. » Sans aller si loin, ni prétendre le moins du monde que la mélancolie soit une des cordes principales de la lyre de Goëthe, ne saurions-nous reconnaître le ton de tendresse et de conviction qui règne dans la plupart des pièces de ce livre? Pour moi, j'avoue que ce ton-là m'attire et me frappe; après cela, qu'il vienne de la tête ou du cœur, de l'homme ou du poëte, qu'il soit un artifice de plus dans cette organisation si prodigieusement douée, peu importe; une chose certaine, c'est que le sentiment est là, qu'on l'y trouve, et qu'il donne à ces poésies lyriques de la première manière un charme incomparable, que toute l'orfévrerie de la forme la plus habile et la plus riche n'a jamais su donner au *Divan*.

La Ballade de Goëthe porte en elle un caractère mystérieux qui n'a rien de mystique, deux conditions dans l'art qu'il ne faut pas confondre, celle-ci résidant tout entière dans l'étoffe même du poëme, celle-là dans la manière de le traiter. Le mystérieux des Ballades de Goëthe ressort presque toujours de l'arrangement des choses, de la mise en scène, si je puis m'exprimer ainsi. Le poëte a son sujet, ses figures dont il sent les actes et les passions se mouvoir dans les profondeurs de son être, mais si vaguement qu'il ignore lui-même comment il fera pour les produire au jour ; dans son incertitude, il avise alors un moyen nouveau, qui consiste à mêler ensemble tous les éléments ; lyrisme, épopée, drame, il dispose à son gré, et selon le caprice de son imagination, des trois formes fondamentales de la poésie ; souvent même, le refrain ramené avec art au bout de chaque strophe, tout en introduisant dans le vers ce nombre caractéristique, ce rhythme musical que Beethoven admire, vient donner à l'expression de la pensée un tour original de plus. Entre les Ballades de Goëthe où règne cette couleur mystérieuse, nous indiquerons la troisième pièce du second livre de ce recueil, pièce de facture serrée, véritable chef-d'œuvre de concision, de rhythme, je dirais presque d'enchevêtrement lyrique, mais qui, par les qualités mêmes qu'il a dans l'original, paraîtrait, au lecteur français, obscur peut-être et trop laconique, si nous ne prenions soin d'en donner une sorte d'analyse préliminaire, et d'indiquer ici, strophe par strophe, la marche de l'action.

Deux enfants au fond d'un antique manoir féodal, environné de bois et de forêts, profitent d'un moment où leur père est à la chasse au loup, et leur mère en son oratoire à prier Dieu, pour introduire un vieux barde dans une des salles solitaires du château.

Le vieux barde se met alors à leur chanter sa complainte historique : un Comte, au moment où les ennemis investissent sa forteresse, enterre ses trésors, et s'enfuit emportant dans les plis de son manteau une fille encore en bas âge.

L'illustre vieillard court le monde sous l'apparence d'un pauvre barde réduit à mendier son pain. Cependant l'enfant croît, précieux fardeau.

A mesure que les ans s'écoulent, le manteau se décolore et s'use ; la jeune fille toutefois est devenue grande et belle, et n'a plus que faire d'un pareil abri.

Passe un chevalier de race princière ; au lieu de jeter son aumône dans cette main royale, le noble jeune homme l'étreint avec amour et la demande au père, qui consent à la lui donner.

La jeune fille alors se sépare à regret de son père ; lui cependant s'éloigne, et, solitaire, poursuit sa route errante à travers le monde. — De ce moment, le barde change de rôle, le vieux Comte c'est lui, lui-même : il parle désormais à la première personne en son propre nom. Il bénit les enfants, et dès lors on devine non-seulement qu'il est ce Comte dont parle la complainte, mais que les enfants sont ses neveux, que la princesse est sa fille, et le chasseur princier son gendre. Le dénoûment se présente d'abord sous les couleurs les plus riantes. Mais bientôt la scène se rembrunit. Rentre le père, orgueilleux, superbe, emporté ; furieux de voir qu'un mendiant s'est introduit dans sa maison, il ordonne qu'on le jette aux oubliettes ; les enfants sont effrayés, la mère accourt et supplie.

Cependant les gardes n'osent approcher du vieillard, tant l'auguste dignité de cet homme leur impose. La mère et les enfants redoublent de prières, le prince dévore un moment sa fureur. (Ne remarquez-vous pas combien la la scène est dramatique, musicale surtout, et qu'il y aurait là une admirable finale d'opéra!) Toutefois sa colère, trop longtemps contenue, éclate enfin; la première ardeur de l'amour une fois éteinte, le souvenir de sa race antique et chevaleresque est revenu au cœur de l'illustre jeune homme, et il a rougi de son alliance avec la fille d'un mendiant.

Le jeune seigneur éclate en horribles reproches contre sa femme et ses enfants.

Le vieillard, qui jusque-là s'est tenu immobile dans sa dignité, ouvre la bouche alors et se déclare père de la princesse, aïeul des enfants, et antique souverain du burg dont l'a chassé la race du possesseur actuel. Le cours des choses s'explique naturellement: une révolte à main armée ayant chassé jadis le roi légitime auquel le Comte appartenait, la dynastie antique, ainsi que ses fidèles partisans, vient d'être restaurée. Le vieillard confirme l'authenticité de ses paroles en désignant la place où ses trésors sont enfouis; une amnistie est promulguée aussi bien dans le royaume que dans le burg, et tout se termine par un heureux dénoûment.

Quand nous indiquions tout à l'heure dans cette ballade une admirable scène de grand opéra, nous ne faisions qu'émettre une idée de Goëthe lui-même, qui eut un moment l'intention de disposer pour la musique ce sujet, emprunté du reste à une très-intéressante légende de la vieille Angleterre : « Ce motif me plaisait réellement, écrit-il quelque part; je traçai le plan, j'ébauchai même quelques scènes, mais le travail en resta là. Je souhaite qu'un plus jeune s'empare du sujet, et mette en relief les points lyriques et dramatiques, rejetant la partie épique dans le fond du tableau. Une semblable pièce de théâtre, conçue et traitée avec intelligence par le poëte et par le musicien, aurait, il me semble, quelques droits à prétendre au succès. »

Les Ballades de Goëthe ont une signification historique dans les annales de la littérature allemande, et se rattachent à cette fameuse levée de boucliers de 1797, où le chantre de *Faust* et Schiller, son héroïque et désormais inséparable compagnon d'armes, prirent une part si vaillante. Les Ballades de Goëthe et les Ballades de Schiller naquirent vers le même temps et de la même inspiration, de ce besoin commun de lutte et de rénovation qui possédait les deux vainqueurs, jaloux, après avoir arraché la mauvaise herbe, de semer partout dans le champ un germe substantiel et fécond. Après s'être rencontrés, on sait avec quel bruit, dans l'*Almanach des Muses, Almanach des Furies (Furien Almanach)*, comme l'appelait Nicolaï, après avoir bafoué de concert dans les *Xenies*, les ridicules et les tendances rétrospectives de toute une école de pédants et de rimeurs insipides, Goëthe et Schiller, poursuivant d'un point de vue plus sérieux et plus digne, du point de vue de l'œuvre, la lutte engagée par la polémique, commencèrent dans leurs ballades cette association du génie, cette sublime mise de fonds pour l'exploitation de la pensée, grâce à laquelle ils devaient obtenir plus tard au théâtre de si splendides résultats. « Il faut, disait Goëthe, après ces frivoles escarmouches des *Xenies*, il faut maintenant aborder des sujets plus élevés, plus dignes, et, sous la forme du noble et du beau, montrer à nos antagonistes confondus notre nature de Protée. » Personne plus que Schiller n'était fait pour comprendre ces paroles. De ce moment, leur activité, jusque-là dispersée, se concentra tout entière sur deux genres principaux, l'épopée et le drame, objets uniques désormais de leurs méditations en commun, qui donnèrent lieu çà et là à plus d'une forme dérivée et comme flottant indécise entre les deux espèces. C'est vers cette époque justement que tombent les Ballades. Et peut-être serait-ce une étude assez curieuse que celle de ces nobles intelligences diversement préoccupées d'une même idée, et subissant, chacune selon sa nature, l'influence des temps et de l'histoire. Depuis ses premiers essais en poésie lyrique, Schiller nourrissait le projet d'écrire une petite épopée romantique. Étrange chose! à peine la conscience de sa propre individualité lui était-elle venue, à peine croyait-il pouvoir distinguer le fort et le faible de son talent poétique, qu'il s'imaginait ne posséder aucune des dispositions nécessaires à l'art dramatique. « L'épopée, écrivait-il, voilà ma véritable vocation; » et il ajoutait d'un ton modeste : « Bien entendu que je ne parle pas ici de la grande épopée. » Cette idée le tenait si fort à cœur, qu'après avoir terminé ses études sur la guerre de Trente Ans, il demeura incertain s'il n'écrirait pas un poëme de Gustave-Adolphe plutôt qu'une tragédie de Wallenstein; on dit même que lorsqu'il traduisait Virgile, en 1792, ses longues études du poëte latin n'avaient d'autre but que de l'amener à une connaissance approfondie, technique du genre, à une sorte de pratique dont il comptait faire usage dans un poëme de Frédéric le Grand, lequel poëme, s'il faut en croire les récits du temps, n'eût été rien moins qu'une épopée dans les formes. En 1795, Schiller était encore tellement indécis sur la tendance à prendre, que sans M. de Humboldt, il courait grand risque de tourner pour toujours le dos au drame, et d'aller se fourvoyer dans l'antique dédale de l'épopée homérique. Les conseils impérieux de M. de Humboldt agirent vivement sur Schiller, qui revint peu à peu à son drame des lontemps projeté de *Wallenstein*. Il en était là, et Goëthe, de son côté, allait se remettre à son *Faust*, lorsque la fièvre des ballades les prit l'un et l'autre, et cet élan spontané de ces deux intelligences indécises vers un genre mixte, et qui semble tenir le milieu entre le drame et l'épopée, est un fait des plus caractéristiques. En effet, si l'on y réfléchit, la ballade procède des deux formes : elle raconte comme l'épopée, elle vit comme le drame ; et il est curieux de retrouver dans les préludes du génie le même ordre de succession qu'on remarque dans l'histoire des littératures, où le récit populaire, la ballade, sert toujours d'acheminement vers la forme dramatique. La plupart des ballades de Goëthe et de Schiller parurent en 1797. Il y eut alors un moment de verve et d'inspiration où la poésie coula comme de source. A cette heureuse époque, chaque jour voyait éclore une pièce, c'était une véritable communauté des trésors de l'intelligence, une collaboration poétique des plus riches et des plus fécondes. On cherchait ensemble les sujets, chacun choisissait ensuite le motif qui lui convenait le mieux pour le traiter à sa manière ; quelquefois même il arrivait qu'en se jouant on se distribuait la tâche, comme dans les *Grues d'Ibicus*, dont Goëthe écrivit la moitié. Les titres, même, indiqueraient au besoin la tendance du génie de chacun : ainsi *Friedolin, le Gantelet, le Combat du Dragon*, sont plutôt des récits (Ezaehlungen), comme les appelle Schiller, tandis que *la Fiancée de Corinthe, le Dieu et la Bayadère,* la ballade que nous citions plus haut, se rapprochent davantage de l'épopée. Ici comme dans leurs plus grands chefs-d'œuvre, la physionomie des deux maîtres se dessine distinctement. Schiller a plus d'action, Goëthe plus de mesure et de calme. La ballade de Schiller vogue davantage dans les eaux du drame; celle de Goëthe tient de plus près à l'épopée. Les ballades de Goëthe sont des épopées dans le même sens que ses drames sont des tragédies.

Cependant Goëthe conserve cette incontestable supériorité, que lui seul sait varier à l'infini ses modes et ses tons. Ainsi, *le Dieu et la Bayadère, la Fiancée de Corinthe, le Chant du comte prisonnier, Mignon, la Violette*, tout en appartenant à l'espèce, sont autant de morceaux marqués d'un signe distinctif, et qui dénotent dans ce genre l'inépuisable activité de cette intelligence rayonnante. A côté de la ballade épique, littéraire, où le sentiment se révèle de toutes les pompes de l'art, vous avez la ballade populaire, la vraie ballade, sans ajustement poétique, sans effets de style, toute naïve, toute concise, belle de sa seule ingénuité. S'il m'était permis d'employer ici des termes d'horticulture, je dirais que Goëthe a dans son jardin des fleurs doubles et des fleurs simples; à ce compte, *la Fiancée de Corinthe* serait une fleur double, une de ces roses magnifiques obtenues par la combinaison des greffes, et je comparerais *le Roi des Aulnes, le Page et la Meunière, le Roi de Thulé,* à ces églantiers de la haie et du bois dont l'odeur enivrante, un peu sauvage, embaume l'air, et que Margot cueille en passant. Les ballades de Goëthe dans le goût populaire resteront comme d'inimitables modèles de poésie et de science de la forme. Jamais on ne vit sous un laisser-aller apparent, sous une contexture des plus simples, se dérober tant d'art. C'est la mélodie dans le contre-point. En quelques vers le drame se lie et se dénoue : drame attachant dans sa concision laconique, réel, humain dans ses velléités fantastiques, et toujours écrit de ce style des choses faites pour être retenues par cœur. Sous ce point de vue, Goëthe semble s'être surpassé lui-même dans les Ballades; il y a tel de ces petits chefs-d'œuvre où le chantre immortel de Faust a véritablement trouvé en poésie le style lapidaire. Nulle part, en effet, cette facilité qu'il a de se transformer, cette nature de Protée qu'il se reconnaît lui-même, ne vous frappe davantage que dans ces épopées de vingt lignes, où, dépouillant sa propre originalité, il se soumet sans réserve au goût simple, à l'originalité populaire. Sur ce terrain-là Goëthe reste sans rival. Schiller, qui, dans le style soutenu, admiratif, compte plus d'une pièce à lui opposer, n'a pas même abordé cette variété du genre. A *la Fiancée de Corinthe,* au *Dieu et la Bayadère,* au *lied du Comte prisonnier,* vous opposerez *Friedolin, l'Anneau de Polycrate, le Gantelet.* Mais que trouverez-vous dans toutes les poésies lyriques du chantre de Thécla, que trouverez-vous à mettre en présence du *Roi des Aulnes*, de *la Cloche errante*, de *l'Apprenti sorcier?* que sais-je? de *la Danse des Morts*, cette grotesque boutade dans le style populaire du moyen âge, où le linceul du squelette remplace le voile éthéré de la blanche nymphe de Musœus?

Les Élégies romaines et les Épigrammes vénitiennes furent, avec tant d'autres œuvres lyriques ou dramatiques, les fruits substantiels et savoureux du voyage en Italie. On sait quelle révolution soudaine et radicale s'opéra chez Gœthe dès qu'il eut mis le pied sur le sol antique; il lui sembla tout à coup *que des écailles lui tombaient des yeux* (*Ploetzlich fiel es ihm wie Schuppen von den Augen*). Avec la vie nouvelle, une poésie nouvelle devait commencer. Pour la première fois, il sentit alors combien l'art naïf des anciens diffère du nôtre : « Ils représentaient l'existence, disait-il; nous, nous représentons l'effet; ils donnaient le terrible, nous donnons la terreur; de là toute cette affectation, ce maniéré; de là les fausses grâces et l'enflure. » Le sentiment de la poésie grecque et de ses lois harmoniques s'empara de lui en même temps. Il revint à son Ovide, renoua commerce avec Martial, avec Properce, avec Anacréon dont l'influence perce dans plus d'une pièce de cette époque; je citerai entre autres *l'Amour peintre de paysage*. Ce fut dans ce sentiment qu'il conçut l'idée de ramener l'élégie et l'épigramme à leur point de vue naïf et simple, et d'essayer dans la poésie lyrique ce qu'il exécuta sur la scène pour le drame, qu'il fit remonter, comme on sait, du point de vue historique à la forme pure des Grecs. « En Italie, je me sentis peu à peu soulagé de toute idée mesquine, délivré de toute fausse aspiration, et à la place du désir qui m'entraînait vers le pays des arts, je sentis le désir de l'art même. J'en avais acquis pleine et entière conscience, et désormais je souhaitai d'y pénétrer à fond. L'étude de l'art, comme l'étude des anciens écrivains, nous donne une certaine consistance, un apaisement de nous-mêmes ; tout en remplissant notre être de sujets puissants, de grandes idées, en se rendant maîtresse de tous les désirs qui tendaient au dehors, elle couve en secret dans notre sein chaque aspiration digne. Le besoin de communication devient de jour en jour moins absolu ; et ce qui arrive aux peintres, aux statuaires, aux architectes, arrive au dilettante studieux : il travaille dans la solitude pour des jouissances qu'il serait à peine en état de partager avec les autres. — Cependant, à cette même époque un autre dérivatif devait me rendre encore plus étranger au monde ; je veux parler d'une vocation décidée vers la nature, vers qui mon propre élan m'entraînait de la façon la plus individuelle. Ici je ne trouvais ni maître ni compagnon, et force m'était bien de payer en tout de ma personne. Dans la solitude des bois et des jardins, dans l'obscurité de ces appartements sombres, je fusse demeuré complètement isolé, *si d'heureuses relations domestiques n'étaient venues me raviver amoureusement à cette singulière époque. Les Élégies romaines et les Épigrammes vénitiennes tombent en ce temps-là.* »

Cette phase de la vie de Goëthe est d'autant plus curieuse à étudier, qu'un jet libre et spontané, autre part difficile à surprendre, s'y déclare ouvertement. Cette fois le poëte est grand, il est beau ; vous sentez dans sa poitrine, comme dans un creuset plein d'or en fusion, une plantureuse abondance capable de créer sans efforts. Goëthe me représente ici le véritable artiste, celui-là chez lequel l'objet perçu, la chose *sentie*, trouve immédiatement son expression la plus lucide, la plus nette, sans avoir traversé la réflexion. Il tourne le dos de parti pris à toute espèce de didactique; désormais le lied allemand ne flottera plus dans les nuages, la poésie lyrique sera rappelée de la sphère des étoiles et du royaume des airs sur le sol antique et ferme de la terre. Goëthe vous raconte ici tout simplement ce qu'il éprouve; sa sensation n'a que faire de la réflexion pour se traduire, il vous la donne telle quelle! pittoresque, variée, vivante surtout. La vie circule chaude et rapide dans ses poésies, comme le sang sous la peau de cette belle fille romaine de vingt ans, dont l'œil enflamme ses désirs. S'il me fallait montrer un contraste de plus entre Goëthe et Schiller, je comparerais les Élégies romaines et les Épigrammes vénitiennes aux pastorales idéales que l'auteur de *la Cloche* écrivait à cette même époque; j'opposerais le plan d'*Hercule* et *Hébé* à cette admirable idylle d'*Alexis* et *Dora*, où l'antique et le moderne se fondent en un si harmonieux accord, qu'on dirait Théocrite complété par Goëthe. En effet, lors même qu'il pénètre le plus avant dans l'esprit antique, Goëthe ne dépouille jamais son caractère moderne, son individualité allemande; pour imiter Ovide ou Bion, Martial ou Théocrite, il n'ira pas se faire, comme André Chénier, jeune consul à Rome ou pasteur sur les montagnes de l'Hymète. Environné de toutes parts de l'atmosphère antique, il y vit de sa propre vie, il donne à ses souvenirs, à ses passions, à ses rêves, l'idéal d'Homère et de Phidias, la forme classique des Grecs, et c'est pour lui vraiment que semble avoir été inspiré ce vers fameux, cité mal à propos si souvent :

Sur des pensers nouveaux faisons des vers antiques.

Prenez les *Élégies romaines*, cette effusion lyrique d'un sein qui déborde, ce long monologue du bonheur conçu dans la manière des maîtres de l'antiquité, et pour peu que vous vous attachiez à pénétrer dans le fond du sujet, vous découvrirez bientôt sous cette naïveté de forme le caractère de l'élégie moderne, ramené qu'il est çà et là par plus d'un coup d'œil mélancolique jeté sur la Rome déchue et les voluptés du paganisme.

A mon sens, l'admirable élégie intitulée *Euphrosine* indiquerait mieux encore peut-être que les *Élégies romaines* cette tendance rapportée par Goëthe de son voyage en Italie. Là, en effet, cette combinaison naïve d'abord, mais désormais systématique, des deux principes, vous frappe davantage, surtout si de l'idéal poétique vous rapprochez l'événement qui l'inspira. Cette Euphrosine que le poëte, en gravissant un pic du Saint-Gothard, aperçoit dans les vapeurs d'une nuée incandescente, et qu'il prend au premier aspect pour quelque déesse, n'est autre que Christiane Neumann, jeune actrice dont il avait dirigé les débuts sur le théâtre de Weimar, et qui mourut pendant une course de quelques semaines que Goëthe faisait à travers la Suisse. « Au moment où je venais de me charger de la direction du théâtre de la cour (1794), la troupe eut à regretter un comédien estimable; il se nommait Neumann, et mourut en nous léguant sa fille, aimable enfant de quatorze ans, douée des plus ravissantes qualités naturelles, et qu'il me supplia d'assister en son éducation dramatique. *Le Roi Lear*, de Shakspeare, fut le grand succès de la saison. Christiane Neumann, dressée par moi, fit des prodiges dans Arthur, et tous mes soins ne tendirent plus qu'à mettre les autres en harmonie avec elle, d'où je contractai plus tard cette méthode d'observer toujours parmi mes comédiens celui qui se rapprochait le plus de la perfection, et de grouper le mieux possible les autres autour de lui. » Quelques années plus tard, comme il parcourait la Suisse, Goëthe apprit que Christiane venait de mourir à Weimar. A cette triste nouvelle qui l'atteignit au milieu des glaciers, le poëte ressentit une douleur profonde. Il pleura cette intelligence si vive, ces beaux yeux si doux, ce cœur si simple, et peut-être y eut-il plus que les sentiments d'un père dans les regrets que Goëthe donna à cette aimable élève dont il avait serré tant de fois la main avec enthousiasme aux heures dangereuses des leçons. Quoi qu'il en soit, la nouvelle de cette fin si mélancolique reçue au sein d'une nature âpre et sauvage l'absorba profondément, et vint pour quelques jours le distraire de l'idée d'un poëme épique de *Guillaume Tell* qu'il méditait sur les lieux mêmes. « Je lui dédiai l'élégie intitulée *Euphrosine*; un souvenir tendre, glorieux, est tout ce que nous pouvons donner aux morts; » et quel don plus beau pour la jeune élève que le souvenir d'un tel maître? Goëthe a réparé pour Christiane l'injustice des temps, et l'ombre plaintive a dû être apaisée en entendant ces nobles vers qui l'immortalisent : « *Car celui que le poëte chante, celui-là marche à part dans une forme qui lui est propre et se joint au chœur des héros.* »

Si dans les *Élégies romaines* le poëte donne ses sensations comme elles lui viennent, en n'ayant jamais l'air de se préoccuper de la forme, qui, par un de ces hasards du génie, se trouve être sublime, à son insu sans doute, on en peut dire autant des *Épigrammes vénitiennes*, espèce de confessions rimées, écrites à la hâte au crayon sur un coin de son livre. Seulement ici la confidence est encore plus familière. Tout ce qu'il voit, tout ce qu'il observe, tout ce qui lui passe par l'esprit, il le note aussitôt, dût la bienséance elle-même en être quelquefois blessée. Il vous initie à ses ennuis d'auberge, à ses aventures de place publique, à son amour pour une belle enfant qui jongle, et dans laquelle je crois déjà pressentir Mignon. Ce sont là de véritables épigrammes dans le style antique, de ces vers que l'enfant de la Muse cherche à la pipée à ses heures de désœuvrement. Prenons au hasard une ou deux abeilles dans l'essaim. N'aimez-vous pas cette boutade jetée un matin en se promenant au Lido?

« J'étais étendu dans la gondole, et nous glissions à
« travers les bâtiments frétés qui attendent dans le
« grand canal. Là se trouvent marchandises de maintes
« espèces ; il y en a pour nombre de besoins : du blé,
« du vin et des légumes, du bois de chantier et des
« broussailles. Nous passions à travers avec la rapi-
« dité d'une flèche. Tout à coup un laurier vint me
« cingler vertement la joue. « Daphné! m'écriai-je,

« toi, me blesser ! J'eusse attendu plutôt une récom-
« pense ! » Et la Nymphe en souriant : « Péchés de
« poëte ne sont pas gros. Léger est le châtiment.
« Allons donc ! »

Et celle-ci, qui se rapporte à la jolie danseuse de
carrefour, à l'idée en germe du Mignon de *Wilhelm
Meister ?*

« J'étais las de ne jamais voir que des tableaux, ma-
« gnifiques trésors de l'art, tels que Venise les conserve ;
« car cette jouissance, elle aussi, a besoin de récréa-
« tion et de répit. Mon regard épuisé aspirait après
« des charmes vivants ; ô jongleuse ! alors je reconnus
« en toi le type de ces petits drôles que Jean Bellin a
« peints si attrayants avec des ailes, et que Paul Véro-
« nèse envoie avec des coupes au fiancé dont les hôtes
« abusés boivent de l'eau pour du vin.

« Aimable figurine qu'on dirait taillée par la main
« de l'art ; flexible et sans os, elle flotte comme le mol-
« lusque ! tout est membre, articulation, et tout est
« ravissant, tout est construit avec harmonie et se
« meut avec liberté. J'ai vu des êtres, aussi bien
« hommes qu'animaux, qui tenaient de l'oiseau et du
« poisson, créations étranges, prodiges de la grande
« Nature ; et pourtant je m'étonne de te voir, Bettine,
« aimable prodige, qui es ensemble tout cela, et, par-
« dessus encore, un ange !

« Ne tourne pas ainsi, gentille enfant, tes petites
« jambes vers le ciel ; Jupiter te regarde, le drôle ! et
« Ganimède est inquiet.

« Ton petit cou s'incline de côté ; est-ce un prodige ?
« Il te porte souvent tout entière, légère que tu es ; tu
« ne pèses qu'à ton joli cou. Je ne la hais pas, l'incli-

« naison de ta petite tête ; sous plus charmant fardeau
« jamais nuque ne s'est ployée.

« Comme Breughel, au génie infernal et nébuleux,
« trouble de ses visions nos regards éblouis ; comme
« Dürer met le désordre dans nos cerveaux avec ses
« images apocalyptiques, hommes et fantaisies en
« même temps ; comme un poëte qui nous chante avec
« puissance les Sphinx, les Sirènes et les Centaures,
« éveille la curiosité dans notre oreille ; comme un
« songe émeut l'homme inquiet qui croit marcher en
« avant pour saisir quelque chose lorsque tout flotte
« dans la confusion ; ainsi Bettine, tortillant ses jolis
« membres, nous embrouille l'esprit ; mais bientôt le
« plaisir succède au trouble, quand elle se remet à
« fouler le sol.

« Je vois avec tant de plaisir tout ce que tu fais !
« mais ce que j'aime surtout, c'est lorsque ton père te
« lance d'une main agile au-dessus de toi-même. Tu
« te renverses dans ton élan ; et après ce saut mortel,
« tu te redresses comme si de rien n'était.

« Bientôt chaque visage se déride ; les sillons du
« travail, du souci et de la pauvreté s'effacent : on
« croirait voir des gens heureux. Le marin s'amollit
« et te frappe sur la joue ; la bourse s'ouvre pour toi,
« chichement à la vérité, mais enfin elle s'ouvre ; et
« l'habitant de Venise déploie son manteau et te donne,
« comme si tu demandais au nom des miracles de saint
« Antoine, des cinq plaies du Seigneur, du cœur de la
« bienheureuse sainte Vierge, au nom du supplice de
« feu qui purge les âmes. Chaque petit, le mousse, le
« bossu, le mendiant, se presse à tes côtés, et se réjouit
« de ce qu'il est un enfant comme toi. »

Le poëme de *Prométhée* nous montre le fils de Japet avant son châtiment, l'audacieux rival de Jupiter, dans sa grandeur titanique, amer, dédaigneux, superbe, blasphémant l'Olympe, dans la conscience de sa propre force : « Fais dans ton ciel ce qui
« te plaît, ô Zeus! enveloppe-toi de nuages, lance tes
« éclairs et ta foudre sur les bois et sur les montagnes,
« si pareil jeu d'enfant te divertit; va, tu ne détruiras
« point la terre, la terre que désormais j'appelle ma
« patrie, parce que j'ai déserté l'Olympe et suis venu
« m'associer à l'homme pour lui porter secours; tu ne
« détruiras point la hutte que je me suis bâtie et que
« je me bâtirais de nouveau si ta foudre osait y toucher. Je le sais, tu m'envies ce foyer par lequel j'ai
« appris aux mortels l'art de forger les métaux; toi et
« les autres Olympiens, vous m'en voulez d'avoir conquis leur amour, et vous avez raison de m'en vouloir,
« vous tous qui êtes réduits à attendre des hommes ces
« misérables dons qu'ils vous apportent, et que vous
« cesserez de recevoir du jour où la superstition cessera de régner! Moi aussi, tout enfant, je fus pris à
« ce piége; je vous invoquai comme ceux qui élèvent
« vers vous les bras en suppliant. — Mais vous êtes
« sans pitié, sans conscience! — Dans la guerre de famille des Titans, où l'injustice triompha, lorsque
« j'étais au moment de périr, de tomber en esclavage,
« qui me sauva? Dans l'ingénuité du jeune âge, dans
« cette première confiance du cœur, je croyais vous devoir mon salut, et je vous payais naïvement ma dette de
« reconnaissance, tandis que vous ne vous êtes pas même
« occupés de moi, et que, en cette occasion comme toujours, mon propre courage, ma force et la puissance

« de ma nature, avaient été mes uniques dieux. Non,
« jamais dans mes angoisses, jamais dans mes souf-
« frances, vous n'avez rien fait qui méritât mon ado-
« ration, mon encens ! L'âge a mûri en moi l'esprit et
« la force ; je dois ce que je suis aux circonstances, au
« hasard des événements, à la destinée à qui je suis
« soumis, comme toi qui lui dois ton trône ! J'en con-
« viens, mes forces n'ont pas suffi toujours à exécuter
« ce que je rêvais ; j'ai ressenti plus d'une fois la dou-
« leur de voir échouer mon œuvre, mais pour cela je
« n'ai point désespéré de la vie ; je ne me suis point
« consumé dans le découragement et l'amertume. —
« Tiens, vois ! je m'occupe aujourd'hui d'une tâche faite
« pour te tourmenter bien autrement que ma hutte et
« mon foyer, je crée une race nouvelle que je veux ren-
« dre active et comme moi accessible à toutes les sen-
« sations de la douleur et de la joie, une race qui ne
« devra qu'à elle-même son bien-être, et qui jamais
« à tes autels ne portera ce misérable tribut de sacri-
« fices et de prières... » Goëthe donne, au troisième
livre de ses *Mémoires*, de curieux éclaircissements
sur la formation de ce poëme. Goëthe professait l'idée
que l'homme, même dans la situation la plus heureuse,
doit toujours se sentir appelé à rentrer en lui-même ;
et quant à lui, chaque fois qu'il s'étudiait de ce point
de vue et mesurait son indépendance, il trouvait que
son talent productif en était la base la plus sûre. On
conçoit que cette idée voulant devenir image et prendre
forme, l'antique figure mythologique de Prométhée,
du Titan rebelle qui crée malgré les dieux, et peuple
tout un monde du fond de son laboratoire, devait lui
convenir à merveille. « Je commençai à sentir, pour-

suit-il, qu'on ne parvient à produire de bonnes choses qu'à la condition de s'isoler. Celles de mes œuvres qui avaient eu le plus de succès étaient filles de la solitude, et dès que je vivais en plein commerce avec le monde, si la force du sentiment persistait, l'exécution clochait. Je n'avais, à vrai dire, de style ni en vers ni en prose, et c'étaient à chaque instant des retouches et de nouveaux essais. Voyant qu'il me fallait éviter les hommes et m'exclure de leurs relations, je n'hésitai pas ; nouveau Prométhée, je rompis avec les dieux, d'autant plus naturellement que, dans mon caractère et la manière dont je pense, une idée enveloppe à l'instant toutes les autres et les absorbe. La fable de Prométhée était vivante en moi ; je taillai selon ma mesure la vieille étoffe titanique, et sans y avoir pensé davantage, j'entrepris de mettre en scène la discorde survenue entre Jupiter, les nouveaux dieux et Prométhée, lorsque celui-ci s'avisa de créer des hommes de sa propre main, de les animer par la grâce de Minerve, et de fonder une troisième dynastie. Et j'avoue que les dieux régnants n'eurent point tort de se défendre vigoureusement ; car il ne s'agissait de rien moins que de les faire passer pour des êtres usurpateurs qui s'étaient glissés illégitimement entre les Titans et les hommes. » A cette bizarre composition restée inachevée appartient ce monologue devenu célèbre dans la littérature allemande, pour avoir provoqué la fameuse levée de bouclier de Lessing contre Jacobi. Je trouve plus loin le passage suivant, qui ne laisse aucun doute sur l'intention de la pièce : « Le sentiment titanique-gigantesque, le blasphémateur bouleversant le ciel, n'entre pour rien dans l'étoffe de mon poëme. Il m'a convenu plutôt de représenter cette OPPOSITION, SEREINE, PLASTIQUE, ESSENTIELLEMENT PATIENTE ET CALME, QUI RECONNAÎT LA SOUVERAINETÉ A LA CONDITION DE MARCHER SON ÉGALE. »

A côté du dithyrambe de Prométhée je placerai cet autre monologue lyrique intitulé Ganymède. Le héros de cet intermède musical, par le rhythme du vers, le nombre de la strophe et l'indicible sentiment de langueur, de *Sehnsucht* qu'on y respire, est encore le Troyen Ganymède, que Jupiter, épris de sa beauté, fit enlever par son aigle. Seulement, Goëthe, en poëte de notre âge que le beau moral préoccupe, même lorsqu'il semble caresser la forme avec le plus de complaisance, Goethe a retourné la fable. La passion, au lieu d'être brutale et de venir du dieu, est idéale et pure, et monte comme un encens sacré du cœur de cet enfant, qu'un printemps universel enivre. Je ne dirai pas qu'il y a comme un rayon de christianisme dans ces aspirations extatiques de l'enfant vers l'être céleste, inconnu, vers le Père tout-aimant (*Alliebenden Vater*). — L'expression est-elle bien mythologique? — Mais jamais le panthéisme idéaliste de Spinoza n'inspira hymne plus expansive au Dieu de la nature. Vous voyez cet enfant se débattre sous la fièvre de la divinité, que les irritantes influences d'un printemps universel soufflent dans sa poitrine :

« Comme dans l'éclat du matin tu m'inondes de tes « ardeurs, Printemps, ô bien-aimé! mille voluptés « ineffables s'éveillent dans mon cœur, où pénètre le « sentiment sacré de ton éternelle chaleur, beau in- « fini !

« Oh! si je pouvais te saisir dans ces bras! »

Il cherche à étreindre le vide, il invoque les herbes et les fleurs, comme si les herbes et les fleurs étaient des êtres vivants, l'être infini, ce foyer de lumière et d'amour dont il respire les effluves divines dans les haleines de l'aurore, dans la fraîcheur des eaux et des forêts.

« Oh! sur ton sein je m'étends, je languis! et tes « fleurs, ton gazon, se pressent sur mon cœur. Tu « apaises la soif ardente de ma poitrine, douce brise « du matin! tu m'apportes la voix du rossignol en « amour qui m'appelle du sein du nébuleux vallon!

« J'y vais! j'y vais! Où donc vais-je? où vais-je? « Là-haut! là-haut j'aspire! Les nuages flottent, ils « descendent; les nuages s'inclinent vers l'amour ha- « letant. A moi! à moi! dans votre sein, partons! en- « laçant, enlacé! là-haut! vers ton sein, père de « l'amour universel! »

Si c'est là le Ganymède de la fable, il faut avouer qu'il porte à son front un idéal céleste que les Grecs n'avaient pas su lui donner. Mais revenons par l'*Achilléide* au paganisme pur, au calque inanimé de la beauté classique, au marbre de Paros.

Goethe venait de terminer *Hermann et Dorothée*, lorsqu'il jeta le plan d'une épopée dont le sujet devait être *Guillaume Tell*. Schiller, selon son habitude, accueillit cette idée avec transport, disant qu'après *Hermann* et *Meister*, le poëme de genre et le roman, nulle tâche ne pouvait lui échoir plus à propos. Goethe, avant de se mettre à l'œuvre, en examine attentivement les difficultés : il se gardera de se mé- prendre sur les conditions du sujet et de la forme, il oubliera son siècle pour ne travailler que d'après ses seules convictions; en un mot, il fait si bien qu'à force de se poser des principes, il recule devant l'exécution. L'idée de *Guillaume Tell* abandonnée, ce fut le tour d'une épopée antique; mais cette fois encore le projet en resta là. Laissons Goethe nous expliquer lui-même les motifs qui l'en détournèrent : « Pour ma part, je vivais dans une activité continuelle (1797). *Hermann et Dorothée* parraissait à peine sous la forme d'un petit volume de poche (*Taschenbuch*), et j'avais déjà jeté sur le papier l'esquisse d'un nouveau poëme épique. Le plan une fois combiné dans toutes ses parties, je le communiquai à mes amis; j'eus grand tort, car ils me dissuadèrent, et je me repens encore aujourd'hui d'avoir écouté leurs avis. En effet, au poëte seul il appartient de savoir ce qu'il y a de charme et d'intérêt au fond d'un sujet, et quel parti il en peut tirer par sa manière de le traiter. J'écrivis alors le *Nouveau Pausias* dans la forme élégiaque. Schiller, piqué d'émulation, me répondit par son *Plongeur* (*der Taucher*). A la lettre, nous ne nous reposions ni jour ni nuit. Schiller ne se couchait qu'au matin. Des passions de toute espèce étaient en jeu. Les *Xénies* avaient mis en rumeur toute l'Allemagne; chacun s'irritait et riait en même temps; les mécontents cherchaient tous les moyens de se venger de nous, et nos représailles, à lui et à moi, consistaient en une activité incessante. »

Ce fut à cette époque qu'il entreprit de commenter Homère, et l'on ne saurait dire combien de points de vue nouveaux, d'opinions curieuses, ces études lui inspirèrent sur l'unité et la variété de l'épopée antique. Cependant, au milieu de ces réflexions critiques, il en vint à se demander si, entre la mort d'Hector et le départ des Grecs, il n'y aurait point place pour un poëme. Il lui sembla voir une lacune dans Homère, et son ambition prétendit la combler. De là ce poëme de l'*Achilléide*, imitation littérale du style homérique, étude consciencieuse et profonde sans doute, mais froide, inanimée, et de laquelle on pourrait dire à juste titre ce mot un peu sévère d'une femme d'esprit au sujet de l'*Iphigénie en Tauride* : « C'est beau comme le marbre, mais glacé comme lui. » — Goethe bannit de son poëme tout l'élément subjectif, *pathologique*, si l'on me passe l'expression, de la poésie moderne, et, s'attachant à suivre l'antique jusque dans ses défauts, ne se montre préoccupé que d'une seule chose : d'écrire un épisode qui puisse en quelque sorte s'intercaler dans l'*Iliade*. Mais au moment où cette audacieuse pensée le tient le plus, d'ajouter un appendice au livre d'Homère, il sent mieux que personne la distance infinie qui le sépare de son modèle, et consulte Schiller pour savoir de lui s'il doit continuer son œuvre. Schiller lui conseilla de se prémunir contre une imitation servile d'Homère. Ce qui souriait au poëte d'Iéna dans ce sujet de l'*Achilléide*, c'était de pouvoir se prêter, sous plus d'un rapport, aux conditions de la poésie moderne ; il l'avertit donc de ne chercher qu'en lui-même ses points de comparaison ; « car pour refaire l'*Iliade*, disait-il, on n'y saurait penser, lors même qu'Homère et la Grèce existeraient encore. » Si ces sages avis ne comprimèrent point chez Goethe l'élan d'une émulation impossible, l'événement donna raison à Schiller, et il se trouva que ce poëme contemplatif, qui ne devait pas contenir une ligne qu'Homère n'eût pu écrire, n'en contenait en réalité pas une qu'il eût écrite. Goethe, du reste, ne tarda pas à revenir de son erreur, et déclara, en fin de compte, qu'il s'était entièrement mépris sur ce sujet, qui aurait dû ou ne pas être traité du tout, ou ne point l'être par lui, ou l'être d'une autre façon.

On sait de quel ordre d'idées ou plutôt de faits le *Divan Oriental-Occidental* fut le résultat. Goethe, interrompu dans sa contemplation éternelle par les événements de 1814, ne trouva pas de plus sûr moyen d'y échapper que de se réfugier par la pensée en Orient. Il leva donc sa tente, et, désertant le sol natal où l'épi de la liberté commençait à mûrir dans la tempête, s'en alla, vieillard studieux que la foudre bouleverse, cueillir avec quiétude au pays des kalifes le fruit opulent du despotisme.

« Le Nord, l'Ouest et le Sud éclatent ; les trônes
« s'entr'ouvrent, les empires croulent ; fuis, va res-
« pirer en Orient l'air pur des patriarches, et, dans
« l'amour, l'ivresse et le chant, te retremper aux
« sources de Chisa.

« Là-bas, dans un élément sain, je veux remonter
« aux origines des races humaines, lorsqu'elles rece-
« vaient encore de Dieu les dogmes célestes dans les
« langues de la terre et ne se rompaient pas la cer-
« velle ;

« Lorsqu'elles révéraient les aïeux, défendaient
« tout culte étranger ; je veux prendre plaisir à ces
« mœurs restreintes des peuples jeunes : vaste
« croyance, pensée étroite, parole d'autant plus puis-
« sante qu'elle était parlée.

« Je veux me mêler aux pasteurs, me rafraîchir à
« l'oasis, lorsque, errant avec les caravanes, je ferai le
« trafic des châles, du café et de l'ambre ; je veux
« fouler chaque sentier du désert aux cités.

« Que je monte ou descende les mauvais chemins
« rocailleux, Hafis, tes chants me consoleront, tes
« chants que, du haut de son mulet, le guide chante
« avec ravissement pour éveiller les étoiles et pour
« effrayer les brigands.

« Je veux, dans les bains, dans les hôtelleries, penser
« à toi, divin Hafis, à toi, quand l'amante expose à l'air
« son voile et secoue les parfums de ses cheveux am-
« brés..., oui, et que l'amoureux chuchotement du
« poëte irrite les désirs jusque dans le sein de la houri.

« Si de cela vous lui en voulez le moins du monde,
« apprenez que les paroles du poëte voltigent inces-
« samment autour des portes du paradis et frappent,
« implorant l'immortalité. »

Le monde réel pesant sur lui de tout son poids, il aspirait vers un idéal qui le mît à l'abri des secousses du moment, et c'est dans cette situation d'esprit que tout ce qu'il y avait dans sa nature d'homogène avec les formes orientales se fit jour violemment. Ce que j'admire le plus dans ce lyrisme où se révèle en Goethe un poëte nouveau, dans ces poésies quelque peu nébuleuses et dénuées de corps, parfois même si volatiles qu'elles en deviennent insaisissables, c'est une indicible expression de calme et de sérénité, un quiétisme d'autant plus frappant qu'il est davantage en opposition avec le monde extérieur. Chose assez étrange chez un homme tel que Goethe s'attaquant à l'Orient, ce petit livre n'a rien de sensuel ; ce sont là des émanations lyriques plutôt que des poésies, et Goethe a manqué pour la première fois à son principe, lui qui prétendait que c'est justement dans la vieillesse, lorsque la sensualité commence à s'affaiblir en nous, qu'il convient de choisir des sujets en qui la sensualité réside. Du reste, plus d'une élégie, plus d'une pièce écrite avant le *Divan oriental*, indique déjà cette tendance du maître vers l'épigramme et l'énigme, et marque très-distinctement la transition de la période accessible et claire de son génie à la manière abstruse et mystérieuse qu'il affectionnait dans sa vieillesse. Goethe a si bien compris ces défauts qu'on reproche au *Divan*, qu'il a composé pour chaque pièce un commentaire détaillé, tellement que les notes occupent dans ce petit livre au moins dix fois autant d'espace que les vers. Il faut lire deux ou trois pages d'éclaircissements avant de chercher à pénétrer dans le moindre distique de cette poésie essentielle, *sublimée*; heureux encore quand le distique, au moment où vous croyez le tenir, ne vous échappe pas, emporté comme un ballon dans l'air par le gaz dont il est enflé.

Maintenant, si après avoir épuisé les critiques de détail, après avoir analysé pièce par pièce tous ces livres de lieds, de ballades, d'épîtres, d'odes, d'élégies, nous nous élevons jusqu'à l'ensemble général des poésies de Goethe, nous serons frappés de la symétrie véritablement harmonieuse (Beethoven dirait symphonique) qui règne en une variété si grande, de cet esprit d'ordre et de classification qui ne permet pas la moindre dissonance au milieu de tant d'éléments hétérogènes. Les poésies de Goethe offrent en petit le spectacle de cette nature de Protée qu'il se reconnaissait lui-même. Il était impossible, en effet, que cette intelligence, habile entre toutes à se transformer, qui va de la minéralogie à la botanique, du roman à l'exégèse, ne portât point dans la poésie lyrique les qualités de rayonnement inhérentes à sa nature. Aussi, nous venons de le voir, la lyre de Goethe a toutes les cordes. L'antiquité, le moyen âge, l'ère moderne, tout lui est bon; de chaque sujet, de chaque genre et de chaque forme, il ne veut que le miel. L'homme, à son sens, est une tradition vivante, ce qui fait qu'il ne prend nul souci de prétendre à l'originalité. Que lui importe de passer pour imiter les autres, s'il se sent dans le cœur l'étincelle de vie? de se parer du plumage d'autrui, s'il sait donner à ce plumage la couleur et l'éclat? Après cela, nous reconnaissons, aussi bien que personne, les inconvénients de cette universalité dans la création : le dilettantisme se donne trop souvent carrière aux dépens du sentiment, et l'alliage de convention remplace l'or de bon aloi. Puis, à force d'avoir excellé ainsi dans tous les genres, on finit par ne plus pouvoir être classé dans aucun. Ainsi Goethe n'est ni un poëte lyrique ni un poëte épique, dramatique ou didactique; il est tout cela; mieux encore, il est poëte dans le sens absolu du mot. Religion, morale, science, la poésie chez lui absorbe tout. Aussi rien n'égale la naïveté de ces gens qui vous disent sérieusement qu'ils voudraient Goethe plus moral, peut-être même plus religieux. De la morale, demandez-en à Schiller; demandez de la religion à Klopstock, qui remaniera au besoin sa *Messiade* pour se conformer aux exigences des orthodoxes. Quant à Goethe, il faut le prendre comme il est, convaincu dans le bien comme dans le mal, entier dans ses plus hautes aspirations, et prêt à braver la foudre plutôt que de supprimer deux vers pornographiques des Élégies romaines. Plus je le considère, et plus je m'aperçois qu'il n'y avait au fond de cette grande nature qu'un élément, l'élément poétique, où venaient s'abîmer tous les autres.

Baron H. B.

10 juin 1843.

DÉDICACE

Le jour vint; ses pas effarouchèrent le sommeil léger qui me tenait doucement enveloppé, si bien qu'éveillé, je quittai ma chaumière silencieuse, et gravis la montagne, le cœur dispos. J'admirais à chaque pas la fleur nouvelle qui s'inclinait sous le poids des rosées; le jour nouveau se levait avec enchantement, tout se régénérait pour me régénérer.

Et comme je montais, du fleuve de la prairie un nuage s'éleva par bandes vaporeuses; il fondit et flotta pour m'embrasser, et ses ailes en grandissant s'étendirent sur ma tête. Adieu désormais le beau paysage, un brouillard épais voilait la contrée; bientôt je me vis comme noyé dans les nuages, et dans le crépuscule enfermé seul avec moi-même.

Tout à coup le soleil sembla percer, une clarté rayonna dans le brouillard. Là je le voyais s'affaisser doucement comme pour disparaître, plus loin se partager en s'élevant autour du bois et des hauteurs. Qu'il me tardait de lui donner le premier salut! de le voir doublement resplendir au sortir des brouillards! Longtemps fut douteux le combat aérien, une vive lumière m'entoura, et je restai ébloui.

Bientôt, les yeux ouverts, un élan intérieur me rendit

l'audace, mais je ne hasardai qu'un rapide coup d'œil, car tout semblait brûler et flamboyer. Alors, portée sur les nuages, une femme divine flotta devant mes yeux, plus belle image ne m'apparut jamais; ses regards fixés sur moi, elle s'attardait à plaisir dans l'espace.

« Ne me connais-tu pas? dit-elle d'un accent d'amour et de tendresse; me reconnais-tu, moi, qui dans mainte occasion répandis sur tes blessures le baume le plus pur de la vie? Tu me connais, moi, celle à qui ton cœur avide s'est attaché par un lien éternel de plus en plus étroit. Ne t'ai-je pas vu avec des larmes brûlantes, enfant, tendre déjà les bras vers moi?

— Oui! m'écriai-je, en me prosternant avec ravissement, je t'ai longtemps pressentie; tu m'as donné le calme lorsqu'en mon jeune cœur s'agitait la passion sans frein; tu m'as, de ton aile céleste, rafraîchi doucement le front dans la chaleur du jour; tu m'as prodigué les plus beaux dons de la terre, et je ne veux devoir tout bonheur qu'à toi seule!

« Je ne te nomme pas. Assez d'autres te nomment à tout propos, et chacun t'appelle sienne; tous les yeux se flattent de te contempler, et presque tous sont éblouis de ton rayon. Ah! lorsque je m'égarais j'avais plus d'un complice, aujourd'hui que je te connais, je suis presque seul; je suis seul à jouir de mon bonheur, et ta lumière sereine, il me faut la couvrir et la dérober. »

Elle sourit, et dit : « Tu vois combien il était prudent et nécessaire de vous dévoiler peu! A peine as-tu vu clair dans l'illusion la plus grossière, à peine t'es-tu rendu maître de tes premiers caprices d'enfant, que tu te crois déjà un demi-dieu; tu négliges d'accomplir tes devoirs d'homme! Qu'y a-t-il donc qui te sépare tant des autres? Connais-toi mieux, vis en paix avec le monde!

— Pardonne, m'écriai-je, et n'en prends pas ombrage; dois-je vainement ouvrir les yeux! Une volonté saine palpite dans mon sang, je connais bien la valeur de tes dons! le noble bien que je possède s'amasse en moi pour les autres, je ne veux ni ne puis ensevelir plus longtemps le trésor! Pourquoi chercherais-je donc le chemin avec tant d'ardeur, si ce n'était pour le montrer à mes frères!»

Et comme je parlais, je vis l'être sublime qui me contemplait d'un œil d'indulgente compassion; je lisais dans ses regards mes erreurs et mes bonnes œuvres! Elle sourit, ce fut ma délivrance. Je sentis mon esprit se hausser à de nouvelles joies; et je pus, dans une confiance intime, m'approcher d'elle et m'accoutumer à sa présence.

Alors elle étendit la main vers les bandes vaporeuses du brouillard qui l'entourait; à son atteinte le brouillard se laissa saisir, entraîner, et tout nuage disparut. Mon œil plongea de nouveau dans la vallée, je regardai le ciel, il était tout éclat et majesté. Elle seule s'entourait d'un voile pur, qui flottait autour d'elle, et s'enflait en mille plis.

« Je te connais, je connais tes faiblesses, je sais quel bien en toi vit et rayonne!» Elle dit, j'entends encore sa voix : « Reçois ici ce que je t'ai dès longtemps destiné; fortuné entre tous celui qui, l'âme recueillie, reçoit ce trésor, ce voile de la poésie, tissé des vapeurs du matin et de la lumière du soleil, dans la main de la Vérité;

« Et si toi et tes amis, la chaleur du jour vous suffoque, déploie-le dans les airs. A l'instant tu sentiras la fraîcheur sonore des brises du soir, tu sentiras les parfums balsamiques des fleurs. A l'instant se tairont les angoisses terrestres, tu verras ton étroite demeure se changer en un lit de nuages, chaque flot de la vie s'aplanir, le jour te semblera plus doux, la nuit plus lumineuse. »

Venez donc, amis, soit que sur vos chemins le fardeau de la vie de plus en plus vous pèse, soit qu'une bénédiction nouvelle émaille vos sentiers de fleurs et de fruits d'or, marchons vers le jour qui va poindre! Ainsi amis vivons, ainsi allons heureux! Et si nos descendants un jour nous pleurent, qu'ils jouissent encore des fruits de notre amour.

LIEDS

Tard résonne ce qui tôt résonna,
Heur et malheur devient chanson.

LIEDS

PREMIÈRE PARTIE

AVANT-PLAINTE.

Qu'un bégaiement passionné, quand on l'écrit, prend un air étrange! Voilà qu'il faut maintenant que j'aille de maison en maison recueillir ces feuilles éparses.

Ce qui dans la vie était à distance, se rassemble à présent sous une même couverture dans la main du bon lecteur.

Mais que ce défaut ne t'arrête, achève le petit livre vite; le monde est plein de contradiction ne faut-il pas qu'il s'en trouve ici?

AUX BIENVEILLANTS.

Les poëtes n'aiment pas à se taire, ils veulent se montrer à la foule. Il leur faut et l'éloge et le blâme! Nul volontiers ne se confesse en prose; mais nous aimons les confidences à mots couverts dans le jardin silencieux des Muses.

Mes erreurs, mes tendances, mes souffrances et mes

émotions ne sont ici que les fleurs d'un bouquet; et la vieillesse comme la jeunesse, les fautes comme les vertus, sont à leur place en des chansons.

LE NOUVEL AMADIS.

Quand j'étais encore un enfant, on m'enferma; et je passai mainte année de la sorte, seul avec moi-même, comme dans le corps de ma mère.

Mais tu fus mon passe-temps, Fantaisie aux ailes d'or; j'étais un héros ardent comme le prince Pipi, et je courais le monde.

Je bâtissais maint château de cristal, et le renversais aussi; je lançais mes traits flamboyants à travers le ventre des dragons, oui, j'étais un homme!

Alors, en vrai chevalier, je délivrais la princesse Dorade. Elle était vraiment gracieuse, elle me conduisait à table, et j'étais fort galant.

Son baiser était une manne des dieux, brûlant comme le vin. Ah! j'aimais à en mourir! Elle était tout émaillée de rayons du soleil.

Ah! qui me l'a enlevée? nul lieu magique ne pouvait-il donc empêcher sa fuite rapide? Dites, où est son pays? où est la route qui y mène?

LA ROSE DES BOIS.

Un enfant vit une petite rose, une rosette dans le bois; elle était jeune et belle comme l'aurore. Il courut vite pour la voir de plus près, puis la regarda avec une grande joie.

Rosette, rosette, rosette rouge, petite rose des bois!

L'enfant dit : « Je veux te cueillir, petite rose des bois! » La rose répondit : « Je te piquerai, que tu penseras éternellement à moi, et je ne le souffrirai pas. »

Rosette, rosette, rosette rouge, petite rose des bois!

Et le fol enfant cueillit la petite rose des bois; la rose se défendit, piqua fort; mais, hélas! ses cris ne purent la sauver; il lui fallut tout souffrir.

Rosette, rosette, rosette rouge, petite rose des bois!

COLIN-MAILLARD.

Thérèse! ô bien-aimée! quel air méchant prend ton œil lorsqu'il s'ouvre! Les yeux bandés, tu me trouvas bien vite, et pourquoi justement m'as-tu attrapé, moi?

Tu m'as si bien attrapé, tu m'as tenu si ferme; je tombai à tes genoux. A peine étais-tu déliée, toute joie avait disparu; tu lâchas froidement l'aveugle.

Il tâtonnait d'ici, de là, courut risque de se démettre les membres, et tous se riaient de lui. Et si tu ne veux m'aimer, je marcherai toujours dans les ténèbres, comme si j'avais les yeux bandés.

LA PRUDE.

Par une fraîche matinée de printemps, la bergère s'en allait chantant, jeune, belle et sans soucis; elle chantait, que sa voix résonnait à travers les champs :

Tra, la, la! leralla!

Tircis lui offrit, pour un baiser, un, deux moutons

sur-le-champ; la friponne réfléchit un moment, puis chanta et rit comme avant :

Tra, la, la! leralla!

Un autre lui offrit des rubans, et le troisième offrit son cœur; mais des cœurs et des rubans elle se moqua comme des agneaux; et toujours :

La, la! leralla!

LA CONVERTIE.

A l'éclat de la pourpre du soir, le long du bois j'allais seulette; Damon, assis, jouait de la flûte, que les rochers à l'entour en retentissaient :

Tra, la, la !

Et voilà qu'hélas! il m'attira près de lui, puis m'embrassa si bien, si tendrement! Moi, je lui dis : « Joue encore. » Et le bon garçon de jouer :

Tra, la, la !

Mon repos maintenant est perdu, mon bonheur s'est envolé, et je n'entends plus dans mes oreilles que les sons d'autrefois :

Tra, la, la, leralla, ralla! etc.

COMMENT JE FUS SAUVÉ.

Ma maîtresse m'était infidèle, j'en devins l'ennemi de toute joie; je courus à une eau rapide, l'eau passait vite devant moi.

Je restai là, désespéré, muet; ma tête était comme avinée, je manquai de tomber dans le fleuve, le monde tournait autour de moi.

Tout à coup j'entends crier — je tournais justement le dos — c'était une petite voix enchanteresse : « Prends garde à toi, le fleuve est profond ! »

Alors quelque chose me court dans le sang, je regarde : c'est une belle jeune fille ; je lui demande : « Comment te nommes-tu ? — Catherine. — Oh ! gentille Catherine ! tu es bonne !

« Tu m'as sauvé de la mort ; c'est à toi que je dois ma vie ; mais la vie c'est peu de chose à présent, sois aussi mon bonheur ! »

Et puis je lui contai ma peine, elle baissa tendrement les yeux ; je l'embrassai, elle me le rendit, et plus ne pensai à mourir.

L'ENFANT DES MUSES.

Errer par les champs et les bois, fredonner ma chanson, ainsi va le train de place en place ! et tout en moi suit ce rhythme, et s'agite en mesure.

Je ne me tiens pas de l'attendre la première fleur du jardin, le premier bourgeon de l'arbre. Ils saluent mes chansons ; et quand l'hiver revient, je chante encore ce rêve-là.

Je chante dans la campagne, sur la plaine de glace ; là fleurit l'hiver gentiment ! Cette floraison, elle aussi, se dissipe, et de nouvelles joies m'attendent sur les hauteurs boisées.

Car dès que, sous le tilleul, je trouve la jeune engeance, je l'anime aussitôt. Le gros garçon se gonfle, et la prude fille pirouette à ma mélodie.

Vous donnez des ailes à mes pieds, et poussez, par le vallon et la colline, votre favori loin de son toit. O douces, chères Muses! quand pourrai-je sur son sein me reposer enfin?

TROUVÉ.

J'allais dans la forêt sans trop savoir pourquoi; je ne cherchais rien, ne voulais rien chercher.

Dans l'ombre je vis une fleurette, brillante comme une étoile, belle comme un œil.

Je voulus la cueillir, elle me dit avec gentillesse : « Faut-il donc me cueillir pour que je me flétrisse après? »

Je l'enlevai avec toutes ses racines, je l'emportai au jardin, près de la jolie maison.

Et je la plantai de nouveau dans un endroit solitaire, depuis elle bourgeonne et fleurit toujours.

MENACES.

Un jour, j'atteins ma bien-aimée au fond du bois, je lui saute au cou; mais elle aussitôt : « Ah! fait-elle, je vais crier! »

Et moi, de lui répondre avec audace : « Pardieu! je veux tuer qui nous dérange. — Silence! murmure-t-elle, chéri, silence! que personne ne t'entende! »

VRAIE JOUISSANCE.

En vain, pour gouverner un cœur, tu couvres d'or la jeune fille; fais-toi donner les joies de l'amour si tu veux vraiment les ressentir. L'or achète la voix des multitudes, mais ne peut rien sur un cœur isolé; si tu veux payer une jeune fille, va, et te donne toi-même en échange.

Si nulle chaîne sainte ne t'enlace, ô jeune homme, songe à t'en créer toi-même ! on peut vraiment vivre en sa liberté, et cependant n'être point sans lien. Ne t'enflamme que pour une seule; et quand son cœur est plein d'amour, laisse la tendresse te lier, si le devoir ne le doit pas.

Ouvre ton cœur, jeune homme, et te choisis une jeune fille; choisis-la, qu'elle te choisisse, belle par le corps, belle par l'âme, et tu seras alors heureux comme je suis. Moi qui me connais à cet art, je me suis choisi une enfant telle que, pour le bonheur du plus beau mariage, il ne nous manque rien que la bénédiction du prêtre.

Ingénieuse seulement pour ma joie, jalouse d'être belle pour moi seul, voluptueuse mais à mon côté seulement, modeste quand le monde la regarde; pour empêcher le temps de nuire à notre ardeur, nul droit n'est livré par faiblesse; sa faveur demeure une grâce, et je dois toujours être reconnaissant.

Je suis discret, et me sens heureux déjà lorsqu'elle me sourit avec tendresse, lorsqu'à table elle prend pour tabouret à ses pieds les pieds de son bien-aimé, me tend la pomme qu'elle a mordue, le verre où elle vient de boire, et, dans un baiser à moitié dérobé, me laisse voir son sein, d'ordinaire voilé.

Et dans ces heures paisibles et familières où parfois elle cause avec moi d'amour, je ne veux que des paroles de sa bouche, des paroles, je ne demande pas des baisers. Quelle intelligence l'anime, l'entoure d'un charme toujours nouveau ! Elle est parfaite et n'a qu'un tort, un seul tort, celui de m'aimer.

Le respect me précipite à ses pieds, le désir sur sa poitrine. Vois, jeune homme ! cela s'appelle jouir; sois sage, et cherche cette volupté. La mort un jour, en t'enlevant à elle, te conduira dans le concert des anges, dans les joies du paradis, et tu ne sentiras point de transition.

L'ADIEU.

Laisse mon œil te dire l'adieu que ma bouche ne peut prononcer ! Que ma douleur est lourde à supporter ! et cependant je suis un homme.

Tout est triste à cette heure, même les plus doux gages d'amour ; le baiser est froid sur tes lèvres, l'étreinte de ta main sans force.

Autrefois une caresse aisément dérobée, ah ! que j'en avais de joie au cœur ! C'est ainsi que nous réjouit une violette cueillie aux premiers jours de mars.

Mais à présent je ne cueillerai plus de bouquet, je ne cueillerai plus de rose pour toi. C'est le printemps pour tous, chère Françoise, mais, hélas ! l'automne pour moi.

LA BELLE NUIT.

Je quitte cette hutte, séjour de ma bien-aimée, je parcours à pas voilés le bois sombre et désert. La lune perce à travers chênes et broussailles. Zéphyr annonce sa venue, et les bouleaux qui s'inclinent lui versent leur doux encens.

Oh ! quelle joie dans la fraîcheur de cette belle nuit d'été ! Comme on sent dans le calme ici tout ce qui rend l'âme heureuse ! volupté presque ineffable ! Et pourtant, ô ciel ! je te donnerais mille nuits pareilles pour une seule que m'accorderait ma maîtresse.

BONHEUR ET RÊVE.

Tu nous as souvent vus en songe aller ensemble à l'autel, toi comme épouse, moi comme époux. Souvent j'ai pris sur ta bouche, en ma veille et sans témoins, autant de baisers qu'on en peut prendre.

Notre bonheur le plus pur, la volupté de tant d'heures d'ivresse, tout s'est enfui comme le temps, avec la jouissance. Que m'a donc servi de jouir? Les plus ardents baisers fuient comme des rêves, et tout bonheur comme un baiser.

SOUVENIR VIVANT.

Dérober à sa bien-aimée un ruban, un nœud, lorsqu'elle se fâche à demi et à demi permet, c'est beaucoup pour vous, je veux le croire, et vous laisse votre illusion : un voile, un fichu, une jarretière, une bague, ne sont pas vraiment bagatelles; mais, pour moi, ce n'est point assez.

Une partie vivante de sa vie, voilà ce qu'après une douce résistance la belle chérie m'a donné, et tout le reste n'est rien. Que toute votre friperie me fait rire! Elle m'a donné de ses beaux cheveux, l'ornement de son visage divin!

Au moins dans mes regrets, ma bien-aimée, tu ne m'es pas entièrement enlevée : elle est là, cette relique de toi, là, pour que je la voie, la touche, et l'embrasse. — Nos destinées sont pareilles, ces cheveux et moi; jadis nous frémissions autour d'elle avec une égale ardeur; maintenant nous voilà bien loin d'elle.

Nous lui tenions de près alors; nous caressions ses rondes joues, un désir suave nous charmait et nous attirait, nous nous laissions glisser jusque sur son sein épanoui. O rival inoffensif, doux présent, trésor adoré, rappelle-moi mon bonheur, mon ivresse!

BONHEUR DE L'ÉLOIGNEMENT.

Aspire, ô jeune homme! tant que dure le jour, les regards de ta bien-aimée; le soir, enivre-toi de son image, sois le plus fortuné des amants, n'importe, rien ne vaut le bonheur d'être loin de sa maîtresse.

Des forces éternelles, le temps et la distance, mystérieusement comme les étoiles, me versent dans le sang le baume de la paix. Mon sentiment en devient plus tendre, mon cœur plus léger, et mon bonheur s'en accroît.

Nulle part je ne puis l'oublier, et pourtant je puis dîner tranquille. Mon esprit est serein et libre; un délire inappréciable fait de l'amour une vénération, du désir une rêverie.

Le nuage éthéré, quand le soleil l'attire, flotte dans les bouffées de l'air, moins léger que mon cœur dans la joie et le repos. Libre de toute crainte, trop grand pour être jaloux, je l'aime, et je l'aime éternellement!

A LA LUNE.

Sœur de la clarté première, image de la tendresse dans le deuil! La nue argentée flotte en tremblotant autour de ton visage gracieux; ton pied, dans sa course légère, tire de leurs cavernes impénétrables au jour les âmes éplorées des morts, les oiseaux nocturnes et moi.

Ton regard curieux plane au loin dans l'immensité.

Élève-moi vers toi ! donne à la rêverie ce bonheur ; et fais qu'en un calme voluptueux, chevalier errant, je surveille à travers les vitraux les nuits de ma maîtresse.

La sereine volupté de la contemplation adoucit les peines de l'absence ; je rassemble tes rayons, j'aiguise mon regard ; la clarté baigne de plus en plus ses membres dévoilés, et je sens qu'elle m'attire en bas, comme toi-même Endymion jadis.

L'INNOCENCE.

O toi, la plus belle gloire d'une âme, la plus pure source de tendresse ! Plus que Byron ou Paméla, idéal et merveille ! Qu'un autre feu s'allume, ta douce et faible flamme s'en va ; celui-là seul te sent qui ne te connaît pas ; qui te connaît ne te sent plus.

Déesse, dans le paradis tu vivais ensemble avec nous ; tu descends encore en mainte prairie, le matin avant que le soleil se lève. Le tendre poëte seul te voit flotter dans ta robe de brume ; Phœbus vient, la vapeur monte, et tu disparais dans son voile.

LA PREMIÈRE PERTE.

Ah ! qui me rendra les beaux jours, ces beaux jours des premières amours ! Ah ! qui me rendra, ne fût-ce qu'une heure de ce temps charmant !

Seul, je nourris mes blessures, et ma plainte sans fin déplore le bonheur perdu.

Ah! qui me rendra les beaux jours, qui me rendra ce temps charmant!!

VOISINAGE DE L'OBJET AIMÉ.

Je pense à toi, lorsque la mer me renvoie les splendeurs du soleil; je pense à toi, lorsque la lumière tremblante de la lune se dessine dans le ruisseau.

Je te vois, lorsque sur la route lointaine la poussière s'élève; je te vois, lorsque dans la nuit profonde le voyageur frémit sur le chemin étroit.

Je t'entends, lorsque avec un bruit sourd l'onde mugit là-bas. Je vais bien souvent au bois solitaire, et j'écoute quand tout se tait.

Je suis avec toi, si éloigné que soit l'endroit où tu te trouves, tu es près de moi! Le soleil décline, les étoiles vont m'éclairer. Ah! si tu étais là!

PRÉSENCE.

Toute chose t'annonce! le soleil vient-il à paraître, tu le suis, je l'espère aussitôt.

Entres-tu dans le jardin, tu es à la fois la rose des roses, le lys des lys.

Quand tu te mêles à la danse, les étoiles mènent leur ronde avec toi, autour de toi.

La nuit! ah! que n'est-ce la nuit! tu fais pâlir l'éclat amoureux, invitant de la lune.

Toi aussi, tu es charmante et invitante; et les fleurs, la lune et les étoiles ne saluent, bel astre, que toi.

Sois donc aussi pour moi, soleil, le créateur de jours splendides; c'est la vie, c'est l'éternité!

PENDANT L'ABSENCE.

En quoi! t'aurais-je donc perdue? T'es-tu donc enfuie, ô ma belle! A mon oreille accoutumée chaque parole vibre encore, chaque son!

De même qu'au matin le regard du passant cherche en vain l'alouette, qui, dans le bleu du ciel perdue, chante au-dessus de lui :

Ainsi mon œil inquiet plonge à travers champs, et bois, et broussailles; mes lieds t'appellent tous; oh! viens, ma bien-aimée, reviens!

SUR LE FLEUVE.

Allez, mes lieds bien-aimés, coulez vers l'océan de l'oubli! Nul amant ne vous chantera plus avec joie, nulle jeune fille, à la saison des fleurs.

Vous ne chantiez que ma bien-aimée; elle se rit aujourd'hui de ma foi. Vous fûtes gravés sur les flots; coulez avec eux loin d'ici.

LA RUPTURE.

Il est si doux de trahir un serment, si difficile d'obéir au devoir! Hélas! on ne saurait rien promettre de ce qui répugne à notre cœur.

Tu appelles à ton aide les incantations d'autrefois, tu l'attires encore, lui, à peine guéri, vers la barque fragile et la trop douce folie, tu renouvelles et redoubles le péril.

Que cherches-tu à te cacher de moi! Sois franche, ne fuis pas mon regard! Tôt ou tard je devais tout savoir, et maintenant je te rends ta parole.

Ce que j'ai dû faire, je l'ai accompli : que je ne te sois plus un obstacle en rien; mais pardonne à l'ami qui maintenant se détourne de toi, et rentre silencieusement en lui-même.

L'INCONSTANCE.

Sur les cailloux du ruisseau je repose, ô clarté! les bras tendus vers l'onde qui s'avance. Lascive elle presse ma poitrine embrasée, et suit son inconstance qui l'entraîne; un autre flot s'approche et me caresse à son tour : et je goûte ainsi les joies d'une ivresse changeante.

Et pourtant, parce que ta bien-aimée t'oublie, tu vas perdre dans la tristesse les heures précieuses de la fugitive existence! Oh! rappelle-les ces jours évanouis! et couvre les lèvres de la seconde de baisers aussi doux que ceux que tu donnais naguère à la première.

ARRIVÉE ET DÉPART.

Mon cœur battait; vite, à cheval! Sitôt pensé, sitôt fait. Le soir berçait déjà la terre, et sur les montagnes se penchait la nuit; déjà dans son voile de brume le chêne s'élevait, géant, au milieu des broussailles, où veillait l'obscurité avec ses cent yeux noirs.

La lune, du haut d'une montagne de nuages, jetait des

regards languissants à travers le brouillard; les vents secouaient leurs ailes tout bas, et murmuraient lugubrement à mon oreille; la nuit enfantait mille monstres, mais je me sentais dispos et de bon courage; dans mes veines quel feu! dans mon cœur quelle ardeur!

Je te voyais, toi, et la joie sereine s'écoulait sur moi de ton doux regard; mon cœur à tes côtés était tout; je ne respirais que pour toi. Un air de printemps, une vapeur rosée entouraient la vision aimée, et sa tendresse pour moi... Grands dieux! je ne l'espérais, je ne la méritais pas!

Mais, hélas! avec le soleil du lendemain, le départ vint me serrer le cœur : dans tes baisers quelle volupté! dans ton œil quelle douleur! Je partis, tu étais là, tu baissais les yeux, et me suivis d'un regard humide : et pourtant, quel bonheur d'être aimé! Aimer! ô Dieu, quel bonheur!

AUTRE AMOUR, AUTRE EXISTENCE.

Mon cœur, mon cœur, qu'y a-t-il donc? Qu'est-ce qui t'oppresse tant? Quelle vie étrange, nouvelle! Je ne te reconnais plus. Loin est tout ce que tu aimais, loin tout ce qui te faisait souffrir, loin ton ardeur et ta paix. — Ah! qu'est-ce qui t'a amené là?

La fraîche beauté t'enchaîne-t-elle de cette délicieuse figure? ce regard plein de foi et de bonté a-t-il donc une puissance infinie sur toi? Quand soudain je veux me soustraire à son charme, quand je veux être fort et la fuir, hélas! au même instant mes pas me ramènent vers elle!

Et par ce fil magique, que rien ne peut briser, la belle et folle jeune fille me tient captif malgré moi; maintenant, dans son cercle magique, il me faut vivre à sa guise. Ah! que la différence est grande! Amour! amour! vite, relâche-moi!

LIED DE MAI.

Par les blés et les épis, par les broussailles et l'aubépine, par le bois et l'herbe, où va ma vie? dis-moi cela.

J'ai cherché ma mignonne en vain chez elle; il faut que mon bijou soit dehors; le beau mois de mai verdoie et fleurit; ma mie est aux champs, joyeuse et libre.

Au rocher, près du fleuve où elle me donna un baiser, le premier, dans l'herbe, je vois quelque chose! Est-ce elle?

AMOUR SANS REPOS.

A l'encontre de la neige, de la pluie et du vent, dans les brouillards du ravin, à travers les vapeurs de la brume, en avant! toujours en avant, sans paix ni trêve!

J'aime mieux lutter avec la souffrance que supporter tant de joies de la vie. Tous ces penchants de cœur à cœur, ah! que d'étranges douleurs ils enfantent!

Comment fuirai-je? Irai-je vers les forêts? Peine inutile! La couronne de l'existence, le bonheur sans repos, amour, c'est toi!

LE FLIBUSTIER.

Ma maison n'a point de porte, ma porte n'a point de maison; et, avec ma mie, je sors et j'entre à toute heure.

Ma cuisine n'a point d'âtre, mon âtre point de cuisine; il y cuit, il y bout pour soi et pour moi.

Ma couche n'a point de lit, mon lit n'a point de couche; mais nul ne mène plus joyeuse vie que moi.

Ma cave est haute, ma grange profonde; en bas, en haut, je m'étends et je dors.

Et quand je m'éveille, cela recommence! Mon lieu n'a point de demeure, ma demeure point de lieu.

LIED SUISSE.

Sur la petite montagne j'étais assis, je regardais les oiseaux; ils chantaient, ils jouaient, ils bâtissaient leurs nids.

Dans un jardin j'étais debout, je regardais les abeilles; elles bourdonnaient, elles murmuraient, elles bâtissaient leurs ruches.

Dans la prairie je marchais, j'observais les papillons; ils suçaient les fleurs, ils voltigeaient. C'était par trop gentil tout ce qu'ils faisaient.

Et voilà qu'alors vient Hansel, et je lui fais voir, toute joyeuse, ce qu'ils font; et nous rions et nous faisons tout comme eux.

LIED DU BOHÉMIEN.

Dans le brouillard et la brume, dans la neige profonde

dans le bois inculte, dans la nuit d'hiver, j'entendis le hurlement affamé du loup, j'entendis le cri sombre de la chouette :

Wille wau, wau, wau !
Wille wo, wo, wo !
Wito hu !

Je tuai une fois une chatte dans la haie, — la chatte noire, la chatte bien-aimée d'Anne la sorcière ; dans la nuit vinrent à moi sept loups-garous, c'étaient sept filles du village.

Wille wau, etc.

Je les connaissais toutes, je les connaissais bien : Anne, Ursule, Catherine, Lise, Barbe, Éva, Betty ; elles hurlèrent en rond autour de moi :

Wille wau, etc.

Je les nommai toutes par leurs noms, tout haut : que veux-tu, Anne ? Que veux-tu, Betty ? Elles se remuèrent, elles se secouèrent, puis s'en allèrent en courant et hurlant :

Wille wau, etc.

LA DESTRUCTION DE MAGDEBOURG.

O Magdebourg la ville ! qui a des filles si belles, qui a de si belles femmes et filles ! O Magdebourg la ville !

Quand tout fleurit au printemps, Tilly s'avance à travers jardins et champs en fleur ; Tilly s'avance.

Tilly est là dehors. Qui sauvera la ville et le palais ?

« Va, mon cher, va, sors par la grande porte, et bats-toi avec lui, là dehors.

— Il n'y a pas de presse encore, laisse-le gronder et menacer; que j'embrasse tes joues roses. Il n'y a pas de presse encore.

Le désir me consume; pourquoi faut-il que je sois riche! Ton père succombe peut-être déjà. Enfant, tu m'ôtes mon courage!

— O mère, donne-moi du pain! Mon père est-il donc mort? O mère, un seul morceau de pain!... Oh! quelle misère affreuse!

— Ton père est mort, les bourgeois fuient, le sang coule le long des rues. Où fuirons-nous? où irons-nous? »

L'église tombe avec fracas; là-haut le palais brûle, le toit chancelle, les flammes en sortent — au dehors! dans les rues! sur les places!

Ah! plus de salut! Les soldats encombrent les rues; ils jurent, pillent, brûlent. Ah! plus de salut!

Les maisons s'écroulent! Où est mon bien, ton bien? Ce sac n'est pas à toi, jeune fille qui fuis.

Les femmes ont bien peur, les jeunes filles encore plus, et celles qui vivent ne sont plus vierges. Ainsi passe l'armée de Tilly!

MOTIFS.

Lorsqu'à fillette qui nous aime la mère gravement fait la leçon, lui parle de vertu, de pudeur et de devoir, et que la fillette n'en veut rien entendre, et vole de plus belle à nos ardents baisers, soyez sûr que l'entêtement en a sa part autant que l'amour.

Mais si la mère parvient à émouvoir ce cher petit cœur, et, toute fière de ses sermons, voit que la prude fillette nous fuit, elle ne connaît pas le cœur de la jeunesse; car lorsqu'une fille agit ainsi, soyez sûr que l'inconstance y entre pour plus que la vertu.

AVEC UNE PETITE CHAINE D'OR.

Cette feuille t'apporte une chaînette qui, d'une merveilleuse souplesse, désire de ses mille petits anneaux entourer ton col charmant.

Accorde à la follette ce qu'elle demande, elle est tout innocente, timide; le jour ce n'est qu'un ornement, le soir tu peux la déposer sans peine.

Mais si un jour on t'offrait une autre chaîne plus pesante que celle-ci, plus dure, je ne t'en voudrais pas, Lisette, d'y réfléchir un peu.

LIED DE MAI.

Que la nature resplendit, lumineuse! que le soleil brille! que la plaine est riante!

Des fleurs sortent de chaque branche, et mille voix de chaque buisson;

Et le contentement, la volupté de chaque poitrine! O terre, ô soleil! ô bonheur, ô joie!

O amour, amour! splendide, doré comme les nuages du matin sur ces coteaux!

Tu bénis magnifiquement le champ fertile et frais, et la création entière dans des vapeurs parfumées.

O jeune fille, ô jeune fille! que je t'aime! que ton œil brille! que tu m'aimes!

Ainsi l'alouette aime le chant et l'air pur, et les fleurs du matin la brise du ciel.

Comme je t'aime d'un sang ardent, toi qui me donnes jeunesse, bonheur, force, et m'inspires danses et chants nouveaux ! Sois heureuse éternellement, comme tu m'aimes !

PLAINTE DU PATRE.

Là-haut, sur la montagne, je me tiens bien souvent penché sur mon bâton, et je regarde en bas dans la vallée.

Puis je suis mon troupeau qui va paissant; mon chien le garde, et me voilà arrivé en bas sans savoir moi-même comment.

Là, de belles fleurs la prairie entière est couverte. Je les cueille sans savoir à qui je dois les donner.

Tandis que j'essuie sous un arbre la pluie, l'orage et la tempête, la porte là-bas reste fermée; hélas ! tout est un rêve !

Sur la maison, un arc-en-ciel se penche; mais elle, elle s'en est allée bien loin dans le pays.

Bien loin dans le pays, et plus loin encore, peut-être au delà de la mer. Passez, brebis, passez, le pâtre est si chagrin !

CONSOLATION DANS LES LARMES.

— D'où te vient cette tristesse lorsque tout semble joyeux? On voit à tes paupières, on voit que tu as pleuré.

« Et si j'ai pleuré dans la solitude, c'est une douleur que je garde, et les larmes que je répands sont douces et me soulagent le cœur. »

— Des amis joyeux te convient. Oh! viens sur notre sein, et quelle que soit la perte que tu aies faite, ne crains pas de nous la confier.

« Vous ne pouvez comprendre, dans vos fêtes bruyantes, le chagrin qui me dévore, infortuné! Ah! non, je ne l'ai pas perdu, bien qu'il me manque! »

— Allons! reviens à toi, tu es jeune. A ton âge, on a la force et l'ardeur de la conquête.

« Hélas non! ce bien, je ne puis le conquérir, il est trop loin de moi. Il plane là-haut, et brille d'un éclat pareil à cette étoile. »

— Les étoiles, on ne les désire pas, on jouit de leur splendeur, et pendant chaque nuit sereine on les contemple avec ravissement.

« Et si je lève les yeux avec ravissement pendant des jours entiers, laissez-moi passer les nuits dans les larmes, aussi longtemps que je pourrai pleurer. »

PRINTEMPS ANTICIPÉ.

Jours d'ivresse, venez-vous si tôt? le soleil me rend-il la colline et le bois?

Les ruisseaux s'épanchent plus abondants. Est-ce la prairie, est-ce le vallon?

Fraîcheur du bleu! Ciel et hauteurs! des poissons d'or foisonnent dans le lac.

Des essaims variés voltigent dans le bois; des chants célestes y résonnent.

Sous l'épaisseur du vert feuillage les abeilles sucent leur miel en bourdonnant.

Une vague rumeur agite l'air, émoi charmant, parfum mystérieux!

Comme je t'aime d'un sang ardent, toi qui me donnes jeunesse, bonheur, force, et m'inspires danses et chants nouveaux! Sois heureuse éternellement, comme tu m'aimes!

PLAINTE DU PATRE.

Là-haut, sur la montagne, je me tiens bien souvent penché sur mon bâton, et je regarde en bas dans la vallée.

Puis je suis mon troupeau qui va paissant; mon chien le garde, et me voilà arrivé en bas sans savoir moi-même comment.

Là, de belles fleurs la prairie entière est couverte. Je les cueille sans savoir à qui je dois les donner.

Tandis que j'essuie sous un arbre la pluie, l'orage et la tempête, la porte là-bas reste fermée; hélas! tout est un rêve!

Sur la maison, un arc-en-ciel se penche; mais elle, elle s'en est allée bien loin dans le pays.

Bien loin dans le pays, et plus loin encore, peut-être au delà de la mer. Passez, brebis, passez, le pâtre est si chagrin!

CONSOLATION DANS LES LARMES.

— D'où te vient cette tristesse lorsque tout semble joyeux? On voit à tes paupières, on voit que tu as pleuré.

« Et si j'ai pleuré dans la solitude, c'est une douleur que je garde, et les larmes que je répands sont douces et me soulagent le cœur. »

— Des amis joyeux te convient. Oh! viens sur notre sein, et quelle que soit la perte que tu aies faite, ne crains pas de nous la confier.

« Vous ne pouvez comprendre, dans vos fêtes bruyantes, le chagrin qui me dévore, infortuné! Ah! non, je ne l'ai pas perdu, bien qu'il me manque! »

— Allons! reviens à toi, tu es jeune. A ton âge, on a la force et l'ardeur de la conquête.

« Hélas non! ce bien, je ne puis le conquérir, il est trop loin de moi. Il plane là-haut, et brille d'un éclat pareil à cette étoile. »

— Les étoiles, on ne les désire pas, on jouit de leur splendeur, et pendant chaque nuit sereine on les contemple avec ravissement.

« Et si je lève les yeux avec ravissement pendant des jours entiers, laissez-moi passer les nuits dans les larmes, aussi longtemps que je pourrai pleurer. »

PRINTEMPS ANTICIPÉ.

Jours d'ivresse, venez-vous si tôt? le soleil me rend-il la colline et le bois?

Les ruisseaux s'épanchent plus abondants. Est-ce la prairie, est-ce le vallon?

Fraîcheur du bleu! Ciel et hauteurs! des poissons d'or foisonnent dans le lac.

Des essaims variés voltigent dans le bois; des chants célestes y résonnent.

Sous l'épaisseur du vert feuillage les abeilles sucent leur miel en bourdonnant.

Une vague rumeur agite l'air, émoi charmant, parfum mystérieux!

Un souffle plus fort bientôt s'élève, et se perd aussitôt dans la feuillée.

Mais bientôt il rentre au cœur; Muses, aidez-moi à supporter cette ivresse!

Voyez un peu, depuis hier, ce qui se passe en moi? aimables sœurs, ma bien-aimée est là!

———

SEHNSUCHT [1].

Qu'est-ce donc qui m'attire ainsi? qu'est-ce donc qui m'entraîne, qui m'enlace et m'arrache hors de ma chambre et de ma maison? Comme les nuages là-bas se déploient autour des rochers! là-bas je voudrais aller, là-bas je voudrais être!

Les corbeaux volent par troupes; je me mêle à eux et suis la file. Nous entourons de notre essaim montagnes et murailles. Elle respire là-bas; je l'épie.

Elle va et vient; je voltige aussitôt, oiseau chanteur, vers la feuillée épaisse. Elle s'attarde, elle écoute et sourit à part elle : il chante si gentiment, il chante pour moi!

Le soleil qui tombe dore les hauteurs; la belle en rêvant le laisse faire. Elle descend au ruisseau le long des prairies, et le sentier s'obscurcit de plus en plus.

---

[1] SEHNSUCHT : « Une ardeur vague et languissante, une indicible aspiration qui refuse de s'expliquer ouvertement. La SEHNSUCHT allemande flotte entre le ciel et la terre, irrésolue, indécise, sans projet ni but arrêté; elle ne sait, à vrai dire, ni ce qu'elle a perdu, ni ce qu'elle cherche, et cependant elle sent qu'il lui manque quelque chose, un idéal dont elle croit apercevoir le fantôme dans les mille apparitions de la terre en fleurs et du ciel en étoiles. » — Voir sur cette expression d'un sentiment indéfini et qu'il faut renoncer à traduire, nos études sur les poëtes lyriques, de l'Allemagne. *Revue des Deux Mondes*, années 1841 et 1842.

J.

Tout à coup je deviens étoile rayonnante. — Qui brille là-haut, si près et si loin? — Tu aperçois l'étoile avec surprise, je dors à tes pieds, et là je suis heureux.

ILLUSION DÉÇUE.

Le rideau flotte çà et là chez ma voisine; sans doute elle épie, du coin de l'œil, pour voir si je suis à la maison.

Et si la colère jalouse qui m'a travaillé tout le jour gronde encore au fond de mon cœur, où je prétends qu'elle reste.

Mais, hélas! la belle enfant n'a rien senti de tout cela, je le vois; c'est le vent du soir qui joue avec le rideau.

SUR LE LAC.

Je puise un nouvel aliment, un sang nouveau, dans ce monde si libre. Que la nature est belle et bienveillante qui me tient ainsi sur son sein! L'onde balance notre esquif au son cadencé de la rame, et des pics nuageux touchant au ciel viennent à l'encontre de notre cours.

Mes yeux, que vous baissez-vous? Songes dorés, que revenez-vous encore? Arrière, ô songe! si doré que tu sois, ici aussi se trouvent l'amour et la vie.

Sur l'onde étincellent mille étoiles flottantes; des vapeurs moelleuses absorbent les lointains horizons; le vent du matin secoue ses ailes sur les baies ombreuses, et dans le flot se réfléchit le fruit mûrissant.

LIED FINLANDAIS.

Si le bien-aimé que j'ai connu revenait tel qu'il est parti, mes baisers retentiraient sur ses lèvres, seraient-elles rouges du sang des loups; ma main étreindrait la sienne, ses doigts fussent-ils des serpents!

O vent! si tu étais intelligent, tu servirais de messager aux paroles de deux amants éloignés, quelques-unes dussent-elles se perdre en route.

Je me passerais de bons morceaux, j'oublierais la table du prêtre plutôt que de renoncer à l'ami que j'ai vaillamment conquis l'été, et que j'ai apprivoisé un long hiver.

SENSATIONS DIVERSES EN UN MÊME LIEU.

LA JEUNE FILLE.

Je l'ai vu! oh! que s'est-il passé en moi! regard céleste! il vient, je fuis toute troublée, je chancelle! J'erre, je rêve! O rochers, arbres, cachez mon ivresse, cachez mon bonheur!

LE JEUNE HOMME.

Il faut que je la trouve ici! je l'ai vue disparaître, mon regard l'a suivie. Elle venait à ma rencontre, puis elle s'est enfuie tout effarouchée et rougissante! Est-ce espoir, est-ce illusion? O rochers, et vous arbres! livrez-moi la charmante, livrez-moi mon bonheur!

L'AMOUREUX.

Ici caché, je conte à l'aurore humide de rosée ma plainte solitaire; méconnu de la foule, je me tiens à l'écart. O tendre cœur! tais et dérobe tes douleur éternelles, dérobe ton bonheur!

LE CHASSEUR.

Un destin prospère aujourd'hui m'envoie un double butin. Le serviteur fidèle revient chargé de lièvres, de perdrix, et je trouve ici maint oiseau pris au filet. Vive le chasseur! vive son bonheur!

DU HAUT DE LA MONTAGNE.

Si je ne t'aimais, ô Lili! quel plaisir me donnerait ce spectacle! et pourtant, Lili, si je ne t'aimais, trouverais-je ici, trouverais-je là mon bonheur?

SALUT DE FLEURS.

Que mille fois il te salue, le bouquet que je t'ai cueilli! Je me suis bien baissé mille fois pour l'avoir! et je l'ai pressé sur mon cœur cent mille fois!

EN ÉTÉ.

Comme la campagne et la prairie étincellent dans la rosée! comme les fleurs s'inclinent à l'entour sous leur poids de diamant! que les vents fraîchement soupirent à travers les buissons! que les doux oiselets chantent ensemble un gai concert aux rayons du soleil!

Et pourtant où je vis ma mie, dans cette chambrette si

petite et si basse, si bien close et gardée des rayons du soleil, où était-il pour moi le monde et toute sa splendeur.

A MIGNON.

Sur la vallée et le fleuve porté s'élève dans l'air pur le char du soleil. Hélas! en son cours il réveille chaque matin, comme la tienne, ma douleur dans mon cœur.

La nuit non plus ne m'est guère propice, car les songes eux-mêmes prennent pour moi de sombres formes, et je sens en silence, dans mon cœur, de ces douleurs agir secrètement la force créatrice.

Déjà, depuis maintes belles années, je vois là-bas des barques naviguer : chacune arrive à sa destination ; mais, hélas! ces douleurs immobiles de mon cœur, le fleuve ne les emporte pas.

Me voici paré de beaux habits; je les ai tirés de l'armoire parce que c'était fête aujourd'hui : nul ne soupçonne que je porte en mon sein un cœur rongé d'âpres douleurs.

Toujours quand je suis seul je pleure; cependant je garde un air souriant, un air de santé, de fraîcheur même. Ah! si elles étaient mortelles ces douleurs, depuis longtemps je n'existerais plus.

A BELINDE.

Pourquoi m'attirer ainsi irrésistiblement au milieu de ce luxe? Bon jeune homme, n'étais-je donc pas heureux dans ma nuit solitaire? Oublié dans ma chambrette, alors je reposais au clair de lune, tout inondé de sa lumière frémissante, et je songeais.

Alors je rêvais les heures dorées d'une félicité sans mélange, déjà mon âme avait pressenti ton image chérie.

Suis-je bien le même homme, moi, que tu retiens désormais devant une table de jeu, moi que tu forces à rester planté là, immobile, devant des figures souvent insupportables?

Le printemps en fleur ne m'attire plus désormais dans la plaine; où tu es, ange, est l'amour et la grâce, où tu es, la nature!

CALME DE LA MER.

Un calme profond règne sur les eaux, la mer repose sans mouvement, et le nautonier soucieux promène ses regards sur la surface unie.

Nul vent d'aucun côté ne souffle! calme de mort, calme effrayant! et dans l'immensité profonde nulle vague ne bouge!

SENTIMENT D'AUTOMNE.

Feuillage de la vigne, épaissis-toi autour de ma croisée! enflez-vous plus pressés, grains jumeaux de la grappe, et mûrissez plus vite et plus nourris! le soleil paternel vous couve de ses derniers rayons, du ciel propice l'influence fécondante vous inonde, le souffle ami de la lune vous baigne; hélas! et de ces yeux les larmes abondantes de l'amour éternellement vivifiant vous arrosent.

LIED NOCTURNE DU VOYAGEUR.

Toi qui descends du ciel pour apaiser toute douleur, toute souffrance, toi qui verses un double baume au cœur doublement malheureux, ah! je suis lassé de la lutte! Pourquoi cette douleur? pourquoi ces joies? Douce paix, viens! ah! viens dans ma poitrine!

MÊME SUJET.

Au-dessus de tous les sommets est le repos. Écoute dans toutes les cimes, à peine si tu surprends un souffle; les oiselets se taisent dans le bois. Attends un peu, bientôt aussi tu reposeras.

VOLUPTÉ DU CHAGRIN.

Ne vous séchez jamais, jamais, larmes de l'amour éternel! Hélas! qu'à l'œil à demi essuyé le monde apparaît désert et vide! Ne vous séchez jamais, jamais, larmes de l'amour malheureux!

A LA LUNE.

Tu répands de nouveau sur le val et le bois ta lueur discrète et vaporeuse, et je sens à ton influence mon âme se dégager soudain.

Ton doux regard s'étend sur ma prairie, comme l'œil d'un ami sur mon destin.

Mon cœur ressent le moindre écho du temps serein ou trouble ; je chemine entre la joie et la douleur dans la solitude.

Coule, coule, ruisseau chéri ! jamais plus je n'aurai de joie ; ainsi passèrent jeux et baisers, ainsi la foi jurée !

Une fois cependant je le possédai, ce bien si précieux, que jamais, pour son martyre, hélas ! on ne l'oublie.

Murmure, doux ruisseau, le long de la vallée, sans repos ni trêve ; murmure, et chuchote à ma voix tes mélodies.

Que dans une nuit d'hiver, furieux, tu débordes, ou que tu fécondes de jeunes bourgeons dans leur éclat printanier.

Heureux qui se ferme au monde sans haine, et garde à son sein un ami, et jouissant avec lui,

Des biens que l'homme ignore ou ne sait pas apprécier, chemine dans la nuit à travers le labyrinthe du cœur.

LIED SICILIEN.

Jolis petits yeux noirs ! lorsque vous clignez, les maisons tombent, les cités croulent ; et ce mur d'argile qui garde mon cœur, — pensez-y donc ; — comment voulez-vous qu'il résiste ?

A LINA.

Mignonne ! si jamais ces lieds te tombent sous la main, sieds-toi à ton clavier, où ton ami jadis se tenait près de toi !

Fais vibrer la corde sonore, et puis ouvre le livre, mais non pour lire, pour chanter toujours! Et chaque feuille est à toi.

Ah! qu'il me semble triste ainsi, en lettres mortes, noir sur blanc, ce lied qui dans ta bouche pouvait ravir un cœur, le déchirer!

PROPRIÉTÉ.

Je sais que rien ne m'appartient, que la pensée qui vient rouler sans trouble de mon âme, est l'heure favorable dont un destin propice me laisse jouir à fond.

UN PRINTEMPS DE PLUS.

Le lit de gazon croît déjà plus touffu, les clochettes s'y balancent blanches comme la neige; le safran déploie son feu puissant, l'émeraude germe et la pourpre fleurit. Les primevères se pavanent si fièrement! la friponne violette se dérobe avec soin; qu'est-ce encore qui ne s'émeut et ne tressaille? En un mot, le printemps est là; mais au jardin ce qui fleurit avec le plus de luxe, c'est de ma maîtresse le gentil cœur. Là des regards s'enflamment toujours pour moi, des regards qui réveillent mes chansons et rassérènent ma parole; un cœur toujours épanoui, vrai cœur de fleur, aimable dans sa gravité, pur dans son badinage. Avec ses roses et ses lys l'été viendra, mais en vain avec ma maîtresse il luttera.

RESSENTIMENT [1].

Quand les vignes refleurissent, le vin s'émeut dans le tonneau ; quand je vois s'empourprer les roses, je ne sais ce qui se passe en moi.

Des larmes coulent de mes joues ; quoi que je fasse ou que je laisse, je ne sens qu'un désir vague, indéfini qui me dévore la poitrine.

Et je finis par me dire, lorsque je m'interroge, que jadis, à pareils beaux jours, Doris brûla pour moi.

LIED COPHTE.

Que les savants se querellent entre eux et que les docteurs épiloguent ! Les sages de tout temps en riront et diront avec moi : Bien fou qui s'étudie à réformer les fous ! Enfants de la sagesse, oh ! prenez les fous pour ce qu'ils sont, comme il convient !

Le vieux Merlin dans sa tombe de lumière, où, adolescent, je lui parlai, me donna pour leçon réponse pareille : Fou qui s'étudie à réformer des fous ! Enfants de la sagesse, oh ! tenez les fous pour ce qu'ils sont, comme il convient !

Et des hauteurs de l'atmosphère indienne aux profondeurs des sépulcres d'Égypte, je n'entendis que cette parole sacrée : Bien fou qui s'étudie à réformer des fous ! Enfants de la sagesse, oh ! prenez les fous pour ce qu'ils sont, comme il convient !

[1] Nachgefühl.

UN AUTRE.

Va! obéis à mon signe, emploie bien tes jours de jeunesse, apprends à temps à être sage : dans la balance du bonheur la langue est rarement de poids, que tu montes ou que tu descendes, que tu règnes ou que tu serves, que tu souffres ou que tu triomphes, que tu sois l'enclume ou le marteau.

LE COMPAGNON ORFÉVRE.

C'est ma voisine qui est une adorable fille! Du plus matin que j'arrive à l'atelier, je lorgne sa petite boutique.

Ensuite je bats les anneaux et les chaînes, les filigranes d'or. Ah! pensai-je quand, et puis encore quand, un pareil anneau sera-t-il pour Catherine?

Et sitôt que les volets s'ouvrent, la petite ville entière accourt, et marchande et fourmille dans la boutique pour vingt emplettes.

Je lime alors, et ma foi! bien souvent jusqu'à le rompre, maint filet d'or; le maître gronde, rude compère! il s'aperçoit que c'était la petite boutique.

Et zeste! au premier moment de répit, vite elle saisit le rouet. Je sais bien moi, ce qu'elle veut filer! elle espère, la chère enfant!

Le petit pied trépigne et trépigne; je crois voir alors sa jambe fine, je crois voir aussi sa jarretière, qu'elle a reçue de moi, la belle fille!

Et le trésor porte à ses lèvres le petit fil ténu. Oh! petit fil! si j'étais à ta place, comme je baiserais la mignonne!

L'AMOUREUX SOUS MILLE FORMES.

Je voudrais bien être un poisson, si leste et si frais, et si tu venais avec ton hameçon comme j'y mordrais! — Je voudrais être un poisson si leste et si frais!

Je voudrais être un coursier que tu aimerais; oh! si j'étais un char pour te traîner commodément. — Je voudrais bien être un coursier que tu aimerais.

Je voudrais être une pièce d'or toujours à ton service, et chaque fois que tu voudrais faire une emplette, je reviendrais toujours! — Je voudrais être une pièce d'or.

Je voudrais toujours être fidèle, et que ma mie fût toujours nouvelle, je m'engagerais et jamais ne partirais. — Je voudrais toujours, mignonne, être ton galant fidèle.

Je voudrais être vieux, et ridé, et glacé, et quand tu me repousserais je n'en aurais nul déplaisir. — Je voudrais être vieux, et ridé, et glacé.

Je voudrais aussi être un singe rempli de jolis tours plaisants, et lorsque tu serais maussade je te ferais mille espiègleries. — Je voudrais encore être un singe rempli de jolis tours plaisants.

Je voudrais être doux comme un mouton, brave comme un lion; avoir les yeux d'un petit lynx et les ruses d'un petit renard. — Je voudrais être doux comme un mouton, brave comme un lion.

Et quoi que je fusse, je le serais pour toi, et si j'avais les trésors d'un prince, tu les posséderais. — Quoi que je fusse, je le serais pour toi.

Mais je suis tel que je suis, et c'est à toi de me prendre tel! Si tu en veux de mieux bâtis, fais-toi-les faire. — Je suis tel que je suis, et c'est à toi de me prendre tel!

LIED ALTERNÉ POUR LA DANSE.

LES INDIFFÉRENTS.

Viens, ô ma belle, viens danser avec moi ; la danse convient aux jours de fête. Si tu n'es mon trésor, tu peux le devenir ; si tu ne le deviens, dansons toujours. Viens, ô ma belle ! danser avec moi, la danse décore les fêtes.

LES AMOUREUX.

Sans toi, ma bien-aimée, que seraient les fêtes ? sans toi, mon doux trésor, que serait la danse ? Si tu n'étais mon bien, je ne pourrais danser ! oh ! reste là toujours, à ces conditions la vie est une fête ! Sans toi, ma bien-aimée, que seraient les fêtes ? sans toi, mon doux trésor, que serait la danse ?

LES INDIFFÉRENTS.

Laisse-les aimer, et dansons ! un amour langoureux fuit la danse. Pendant que nous entrelaçons nos joyeux groupes, les autres se glissent vers le bois obscur. Laissons-les aimer, et dansons ! l'amour langoureux fuit la danse.

LES AMOUREUX.

Laissons-les tournoyer, et, nous, errons ! errer est la danse divine de l'amour. Amour, qui les entend railler se vengera un jour, se vengera bientôt. Laissons-les tournoyer ; nous, errons ! errer est la danse divine de l'amour.

DÉCLARATION DE GUERRE.

Si pourtant j'étais belle comme les filles des champs! Elles portent des chapeaux jaunes avec un ruban rose!

Il est permis, pensais-je, de croire qu'on est belle. Hélas! dans la ville, pour mon malheur, je l'ai cru.

Maintenant, au printemps, ah! c'en est fait de mes joies; les filles des campagnes captivent tous ses sens!

Si je changeais, sur l'heure, ma robe et ma tournure : corset plus long, cotillon court!

Bon! me voici en chapeau de paille, en corset blanc comme la neige, et fauchant avec les autres le trèfle épanoui.

Le voyez-vous, le jeune libertin, qui flaire dans le groupe un morceau délicat; du coin de l'œil il me fait signe de le suivre chez lui.

Je l'accompagne toute confuse, il ne me reconnaît pas; me pince les joues et lorgne mon minois.

La fille de la ville vous déclare la guerre, à vous donzelles, et doubles charmes triompheront.

SOUHAITS DE JEUNES FILLES.

Oh! quand trouverai-je un fiancé? Quel destin plus beau que celui-là! on vous nomme maman; plus n'est besoin de coudre ou d'aller à l'école; alors on peut donner des ordres, on a des servantes, on peut gronder, on se choisit ses robes, on commande à son goût ses modes, on se fait conduire à la promenade, au bal, sans consulter d'avance ni papa ni maman.

AMOUR A CONTRE-CŒUR.

Je le sais bien, et je m'en moque fort : fillette, vous êtes l'inconstance même; vous aimez comme en un jeu de cartes David et Alexandre; vous êtes entre vous des forces, et de forces qui se soutiennent.

Et cependant je reste malheureux comme devant, avec ma face de misanthrope, esclave de l'amour, pauvre fou! que volontiers je secouerais ces peines! mais le mal est au fond du cœur, et raillerie ne chasse pas l'amour.

A UN CŒUR D'OR QU'IL PORTAIT AU COU.

Souvenir d'un bonheur évanoui, lacet fragile que je porte encore à mon col, devais-tu donc être entre nous un lien plus durable que celui de nos âmes? Viens-tu prolonger les jours rapides de l'amour?

J'ai beau te fuir, Lili, à travers les pays étrangers, à travers la forêt lointaine et les vallons, j'emporte après moi ton lien! Oh! sitôt de mon cœur ne devait pas tomber le cœur le Lili!

Ainsi l'oiseau qui rompt sa chaîne et s'en retourne au bois traîne après lui toujours quelque lambeau de fil, signe honteux de sa captivité; quoi qu'il fasse désormais, il n'est plus l'oiseau du ciel né libre, il a appartenu à quelqu'un.

SEMBLANT DE MORT.

Ici pleurez les jeunes filles, ici, sur le tombeau de l'Amour; ici d'un rien il a péri. Mais est-il vraiment mort? Je n'en jurerais pas; un rien, le moindre accident si souvent le ranime!

VANITAS! VANITATUM VANITAS!

Je n'ai mis mon bien nulle part,
   Ho hé!
Voilà pourquoi je suis si bien au monde!
   Ho hé!
Et qui veut être mon camarade va trinquer avec moi, et chanter un refrain en buvant ce reste de vin.

J'avais mis mon bien dans l'or et les richesses,
   Ho hé!
J'en perdis la joie et le cœur;
   O malheur!
Les pièces roulaient ici et là, et tandis que je les happais d'un côté, de l'autre elles m'échappaient.

J'avais mis mon bien dans les femmes,
   Ho hé!
Il m'en revint plus d'un chagrin;
   O malheur!
La perfide cherchait d'autres partis, la sincère m'ennuya, la meilleure elle n'était pas à vendre.

Je mis mon bien dans les voyages et les migrations,
   Ho hé!

Et je désappris les mœurs de ma patrie;
 O malheur!
Et nulle part je ne me plus; chère étrangère, lits mauvais, personne ne me comprenait.

Je mis mon bien dans la gloire et les honneurs,
 Ho hé!
Et voyez! un autre aussitôt en eut davantage;
 O malheur!
Comme je m'étais distingué, tous me regardaient de travers, chacun trouvait à blâmer en moi.

Je mis mon bien dans les guerres et les batailles,
 Ho hé!
Et nous eûmes plus d'une victoire;
 Ho hé!
Nous entrâmes sur les terres de l'ennemi, à quoi l'ami ne gagna pas grand'chose, et je perdis une jambe.

Désormais je n'ai mis mon bien nulle part,
 Ho hé!
Et le monde entier m'appartient;
 Ho hé!
Chansons et repas tirent à leur fin; allons, tous, qu'on me tienne tête une dernière fois! vidons nos verres.

ÉPIPHANIE.

Les trois saints rois avec leur étoile, ils mangent, ils boivent et ne payent pas volontiers; ils mangent bien, ils boivent bien; ils mangent, boivent et ne payent pas.

Les trois saints rois ici sont venus, ils sont trois et ne

sont pas quatre; et s'il en venait un quatrième, il y aurait un trois saint roi de plus.

Moi, le premier, je suis le blanc et le beau; c'est au grand jour qu'il faut me voir! mais, hélas! avec toutes mes épices, je n'ai plus de quoi contenter une belle fille.

Moi, je suis le brun et le long, connu des femmes, connu par mon chant. Je porte l'or au lieu d'épice, et partant, suis en tout lieu le bienvenu.

Enfin, moi, je suis le noir et le petit, dans l'occasion joyeux compère; je mange bien, je bois bien, je mange et bois et remercie.

Les trois saints rois sont bien pensants, ils cherchent la mère avec l'enfant; le bon Joseph est à côté, le bœuf et l'âne gisent sur la litière.

Nous apportons la myrrhe, nous apportons l'or; l'encens est en faveur auprès des dames. Et quand nous avons de bon vin, trois que nous sommes buvons comme six.

Comme on ne voit ici que belles dames et beaux messieurs, mais point d'âne et point de bœufs, nous ne sommes pas à notre place, et passons notre chemin.

TABLE OUVERTE.

Je veux aujourd'hui à ma table des hôtes nombreux! les plats sont prêts, volaille, gibier et poisson! Tous sont invités, tous ont accepté!

Hænschen, va et regarde; vois-moi s'ils viennent!

J'attends de petites filles innocentes dans l'âme, qui ignorent combien c'est charmant d'embrasser un amant. Tous sont invités, tous ont accepté.

Hænschen, va et observe! et vois-moi s'ils viennent.

J'espère aussi voir des femmes qui aiment toujours

leurs maris, fussent-ils encore plus maussades. Elles sont invitées, elles ont accepté.

Hænschen, va, observe! et vois-moi si elles viennent.

J'ai prié aussi des jeunes gens exempts de toute vanité, qui, sentant leur bourse pleine, ne s'en montrent pas moins réservés. Ceux-là, je les ai spécialement priés; ils ont accepté.

Va, Hænschen, observe à la ronde! et vois-moi s'ils viennent.

J'ai invité avec respect des maris qui ne regardent que leurs femmes, et se feraient scrupule de jeter un regard de côté sur une belle. Ils m'ont rendu ma politesse, ils ont accepté.

Va, Hænschen, regarde à la ronde! vois-moi s'ils viennent!

J'ai convié des poètes pour augmenter nos plaisirs, qui aiment mieux entendre les vers d'autrui que les leurs propres. Ils sont tous tombés d'accord, il sont accepté.

Va, Hænschen, observe à la ronde! vois-moi s'ils viennent.

Mais je ne vois arriver personne, je ne vois personne accourir! la soupe bout, le rôti va brûler. Oh! nous avons, je le crains bien, trop fait les difficiles.

Hænschen, dis, qu'en penses-tu? Il ne viendra personne.

Hænschen, cours, et sans perdre de temps, amène-moi de nouveaux hôtes! que chacun vienne comme il est, c'est encore le mieux! le bruit s'en répand dans la ville, partout on l'accueille à souhait.

Hænschen, ouvre les deux battants : regarde! vois-tu comme ils viennent!

LES HEUREUX ÉPOUX.

Après cette pluie de printemps, que nous avons si ardemment souhaitée, petite femme, oh ! vois la bénédiction qui flotte au-dessus de nos champs. Le regard se perd au loin dans le vague du bleu; ici chemine encore l'amour, ici loge encore le bonheur.

Vois-tu ces blancs ramiers? ils s'envolent là-bas, où fleurissent les violettes, sous des bosquets baignés de soleil. Là nos mains ont serré le premier bouquet, là nos premiers feux s'allumèrent.

Mais, lorsque après le tendre oui, le prêtre nous eut vus nous hâter vers l'autel, au milieu d'autres jeunes couples, alors de nouveaux soleils se levèrent, de nouvelles lunes aussi, alors le monde s'ouvrit à notre course.

Depuis, plus de mille cachets sont venus fortifier l'alliance, dans le petit bois, sur la colline, dans les buissons de la prairie, dans les grottes, dans les décombres; sur la hauteur du rocher, et jusque parmi les roseaux du lac, Amour portait le feu.

Nous cheminions contents, nous pensions être deux; mais il en était autrement décidé, et vois ! nous étions trois, et quatre, et cinq et six ; ils s'asseyaient autour de la marmite, et maintenant les rejetons presque tous nous passent de la tête.

Là-bas, dans la belle prairie, cette maison neuve de si ravissante apparence, des ruisseaux l'environnent, plantés de peupliers! Qui donc s'est élevé cette heureuse demeure, si ce n'est notre brave Fritz avec sa mie?

Et dans le creux du rocher, là où le fleuve encaissé s'élance en écumant de l'écluse sur les roues, on parle de meunières, et comme elles sont belles! mais notre enfant l'emportera toujours.

Cependant à cette place où le gazon croît épais autour de l'église, où l'antique sapin se dresse seul vers le ciel, là reposent nos morts tombés avant l'âge, et notre regard quitte la terre pour se tourner vers Dieu.

Des nappes étincelantes d'armes ondulent au versant de la colline, l'armée revient en foule qui nous a donné la paix. Qui marche en tête, d'un air fier, avec le signe de l'honneur? Il ressemble à notre enfant! Carl, ainsi, rentre à la maison.

Le plus chéri des hôtes, maintenant sa fiancée l'accueille; aux fêtes de la paix elle épousera son amoureux fidèle; et lorsque chacun accourra pour la danse, alors pare de couronnes les trois plus jeunes enfants.

Au son des flûtes et des chalumeaux, l'heureux temps revivra où, nous aussi, jeune couple, la danse nous réjouissait. Et dans le courant de l'année, le plaisir m'en vient au cœur d'avance! nous accompagnerons vers les fonts baptismaux et le petit-fils et le fils.

BALLADES

*Contes encore plus merveilleux, l'art du poète
les rend vrais.*

BALLADES

DEUXIÈME PARTIE.

MIGNON.

Connais-tu le pays où les citronniers fleurissent, où, dans la feuillée sombre, rougissent les oranges d'or? un vent léger descend du ciel d'azur, le myrte croît discret; et le laurier superbe, le connais-tu bien?

Là-bas! là-bas je voudrais aller, mon bien-aimé, avec toi!

Connais-tu la maison? Sur des colonnes repose son toit, la salle resplendit, les chambres étincellent, et des statues de marbre sont là qui me regardent et semblent dire: Qu'est-ce donc, pauvre enfant, qu'est-ce donc que l'on t'a fait? La connais-tu bien?

Là-bas! là-bas je voudrais aller, ô mon soutien, avec toi!

Connais-tu la montagne, et son sentier perdu dans la nue? Le mulet cherche sa route dans le brouillard; dans les grottes habite l'antique race des dragons, le rocher croule, le torrent s'élance par-dessus; la connais-tu bien?

Là-bas! là-bas va notre chemin! O père! allons, partons!

LE BARDE.

Qu'entends-je là, devant la porte? qu'entends-je sur le pont? Que le chant à nos oreilles résonne dans la salle! Le roi dit, le page courut; l'enfant revint, le roi s'écria : « Qu'on me fasse entrer le vieillard!

— Salut, salut, nobles seigneurs! salut, ô belles dames! Quel ciel brillant! étoile sur étoile! Qui connaît tous vos noms? Dans cette salle pompeuse, splendide, fermez-vous, mes yeux, ce n'est pas l'heure de s'ouvrir aux étonnements. »

Le chanteur ferme alors les yeux, et entonne un chant sonore; les chevaliers portent haut la tête, les belles baissent le regard. Le roi, auquel le lied a plu, envoie, pour honorer son chant, au barde une chaîne d'or.

« Ne me donne pas la chaîne d'or, donne-la, la chaîne, aux chevaliers, devant l'aspect vaillant de qui les lances ennemies se brisent! Donne-la à ton chancelier; qu'il ajoute encore ce poids doré à tant d'autres qu'il porte.

« Je chante comme chante l'oiseau qui se perche sur la branche; le chant qui jaillit librement se paye lui-même avec magnificence; mais s'il m'est permis d'émettre un vœu, fais qu'on me donne un vin précieux dans une coupe d'or pur. »

Il la porte à ses lèvres, il la vide d'un trait : « O boisson généreuse! Bénie soit la maison fortunée où pareil don n'est qu'une faible chose! Aux heures du bonheur pensez à moi, et remerciez Dieu avec tant de zèle que je vous remercie pour ce breuvage. »

BALLADE.

Ici, ô brave homme! bon vieillard, ici! dans cette salle nous serons seuls, nous fermerons les portes. La mère prie, le père est allé au bois tuer les loups. Oh! chante-nous un conte, chante-le souvent, que mon frère et moi nous l'apprenions. Voici longtemps que nous appelions un barde. — Les enfants ont plaisir à l'entendre.

« Dans l'horreur de la nuit, dans la désolation d'un « siége, il abandonne sa haute et riche maison, les tré- « sors qu'il y a enfouis. Le comte s'enfuit par la poterne, « que peut-il avoir dans les bras? que dérobe-t-il ainsi « sous son manteau? qu'emporte-t-il au loin avec tant « de précipitation? C'est une petite fille, l'enfant repose. » Les enfants ont plaisir à l'entendre.

« Le matin s'éclaire, le monde est si vaste, dans les bois « et dans les vallons un asile s'ouvre, aux villages on ra- « fraîchit le barde; ainsi il chemine et mendie un temps « infini, la barbe lui croît de plus en plus longue; mais « dans ses bras le gentil enfant croît aussi, comme sous « une heureuse étoile, protégé dans le manteau contre la « pluie et le vent. » — Les enfants ont plaisir à l'entendre.

« Les années ont marché; le manteau se décolore, le « manteau tombe en pièces, il ne l'envelopperait pas plus « longtemps. Le père, comme il est heureux de la con- « templer, il ne se tient pas d'aise! Si belle à la fois et « si noble rejeton d'une vaillante souche, comme elle fait « riche son vieux père qu'elle adore! » — Les enfants ont plaisir à l'entendre.

« Alors passe à cheval un jeune homme princier; elle « tend la main pour recevoir son offrande, mais lui ne « donne pas d'aumône, et saisissant doucement cette pe- « tite main : Je la veux, s'écrie-t-il, pour la vie. Si tu

« comprends ce que vaut ce trésor, répond le vieux, tu
« la feras princesse. Qu'elle te soit fiancée en cette
« place verte. » — Les enfants ont plaisir à l'entendre.

« Un prêtre les bénit au sanctuaire, et maintenant avec
« joie et déplaisir elle s'éloigne ; elle voudrait ne pas
« quitter son père. Le vieillard chemine çà et là, portant
« sa peine dans la joie des autres. Et moi aussi j'ai rêvé
« des années entières à ma fille, j'ai rêvé dans l'éloigne-
« ment à mes petits-neveux ; je les bénis le jour, je les
« bénis la nuit. » — Les enfants ont plaisir à l'entendre.

Il bénit les enfants ; tout à coup on heurte à la porte :
le père, c'est lui ! Ils s'élancent, mais sans pouvoir cacher
le vieillard. — Que viens-tu leurrer ces enfants, men-
diant ! vieux fou ? Archers de fer, qu'on s'empare de lui !
qu'on jette ce téméraire dans la plus profonde oubliette !
— La mère apprend la chose, elle accourt, et supplie d'une
voix caressante. — Les enfants ont plaisir à l'entendre.

Les archers respectent le vieillard, la mère et les en-
fants redoublent de prières ; le superbe seigneur ronge
sa haine, et les instances ne font que l'irriter jusqu'à ce
qu'à la fin, rompant le silence : Vile engeance, s'écrie-
t-il, race de mendiants ! éclipse de ma royale étoile ! vous
m'avez apporté la ruine, et je n'ai que ce que je mérite !
— Les enfants ont peine à l'entendre.

Cependant le vieillard reste debout, l'œil fier ; les ar-
chers cuirassés se retirent, la tempête ne fait que s'ac-
croître. — « Dès longtemps j'ai maudit mon bonheur
conjugal, voilà maintenant les fruits que les fleurs pro-
mettaient ! On a toujours nié et l'on nie à bon droit que
noblesse s'apprenne, la mendiante m'a fait race de men-
diants. » — Les enfants ont peine à l'entendre.

« Et si l'époux, si le père vous chasse, s'il brise effron-
« tément les plus sacrés liens, venez à votre père, à votre
« aïeul ! Le mendiant peut encore, si blanchi, si dépos-
« sédé qu'il soit, vous frayer d'illustres sentiers. Ce châ-

« teau fort est mien! tu me l'as volé! ta race m'a chassé
« au loin; on peut m'en croire, j'ai mes titres! » — Les
enfants ont plaisir à l'entendre.

« Un roi juste revient pour rendre à ses fidèles sujets
« les biens qu'on leur avait ravis. Je romps les sceaux de
« mes trésors. » Ainsi, dit le vieillard, le calme et la séré-
nité dans les yeux : « je vous annonce une loi d'amour.
« Reviens à toi, mon fils, l'étoile du bonheur se lève au-
« jourd'hui, princesse, elle t'a donné du sang de prince! »
— Les enfants ont plaisir à l'entendre.

LA VIOLETTE.

Une violette était dans le pré, cachée en elle-même,
ignorée, une amour de violette! Voilà qu'une jeune ber-
gère, le pied leste et le sens dispos, vient courir en chan-
tant dans le pré.

Hélas! pense alors la violette, si je pouvais être la plus
belle fleur de la nature, hélas! seulement un petit instant,
le temps pour la mignonne de me cueillir et de me presser
sur son sein, hélas! seulement un petit quart d'heure!

Hélas! mais hélas! la fillette vint et sans y prendre
garde foula sous son pied la pauvre violette. Elle chanta
et mourut, et se réjouissait encore : je meurs, mais au
moins je meurs par elle, par elle! à ses pieds!

LE ROI DES AULNES.

Qui chevauche si tard par la pluie et le vent? C'est le
père avec son enfant. Il tient le petit serré dans ses bras,
le presse et le garde à l'abri.

— Mon fils, pourquoi te cacher le visage? — Père, ne vois-tu pas le roi des Aulnes? le roi des Aulnes avec couronne et manteau? — Mon fils, c'est une raie de nuages.

« Cher enfant, allons! viens avec moi, nous jouerons ensemble à de si beaux jeux! Tant de fleurs émaillent mes rivages, ma mère a tant de voiles d'or! »

— Père, père! eh quoi! tu n'entends pas ce que le roi des Aulnes me promet tout bas? — Sois en paix, reste en paix, mon enfant, c'est le vent qui chuchotte dans les feuilles flétries. —

« Veux-tu, gentil enfant, veux-tu venir avec moi? Mes filles te gâteront à l'envi; mes filles mènent la danse nocturne; elles te berceront, et danseront, et t'endormiront à leurs chants. »

— Père, père! eh quoi! ne vois-tu pas là-bas les filles du roi des Aulnes à cette place sombre? — Mon fils, mon fils, je le vois bien, ce sont les vieux saules qui pâlissent au loin. —

« Je t'aime, ta douce figure me plaît; et si tu résistes, j'emploie la force. » — Père, père! voilà qu'il me saisit! Le roi des Aulnes m'a fait bien mal! —

Le père frissonne, il pousse son cheval; il serre dans ses bras l'enfant qui suffoque, il arrive chez lui à grand'-peine; dans ses bras l'enfant était mort.

LE PÊCHEUR.

L'onde murmurait, l'onde s'enflait, un pêcheur était assis au bord, reposant ses yeux sur son hameçon, calme jusque dans le fond du cœur. Et comme il est assis, comme il guette, le flot monte et se sépare, et du sein de la vague émue une femme humide s'élance.

Elle lui chanta, elle lui parla : « Pourquoi attires-tu avec l'esprit et la ruse de l'homme mon engeance là-haut vers la chaleur mortelle. Ah! si tu savais comme le poisson est bien dans la profondeur, tu descendrais tel que tu es, et te sentirais si dispos! »

« Le clair soleil ne se baigne-t-il pas dans la mer, et la lune aussi? Leur visage, lorsqu'il respire l'onde, ne te revient-il pas deux fois plus beau : le ciel profond ne t'attire-t-il pas par la transparence humide? et ta propre image ne t'attire-t-elle pas dans la rosée éternelle? »

L'onde murmurait, l'onde s'enflait et mouillait son pied nu; son cœur se gonflait plein d'une vague ardeur comme au salut d'une maîtresse; elle lui parla, elle lui chanta; ce fut fait de lui : moitié de gré, moitié de force, il tomba, et jamais on ne le revit plus.

LE ROI DE THULÉ.

Il était un roi dans Thulé, très-fidèle jusqu'au tombeau, auquel en mourant sa maîtresse une coupe en or donna.

Rien pour lui ne valait cette coupe; il la vidait à tout gala, et ses yeux se fondaient en larmes aussi souvent qu'il y buvait.

Et lorsqu'il se sentit mourir il compta les villes de son royaume, donna tout à son héritier, tout excepté la coupe.

Il présidait le festin royal, ses chevaliers autour de lui, dans la haute salle de ses ancêtres, en son château sur la mer.

Or, le vieux compagnon se lève, boit le dernier coup de la vie, et jette la coupe sacrée au sein des flots.

Il la vit tomber, se remplir, s'enfoncer dans l'abîme;

ses yeux alors s'appesantirent, et plus jamais il ne but une goutte.

LA FLEURETTE BELLE A RAVIR.

LIED DU COMTE PRISONNIER.

LE COMTE.

Je sais une fleurette belle à ravir et soupire après elle; je voudrais bien l'aller chercher, mais je suis prisonnier. Hélas! ma peine est vive; car lorsque je marchais libre je l'avais près de moi. Du haut de ce donjon inaccessible je laisse errer mes yeux à la ronde, et ne puis du haut de ces murailles la saisir avec mes regards; mais qui me l'apporterait, fût-il chevalier ou page, resterait mon ami.

LA ROSE.

Je fleuris belle, et je t'entends ici sous tes barreaux; c'est pour sûr moi la rose que tu veux dire, illustre et malheureux captif! d'un noble sang tel que tu es, la reine des fleurs certainement doit régner dans ton cœur.

LE COMTE.

Ta pourpre est bien digne d'honneur dans sa tunique verte; aussi la jeune fille te recherche comme l'or et les pierreries. Ton éclat relève le plus doux visage; mais tu n'es pas la fleurette que j'honore en secret.

LE LYS.

La rose a de superbes airs, et toujours à monter aspire; mais une douce amante, du lys aussi loue les charmes. Quiconque sent battre son cœur dans sa poitrine fidèle, quiconque a l'âme pure comme moi, me tient en la plus haute estime.

LE COMTE.

J'ose me dire honnête et pur, et pur de toute félonie. Pourtant je suis ici captif et me consume dans la solitude. Oui, tu m'es une belle image de maintes vierges pures et douces, mais je sais au monde quelque chose de plus chéri !

L'ŒILLET.

Ce doit être alors moi, l'œillet, né dans le jardin du geôlier ; autrement, pourquoi le brave homme m'entourerait-il de tant de soins ? Vois ma belle collerette de feuilles pressées, mon frais parfum tant que dure ma vie, et mes mille nuances.

LE COMTE.

Gardons-nous de dédaigner l'œillet, il est la joie du jardinier ; tantôt il l'expose au soleil, et tantôt le protége contre ses ardeurs ; mais ce qui rend heureux le comte, ce n'est point cet éclat qui brille, c'est une fleurette discrète.

LA VIOLETTE.

Je vis humble et cachée et ne parle pas volontiers ; mais je veux aujourd'hui, puisque tout le commande, rompre mon silence profond. Si c'est moi, homme bon, ah ! combien je regrette de ne pouvoir m'élever pour t'envoyer tous mes parfums !

LE COMTE.

J'estime fort la bonne violette, elle est si modeste et sent si bon ! et pourtant en mes pensées cruelles il me faut davantage. Laissez donc que je vous l'avoue. En vain sur ces âpres hauteurs, sur ces rochers, on chercherait ma bien-aimée.

Là-bas, près du ruisseau, s'égare la plus fidèle épouse de la terre, et doucement soupire maint hélas jusqu'au jour de ma délivrance. Chaque fois qu'elle effeuille une fleurette bleue et lui dit : *Ne m'oubliez pas*, aussitôt moi, je le sens de loin.

Oui, au loin s'étend la puissance de deux cœurs qui s'aiment saintement, et c'est pourquoi dans la nuit du cachot j'ai trouvé la force de vivre, et quand mon cœur est près de se rompre, je m'écrie seulement : *Ne m'oublie pas*[1], et me sens renaître à la vie.

LE VOYAGE NUPTIAL DU CHEVALIER CURT.

Plein d'une joie de fiancé, le vaillant chevalier Curt s'élance sur son cheval, sur son beau cheval qui doit l'emporter à la noce, au château de sa noble dame; or, voilà qu'au milieu des rochers déserts soudain lui apparaît un rival menaçant. Sans vaines paroles, sans délai, ils se précipitent l'un sur l'autre.

Le combat longtemps flotte incertain ; enfin Curt triomphe, quitte la place en vainqueur et tout meurtri. Mais qu'aperçoit-il tout à coup derrière le feuillage tremblant du bois ! Une belle fille se glisse à travers le taillis, son petit nourrisson au bras.

Elle lui fait signe de venir à elle : « Mon beau seigneur, pas si vite ! ne vous sentez-vous rien pour votre mie, rien pour votre enfant ? » Une douce flamme embrase le chevalier, si douce qu'il ne veut plus partir, et

[1] Vergiss mein nicht!

la gentille nourrice lui semble aussi charmante que jadis il trouva la jeune vierge.

Cependant il entend sonner les cors de ses serviteurs, le souvenir alors lui revient de sa noble fiancée; sa route passe à travers foire et marché, et il s'arrête pour choisir maint gage d'amour; mais, hélas! des Juifs accourent, et lui montrent de vieilles reconnaissances de dettes.

Voilà la justice qui s'empare du beau chevalier. Oh! damnée histoire! carrière héroïque en vérité! faut-il donc que je m'y résigne? L'embarras est grand: rivaux, femmes, dettes; ah! point de chevalier qui puisse y échapper.

CHANT NUPTIAL.

Chantons et célébrons le vieux comte qui demeura dans ce château, où vous festoyez son neveu, qui se marie aujourd'hui. Donc, celui-là s'était illustré par mainte victoire dans la guerre sainte, et lorsque, de retour chez lui, il descendit de son cheval, il retrouva bien son château là-haut, mais serviteurs et trésors avaient disparu.

Te voilà, petit comte, te voilà rendu; ton logis est en mauvais état! les vents entrent par la fenêtre, et courent dans toutes les chambres. Que faire en cette nuit d'automne? J'en ai passé mainte autre plus mauvaise; le matin a tout réparé. Vite donc, au clair de la lune! vite donc, au lit dans la paille!

Et comme il succombait à un prompt sommeil, quelque chose remue sous le lit. Le rat trotte tant qu'il peut! au moins s'il trouvait quelque bribe à grignoter! Mais voyez! tout à coup se montre un petit homme, un nain si gentil, avec sa lampe, ses gestes et son importance d'orateur! il se tient au pied du lit du comte fatigué, qui, s'il ne dort pas, pourrait bien dormir.

— Nous nous sommes permis là-haut de nous divertir depuis que tu as quitté le château ; et comme nous te pensions bien loin, nous avons entrepris de nous en donner à cœur joie. Et si tu le permets, si tu ne t'en effrayes, nous allons banqueter librement en l'honneur d'une riche et jolie fiancée. — Et le comte, dans le bien-être du songe : Allez toujours et disposez des appartements !

Alors s'avancent à cheval trois cavaliers qui s'étaient tenus sous le lit ; puis, avec chansons et musique, vient un chœur de grotesques petites figures ; et char sur char avec tout appareil, que c'est à en perdre et l'ouïe et la vue, comme cela se passe seulement dans les châteaux des rois ; enfin, dans un équipage doré, la fiancée et les convives.

Voilà maintenant que tout court au galop, et cherche une place dans la salle ; pour tourner et valser en joyeuse ronde, chacun se choisit une belle. Cela siffle, violonne, et tinte et vibre, et tournoie et glisse, et chuchote et tourbillonne, étincelle, petille et bourdonne. Le petit comte regarde autour de lui, il lui semble qu'il a la fièvre.

Ça trépigne et tapote dans la salle, du haut des bancs, des chaises et des tables ; chacun prétend, au gala somptueux, se rafraîchir auprès de sa maîtresse ; ils portent saucisses et jambons si petits, et rôts et poissons et volailles. Les vins exquis circulent sans relâche. Cela tempête et babille longtemps encore, puis à la fin disparaît en chantant.

Et s'il faut dire ce qu'il advint de plus, que le bruit et le vacarme cesse ; car ce qu'il vit si charmant en petit, il l'éprouva en grand. Trompettes, chansons et fanfares, équipages et cavaliers et cortéges de noces, ils s'avancent et se montrent, et s'inclinent tous. Heureuses gens, innombrables! Ainsi il en fut, ainsi il en est encore aujourd'hui.

LE CHERCHEUR DE TRÉSOR.

Pauvre d'argent, le cœur en peine, je traînais mes tristes jours. Misère est la plus grande plaie, richesse est le souverain bien! Pour mettre un terme à mes souffrances, je m'en allai à la quête d'un trésor. J'écrivis avec mon propre sang : Tu auras mon âme!

Je traçai cercles sur cercles. J'assemblai des flammes étranges, des herbes et des ossements : et l'incantation accomplie, je creusai la terre, selon qu'on me l'avait enseigné, cherchant le vieux trésor à la place indiquée. La nuit était noire et orageuse.

Soudain j'aperçus une clarté qui, semblable à nos étoiles, s'avança du lointain le plus reculé, juste au coup de minuit. Et sans tarder, la place s'éclaira de la lueur d'une coupe pleine qu'un bel enfant portait.

Je voyais ses doux yeux briller sous l'épaisse couronne du bois; à la lueur de la coupe céleste, il franchit le cercle, et m'invita poliment à boire. Et je pensai, à part moi : L'enfant que ce don lumineux recommande ne saurait vraiment être le Malin.

« Bois dans cet élixir le courage de la vie pure! alors tu comprendras la leçon que je te donne, et ne viendras plus, dans les angoisses, évoquer l'enfer à cette place. Ne fouille plus le sol en vain. Travail du jour! repos du soir! âpre semaine et joyeux dimanche! que ce soit là ton talisman. »

LE PRENEUR DE RATS.

Je suis le fameux chanteur, le preneur de rats voyageurs dont certes cette antique et célèbre ville a surtout grand besoin. Et quand les rats seraient par myriades, quand les belettes se mettraient en jeu, il faut que j'en purge la place et que tous s'en aillent avec moi.

En outre, le joyeux chanteur est aussi un preneur d'enfants, qui, pour dompter les plus rebelles, n'a qu'à chanter ses légendes dorées; et les garçons seraient-ils plus obstinés, les jeunes filles plus farouches, dès que je fais vibrer mes cordes il faut que tous me suivent.

Par occasion, l'industrieux chanteur est encore preneur de filles; dans nulle ville, il ne séjourne sans y faire des siennes, et si simples que soient les fillettes, si prudes que les femmes soient, le mal d'amour les prend à mes sons magiques, à mon chant!

DEVANT LA JUSTICE.

De qui je l'ai conçu, cet enfant, dans mon sein, je ne vous le dirai pas. — Fi! dites-vous, la prostituée! — Je suis pourtant une honnête femme.

A qui je me suis unie? pour cela, je ne vous le dirai pas. Mon galant est chéri, il est bon; qu'il porte une chaîne d'or à son col, ou qu'il porte un chapeau de paille.

S'il faut souffrir l'injure et l'infamie, seule je les prétends endurer. Je le connais, il me connaît bien, et Dieu aussi en sait quelque chose.

Monsieur le prêtre et monsieur le juge, je vous en conjure, laissez-moi en paix! il est mon enfant, mon enfant il reste, et vous n'y pouvez rien.

LE PAGE ET LA MEUNIÈRE.

LE PAGE.

Où donc, où donc vas-tu, belle meunière? ton nom?

LA MEUNIÈRE.

Lise.

LE PAGE.

Où donc, où donc vas-tu avec ton râteau dans la main?

LA MEUNIÈRE.

A la terre de mon père, au champ de mon père.

LE PAGE.

Et seule ainsi?

LA MEUNIÈRE.

On doit rentrer le foin, voilà ce que mon râteau signifie; et dans le jardin attenant, les poires commencent à mûrir, je les veux cueillir.

LE PAGE.

N'y a-t-il point un feuillage discret par là?

LA MEUNIÈRE.

Il y en a bien deux, un à chaque coin.

LE PAGE.

Je te suis, et vers les chaleurs de midi nous nous y cacherons, n'est-ce pas, sous le toit vert hospitalier?

LA MEUNIÈRE.

Et les histoires?

LE PAGE.

Tu reposeras dans mes bras.

LA MEUNIÈRE.

Non pas ! qui étreint la gente meunière est trahi sur-le-champ. J'aurais peine d'enfariner ainsi votre bel habit de couleur foncée. Cherchons nos égaux, là seulement est le bien. Dans cette loi je veux vivre et mourir. Mon cœur s'est choisi le garçon meunier, et celui-là n'a rien à gâter.

LE JEUNE GARS ET LE RUISSEAU.

LE JEUNE GARS.

Où vas-tu, clair petit ruisseau, si gaiement ? tu cours d'une humeur si joyeuse et si leste, en bas; que cherches-tu si vite dans le vallon ? écoute un peu et me le dis.

LE RUISSEAU.

J'étais un petit ruisseau, jeune homme; ils m'ont pris de manière que je dois lestement, en fossé, descendre là-bas au moulin, et toujours suis agile et plein.

LE JEUNE GARS.

Tu cours d'une humeur placide au moulin, et ne sais pas ce que moi, jeune sang, ici je sens ! T'arrive-t-il que la belle meunière te regarde parfois tendrement ?

LE RUISSEAU.

Elle ouvre de bonne heure, au point du jour, sa porte, et vient pour baigner son frais visage; sa gorge est si pleine et si blanche ! j'en deviens si chaud, que je fume.

LE JEUNE GARS.

Ah! si dans l'eau elle allume le feu d'amour, comment trouver le repos quand on est de sang et de chair? Quand on l'a vue une fois seulement, hélas! il faut toujours aller vers elle.

LE RUISSEAU.

Puis je me précipite sur les roues avec fureur, et les ailes virent à grand fracas. Depuis que la jeune fille travaille, une force meilleure anime l'eau.

LE JEUNE GARS.

Ah! pauvret, tu ne sens pas la douleur comme les autres. Elle te sourit et te dit en raillant : Va, marche! Elle te retiendrait toi aussi, n'est-ce pas, avec son seul doux regard d'amour?

LE RUISSEAU.

J'ai tant de peine, tant de peine à quitter ce lieu; je ne serpente plus que doucement par les prés, et si ce n'était que de moi, j'aurais bientôt rebroussé chemin.

LE JEUNE GARS.

Compagnon de mes peines amoureuses, je pars; peut-être un jour auras-tu pour moi un murmure de joie. Va, dis-lui tout de suite, et dis-lui souvent ce qu'en silence le jeune gars désire et espère.

LE VOYAGEUR ET LA FERMIÈRE.

LUI.

Peux-tu, belle fermière sans égale, sous l'ombre épaisse

de ces tilleuls où moi, voyageur, je goûte un court repos, peux-tu m'offrir de quoi apaiser ma soif et ma faim?

ELLE.

Si tu veux, voyageur, te rafraîchir : ici du fromage, du pain et des fruits mûrs, rien que les mets les plus naturels, tu peux abondamment les avoir à leur source.

LUI.

Je ne sais, mais il me semble te connaître déjà, ornement inoublié des jours heureux! J'ai trouvé maintes fois des ressemblances; celle-ci cependant me paraît un prodige!

ELLE.

On rencontre souvent chez les voyageurs de ces étonnements qui s'expliquent très-bien sans prodige. Oui, la blonde même souvent ressemble à la brune; le charme de l'une est le charme des autres.

LUI.

Non, vraiment, aujourd'hui, ce n'est pas la première fois que cette figure m'enchante! elle était en ce temps le soleil des soleils, dans la salle parée pour la fête.

ELLE.

Et si c'est ton plaisir, il se peut faire qu'on achève ton conte bleu : la soie pourprée coulait de sa taille, lorsque tu la vis pour la première fois!

LUI.

Non, sur ma foi! tu ne l'as pas inventé; des esprits te l'auraient-ils révélé? Tu sais aussi quelque chose de ses joyaux et de ses perles que son regard annihilait.

ELLE.

Cela seul me fut confié : que la belle, timide et n'osant s'avouer, avait, dans l'espoir de te revoir, bâti maints châteaux en l'air.

LUI.

Cependant tous les vents me ballottèrent çà et là ; je cherchai la gloire et l'argent de toute manière. Heureux pourtant au terme du chemin de retrouver cette noble image !

ELLE.

Non son image, mais bien elle, la noble fille d'un sang dépossédé. Hélène et son frère ont pris à ferme les biens abandonnés, et contents, vivent là désormais.

LUI.

Eh quoi ! ces splendides campagnes, le maître a-t-il bien pu les fuir ? ces champs fertiles, ces vastes prés, ces pâturages, ces sources puissantes, ce ciel si doux !

ELLE.

Il s'en est allé par le monde ! mon frère et moi avons beaucoup acquis ; et si le digne homme est mort, comme on l'assure, nous voulons acheter le domaine.

LUI.

Il est à vendre, ma belle ! J'ai entendu les conditions du maître, mais il s'en faut que le prix soit peu de chose, car son dernier mot est : Hélène !

ELLE.

Le bonheur et le rang ne pouvaient nous unir ! L'amour

a-t-il pris ce chemin? Mais je vois venir mon digne frère, que va-t-il penser en apprenant ceci?

EFFET A DISTANCE.

La reine est dans la grande salle où brûlent tant de flambeaux; elle dit au page : « Cours vite et me rapporte ma bourse à jeu, tu la trouveras sur le bord de ma table. » L'enfant s'élance, et touche lestement à l'autre bout du château.

Près de la reine, en ce moment, la plus belle de ses femmes prenait un sorbet; tout à coup la tasse se brise sur sa bouche, que c'était une horreur à voir! Embarras, confusion! c'en est fait de l'habit de cour! elle se hâte et vole lestement à l'autre bout du château.

Le page revenait en courant au-devant de la belle éplorée. Personne n'en savait rien, mais tous deux se gardaient leur cœur l'un à l'autre. Heureux hasard, ô bonheur! Ils s'élancent sein contre sein, et s'étreignent et s'embrassent à cœur joie.

Cependant tous les deux se séparent; elle, court dans son appartement; lui, s'empresse vers la reine, à travers les éventails et les épées. La princesse remarque une tache sur sa jaquette : impossible de lui rien cacher, c'était une véritable reine de Saba.

Et faisant appeler la grande-maîtresse : « Nous discutions dernièrement, et vous prétendiez, sans vouloir en démordre, que l'esprit ne peut rien sur l'espace. La présence seule, disiez-vous, laisse des traces, et personne n'agit à distance, pas même les étoiles célestes.

« Maintenant, voyez! on répand tout à l'heure cette liqueur à mes côtés, et voilà qu'elle inonde à l'instant la veste de cet enfant égaré là-bas. — Songe à t'en procurer une neuve ! En récompense de l'exemple qu'elle me fournit, je la paye ! sans cela tu serais grondé. »

LA CLOCHE QUI MARCHE.

Il était un enfant qui ne pouvait se tenir à l'église, et qui, le dimanche, trouvait toujours un prétexte pour prendre le chemin des champs.

La mère dit : « La cloche sonne, elle te prescrit tes devoirs, et si tu ne t'y fais, elle-même viendra te chercher. »

L'enfant, lui, pense : La cloche pend là-haut dans son beffroi. Déjà il file vers les champs, comme s'il s'échappait de l'école.

La cloche, la cloche ne tinte plus, la mère radotait! mais quelle terreur par derrière! la cloche en branlant s'avance.

Rapide, elle s'émeut. On y croit à peine; le pauvre enfant, tout en effroi, court, va et vient comme dans un rêve; la cloche l'écrasera.

Mais il mène sa fuite avec bonheur, et d'une course rapide s'élance à travers champs, pelouse, buisson, jusqu'à l'église, à la chapelle.

Et, chaque jour de dimanche et de fête, il pense à sa mésaventure, et s'arrange, au premier coup de cloche, à n'être plus invité en personne.

LA DANSE DES MORTS.

Le veilleur se penche au milieu de la nuit sur les tombes qui gisent en bas; la lune baigne tout de sa clarté;

on dirait qu'il fait jour dans le cimetière. Voilà qu'un tombeau se remue, puis un autre : une femme en sort ici, là un homme, en linceuls pâles et traînants.

Tout cela s'agite à cette heure et prétend encore réjouir ses ossements par quelque ronde, quelque sarabande, — tant jeune que vieux, tant pauvre que riche. Cependant les linceuls embarrassent la danse, et comme ici la pudeur n'a plus que faire, ils se mettent à les dépouiller, et les linceuls flottent épars sur les tombeaux.

La cuisse se lève, la jambe brandille, quelles gambades singulières! cela s'entre-choque et clapotte comme si des morceaux de bois battaient la mesure. Le veilleur trouve ce spectacle drolatique. Bientôt le malin, le tentateur lui souffle à l'oreille : « Va ! saisis-toi d'une de ces guenilles ! »

Aussitôt pensé, aussitôt fait ! Et vite il s'échappe derrière les portes sacrées. La lune blafarde continue d'éclairer cette danse, qu'ils mènent d'un train effrayant. A la fin pourtant celui-ci disparaît, celui-là ; l'un après l'autre a repris son linceul et s'esquive. Et pst ! les voilà sous le gazon.

Un seul trotte et trépigne, et tape et tâtonne le long des tombeaux. Ce n'est pas un camarade qui l'a si maltraité ; il flaire le linceul dans les airs ; il ébranle la porte de la tour ; elle le repousse. Heureusement pour le veilleur, elle est bénie et saintement ornée ; des croix de métal y scintillent.

Il lui faut sa chemise ; il n'a pas de répit. Ce n'est pas non plus le temps de réfléchir. Le drôle empoigne les reliefs gothiques et grimpe de gouttière en gouttière. — C'en est fait du pauvre veilleur ! — Il s'élance de volute en volute comme un faucheux.

Le veilleur pâlit, le veilleur tremble : il rendrait volontiers sa guenille. Alors une griffe de fer — le malheureux n'a que trop vécu — s'accroche au pinacle de la tour. La clarté pâlissante de la lune s'est obscurcie, l'horloge sonne un coup, un seul coup, et le squelette tombant se disloque avec fracas.

―――

L'APPRENTI SORCIER.

Enfin, il s'est donc absenté, le vieux maître sorcier! Et maintenant c'est à moi aussi de commander à ses Esprits; j'ai observé ses paroles et ses œuvres, j'ai retenu sa formule, et, avec de la force d'esprit, moi aussi je ferai des miracles.

Que pour l'œuvre l'eau bouillonne et ruisselle, et s'épanche en bain à large seau!

Et maintenant, approche, viens, viens, balai! prends-moi ces mauvaises guenilles; tu as été domestique assez longtemps; aujourd'hui songe à remplir ma volonté! Debout sur deux jambes, une tête en haut, cours vite, et te dépêche de m'aller puiser de l'eau!

Que pour l'œuvre l'eau bouillonne et ruisselle, et s'épanche en bain à large seau!

Bravo! il descend au rivage: en vérité, il est déjà au fleuve, et, plus prompt que l'éclair, le voilà ici de retour avec un flot rapide. Déjà, une seconde fois! comme chaque cuve s'enfle! comme chaque vase s'emplit jusqu'au bord!

Arrête, arrête! car nous avons assez de tes services. — Ah! je m'en aperçois! — Malheur! malheur! j'ai oublié le mot!

Ah! la parole qui le rendra enfin ce qu'il était tout à l'heure? Il court et se démène! Fusses-tu donc le vieux balai! Toujours de nouveaux seaux qu'il apporte! Ah! et cent fleuves se précipitent sur moi.

Non! je ne puis le souffrir plus longtemps; il faut que

je l'empoigne! C'est trop de malice! Ah! mon angoisse augmente! Quelle mine! quel regard!

Engeance de l'enfer! faut-il que la maison entière soit engloutie? Je vois sur chaque seuil courir déjà des torrents d'eau. Un damné balai qui ne veut rien entendre! Bûche que tu étais, tiens-toi donc tranquille!

Si tu n'en finis pas, prends garde que je ne t'empoigne, et ne fende ton vieux bois au tranchant de la hache!

Oui-dà! le voilà qui se traîne encore par ici! Attends, que je t'attrape! Un moment, Kobold, et tu seras par terre. Le tranchant poli de la hache l'atteint. Il craque! bravo, vraiment fort bien touché! Voyez, il est en deux! et maintenant j'espère et je respire!

Malheur! malheur! deux morceaux s'agitent maintenant, et s'empressent comme des valets debout pour le service! à mon aide, puissances supérieures!

Comme ils courent! De plus en plus l'eau gagne la salle et les degrés; quelle effroyable inondation! Seigneur et Maître! entends ma voix! — Ah! voici venir le maître! Maître, le péril est grand; les Esprits que j'ai évoqués, je ne peux plus m'en débarrasser.

« Dans le coin, balai! balai! que cela finisse, car le vieux maître ne vous anime que pour vous faire servir à ses desseins. »

LA FIANCÉE DE CORINTHE.

D'Athènes à Corinthe, un jeune homme vint encore inconnu; il comptait sur l'accueil d'un habitant. Les deux pères, unis par les liens de l'hospitalité, avaient, dès leur jeune âge, fiancé déjà la fille et le fils.

Mais sera-t-il bien venu s'il n'achète d'avance leurs faveurs bien cher? il est encore païen avec les siens, et ils sont déjà chrétiens et baptisés. Quand germe une nouvelle croyance, souvent l'amour et la foi sont arrachés comme une ivraie.

Déjà la maison repose tout entière dans le silence : le père, les filles : la mère seule veille; elle reçoit son hôte avec empressement, on le conduit tout d'abord dans la chambre d'apparat. Le vin et les mets abondent avant qu'il les demande; ces soins donnés, elle lui souhaite bonne nuit.

Mais devant cette table bien servie, l'appétit reste sans s'éveiller : de lassitude il oublie le boire et le manger tellement, qu'il se jette habillé sur le lit; or il sommeille à peine, qu'un hôte singulier se glisse par la porte ouverte.

Il voit à la lueur de sa lampe une jeune fille vêtue et voilée de blanc, les tempes ceintes d'un bandeau noir et doré, entrer pudiquement dans sa chambre. A son aspect, elle, tout effrayée, lève sa blanche main avec étonnement.

« Suis-je, s'écrie-t-elle, si étrangère dans la maison, que je n'aie rien appris d'un tel hôte? Ah! c'est ainsi qu'on me retient dans ma cellule! Et maintenant ici la honte me pénètre. Va! continue à reposer là sur ta couche; je me retire comme je suis venue.

— Demeure, belle fille! s'écrie le jeune homme en s'élançant de sa couche aussitôt : ici sont les dons de Cérès et de Bacchus; avec toi vient l'amour, aimable enfant! La frayeur te pâlit! chère, viens et laisse, laisse que nous voyions combien les dieux nous sont propices.

« Loin de moi! ô jeune homme! loin de moi! Je n'appartiens plus aux joies de ce monde. Hélas! c'en est fait désormais, grâce au délire de ma bonne mère malade, qui jura dans sa convalescence d'enchaîner au ciel pour l'avenir jeunesse et nature.

« Et la multitude des anciens dieux a soudain déserté

la maison silencieuse. Un seul être invisible règne dans le ciel, et l'on adore un Sauveur sur la croix. Les sacrifices tombent ici, non plus la brebis et le taureau, mais des victimes humaines..... horreur inouïe! »

Et il questionne et pèse ses moindres paroles, dont aucune n'échappe à son esprit. — Est-il possible qu'en ce lieu retiré j'aie là devant mes yeux ma fiancée bien-aimée? Sois à moi! sois à moi! Le serment de nos pères a sur nous invoqué la bénédiction du ciel.

« Non pas moi, cœur généreux! mais ma sœur à qui l'on te destine. Tandis que je gémis dans ma froide cellule, ah! dans ses bras pense à moi, à moi qui ne pense qu'à toi, que l'amour consume, et que la terre couvrira bientôt. »

— Non! j'en atteste cette flamme, elle nous annonce l'hymen, non, tu n'es perdue ni pour moi ni pour les joies du monde. Tu viendras avec moi dans la maison de mon père. Ma bien-aimée, reste ici! et célébrons ensemble à l'improviste notre festin des noces.

Et déjà ils échangent des gages de fidélité; elle lui présente une chaîne d'or; lui, offre une coupe d'argent ciselé sans égale. — Non pour moi, cette coupe; mais, je t'en supplie, donne une boucle de tes cheveux.

Alors sonna l'heure funèbre des Esprits, et de ce moment elle parut se trouver mieux. Elle engloutit avidement de sa lèvre pâle le vin foncé couleur de sang; mais du pain de froment qu'il lui tend d'une main amie, elle ne prend pas le plus léger morceau.

Puis elle offre la coupe au jeune homme, qui la vide ardemment comme elle. Il convie l'Amour à ce festin silencieux! Ah! son pauvre cœur, la fièvre de l'amour le consume. Cependant elle résiste malgré qu'il supplie, jusqu'à ce qu'il tombe en pleurant sur le lit.

Elle vient à lui, et, se jetant à ses côtés: « Ah! que tes angoisses me font mal! mais, hélas! si tu touchais mes membres, tu sentirais avec effroi ce que je t'ai caché. Blanche comme la neige, froide comme la glace, telle est la bien-aimée que tu t'es choisie. »

Il l'étreint avec ardeur dans ses bras puissants, enhardi par la force juvénile de l'amour : — Sois sûre de te réchauffer près de moi, me fusses-tu envoyée du tombeau. — Échange d'haleines et de baisers ! transports amoureux ! tu ne brûles pas, et me sens brûler !

L'amour les enlace en des nœuds plus étroits, des larmes se mêlent à leur ivresse; elle dévore avec fureur les flammes de sa bouche; l'un dans l'autre seulement se sent vivre. Sa rage amoureuse embrase son sang figé, mais il ne bat point de cœur dans sa poitrine. —

La mère, cependant, ménagère attardée, se glisse dans le corridor : elle écoute à la porte, elle écoute longtemps; quelle rumeur singulière ! cris de plainte et de volupté du fiancé et de la fiancée ! paroles que l'amour bégaie en son délire !

Immobile, elle reste à la porte, car elle veut d'abord se convaincre; mais, ô douleur ! elle n'entend que serments effrénés, accents d'amour et de tendresse. — Chut ! le coq s'éveille ! — Mais demain dans la nuit tu seras encore là ? — Et baisers sur baisers.

La mère ne contient pas davantage son courroux, et poussant la serrure bien connue : — « Y a-t-il donc ici dans la maison de telles créatures, qu'elles se livrent sur-le-champ aux désirs de l'étranger ? » — A ces mots, elle franchit le seuil, et voit à la clarté de la lampe — ô Dieu ! sa propre enfant !

Dans son premier effroi le jeune homme s'efforce d'envelopper sa bien-aimée dans ses propres voiles et les couvertures; mais elle se dégage aussitôt. Par la force de l'Esprit, la forme se lève et grandit lentement sur la couche.

« O mère, mère ! dit-elle d'une voix sépulcrale, ainsi vous m'enviez ma belle nuit, et me chassez de ce tiède séjour! Ne me suis-je donc éveillée que pour le désespoir? N'est-ce point assez pour vous de m'avoir sitôt roulée dans un linceul et couchée au tombeau?

« Mais hors de la pesante cellule me pousse une loi spéciale; le bourdonnement de vos prêtres, leur bénédiction, perdent leurs droits ici. Le sel et l'eau n'ont point de glace contre la chaleur de la jeunesse. Ah! la terre ne refroidit pas l'amour.

« Ce jeune homme me fut d'abord promis, lorsque le temple heureux de Vénus s'élevait encore. Mère! vous avez cependant rompu votre parole, parce qu'un vœu étranger, illusoire, vous liait! mais nul dieu n'exauce la mère qui refuse de donner la main de sa fille.

« Le sépulcre a lâché sa proie, et je viens redemander le bien qu'on m'a ravi; je viens pour aimer encore le fiancé perdu et sucer le sang de son cœur. Sitôt que c'en est fait de lui, je vais à d'autres, et la jeune race succombe à ma fureur.

« Beau jeune homme! tu ne peux vivre plus longtemps; tu languirais désormais dans ce lieu. Je t'ai donné ma chaîne, je prends avec moi une boucle de tes cheveux; regarde-la bien! demain tu auras blanchi, et ne redeviendras brun que là-bas.

« Entends, mère, à présent ma dernière prière : fais disposer un bûcher, ouvre mon étroite cellule, et rends à l'amante le repos dans la flamme! Lorsque l'étincelle jaillira, que la cendre s'embrasera, nous nous envolerons aux dieux anciens. »

LE DIEU ET LA BAYADÈRE.

Mahadeh, maître de la terre, est descendu pour la sixième fois, il se fait notre égal, et prétend ressentir nos joies et nos tourments. Il s'arrange pour habiter ici-bas et pour que tout lui arrive. Qu'il doive épargner ou punir, il veut voir l'humanité avec les yeux d'un homme. Après avoir interrogé la ville en voyageur, épié les grands, observé les petits, il la quitte sur le soir et va plus loin.

Parvenu au dehors, là où sont les dernières maisons, il aperçoit une belle enfant égarée, aux joues peintes : « Salut, jeune fille ! — Merci de l'honneur ! Attends, je viens à l'instant. — Et qui es-tu ? — Bayadère, et ceci est la maison de l'Amour. » Elle s'émeut, agitant ses cymbales pour la danse ; elle pirouette si amoureusement ! elle s'incline et se ploie, et lui tend son bouquet.

Séduisante, accorte, elle l'attire sur le seuil, dans la maison. « Attends, bel étranger, que ma cabane s'illumine ; si la fatigue t'accable, je suis là pour te soulager, pour apaiser la douleur de tes pieds ; tout ce que tu voudras tu l'auras, repos, ivresse ou jeux lascifs. » Elle soulage avec empressement des douleurs simulées, le dieu sourit, heureux de voir un cœur humain sous tant de corruption.

Il exige des services d'esclave, elle n'en devient que plus joyeuse ; et ce qui d'abord était un art chez la jeune fille, insensiblement devient nature. Et de même qu'à la fleur peu à peu succède le fruit, quand le dévouement est dans l'âme, l'amour n'est pas loin. Mais toujours plus ingénieux à l'éprouver, le juge des haut et des bas choisit la volupté, l'épouvante et le martyre.

Il baise sa joue teinte de fard ; elle éprouve alors les tourments de l'amour, la jeune fille se sent prise, et pleure pour la première fois ; elle tombe à ses pieds non plus désormais pour la volupté ou l'or, hélas ! et ses membres brisés refusent tout service. — Cependant les heures nocturnes tendent leur voile épais et favorable aux fêtes enivrantes de l'amour.

Tardivement endormie au milieu de folles caresses, elle s'éveille tôt après un court répit, et trouve mort sur son cœur son hôte bien-aimé. Elle se précipite avec des cris sur lui, mais sans pouvoir le réveiller; et bientôt on porte au sépulcre de flamme ces membres inanimés. Elle entend les prêtres, les chants funèbres; elle s'emporte et court, et partage la foule. — Qui es-tu? qui te pousse vers le bûcher?

Elle se précipite sur la bière, emplit l'air de ses cris : « Mon époux! je veux mon époux! et le chercherai jusque dans la tombe. Quoi! la beauté divine de ces membres deviendrait cendre! Mien! il fut mien entre tous, hélas! seulement une nuit d'ivresse! » Et les prêtres chantent : « Nous portons les vieillards épuisés par l'âge, et tardivement trépassés; nous portons la jeunesse avant qu'elle y ait pris garde.

« Entends la parole des prêtres : Ce jeune homme n'était pas ton époux; tu vis en bayadère, et n'as ainsi point de devoirs. L'ombre seulement suit le corps dans le royaume silencieux des morts; l'épouse seule suit l'époux : c'est le devoir et la gloire à la fois. Sonnez, clairons, pour la plainte sacrée! et vous, Immortels! attirez à vous, du sein des flammes, ce jeune homme, l'honneur de nos temps! »

Ainsi le chœur, qui sans pitié augmente les angoisses de son âme; elle pourtant, les bras étendus, se précipite dans une mort de feu! Mais voilà que du sein des flammes s'élève le divin jeune homme, et que sa bien-aimée plane avec lui dans l'air. La divinité se réjouit du repentir des pécheurs; et les Immortels dans leurs bras de feu attirent leurs enfants égarés vers le ciel.

LA LÉGENDE DU PARIA.

La belle et chaste épouse du bramine, du bramine révéré, sans tache, d'une austère justice, sort pour puiser de l'eau. Chaque jour elle demande au fleuve sacré son précieux breuvage. Mais où donc est le vase, où donc le seau? elle n'en a pas besoin. Pour le cœur bienheureux, les mains pieuses, l'onde émue se cristallise en un globe splendide; elle, d'un cœur joyeux, d'un front pudique, d'un pied léger, le porte à son époux dans la maison.

Matinale, aujourd'hui elle vient en prière sur la rive du Gange, et va pour s'incliner vers la claire surface, lorsque soudain elle voit avec ravissement s'y réfléchir, du fond de l'immensité du ciel, la tout aimable figure du plus beau jeune homme que la pensée sublime de Dieu ait évoqué, dès le commencement, du sein éternel. A ce spectacle, elle se trouble et se sent émue jusqu'au fond de son être; elle veut s'attarder dans sa contemplation, lui fait signe de s'éloigner; mais lui revient; éperdue alors, elle s'élance vers le fleuve pour y puiser d'une main incertaine; mais, hélas! elle ne puise plus! car le flot sacré de l'onde semble fuir et s'éloigner, et désormais elle n'aperçoit sous ses pieds qu'abîmes et tourbillons.

Ses bras tombent, ses pas trébuchent; est-elle sur le chemin de sa maison? que faire? trembler, fuir, réfléchir lorsque ses pensées refusent de lui venir en aide? — Elle paraît ainsi devant son époux; il la regarde : son regard est une sentence. Animé d'une sainte fureur, il saisit son glaive, et l'entraîne à la colline fatale où les criminels payent leurs forfaits de leur sang. Comment résister? comment se défendre d'un crime dont elle-même n'a pas conscience?

Et pensif, il retourne avec son glaive sanglant vers sa maison silencieuse; là il rencontre son fils : «Quel est ce sang, père, père? — Le sang d'une criminelle! — Non pas! car il n'est point figé sur la lame comme les gouttes de sang criminel, et coule limpide comme d'une blessure. Mère, mère! viens ici! mon père ne fut jamais injuste; dis ce qu'il vient d'accomplir. — Tais-toi! tais-toi! c'est son propre sang! — Le sang de qui? — Tais-toi! tais-toi! — Serait-ce le sang de ma mère!!! Qu'est-il arrivé? quel crime est le sien? A moi le glaive! je m'en empare; tu peux tuer ta femme, mais non ma mère! L'épouse suit dans les flammes son époux bien-aimé, et sur le glaive de sa mère bien-aimée le fils pieux s'élance. »

— Arrête! arrête! s'écrie le père, il en est temps encore, hâte-toi! hâte-toi! replace la tête sur les épaules, puis touche-la de ton glaive, et vivante elle te suivra. » Éperdu, hors d'haleine, il aperçoit les corps mutilés de deux femmes et les têtes aussi. — Horreur! Quel choix lui reste? il saisit la tête de sa mère, et sans l'embrasser, la pose, livide, sur le tronc sanglant du prochain cadavre; puis du glaive il consacre son œuvre pieuse.

Alors grandit un fantôme géant, et des lèvres chéries de sa mère, empreintes d'une douceur divine, inaltérable, s'échappe cette parole terrible : « Mon fils! mon fils! quelle hâte! là gît le corps de ta mère, et auprès de lui la tête impudique de la criminelle, victime d'une justice vigilante! tu m'as désormais entée sur son corps pour l'éternité; sage dans mes désirs, dissolue dans mes actes, telle je serai parmi les dieux. Oui, l'image du jeune homme céleste flotte si pure devant mon front, devant mes yeux; mais si de la tête elle tombe dans le cœur, une ardeur insensée le consume! Et jamais elle ne cessera; il faut qu'elle augmente et diminue, qu'elle se trouble et se purifie : ainsi l'a voulu Brama. A ses ailes brillantes, à son visage radieux, à ses membres délicats, à son apparence divine, il ordonna de m'éprouver, de me séduire; car la séduction vient d'en haut lorsque ainsi il plaît aux dieux. — Et ainsi moi, bramane, la tête perdue dans les cieux, je sentirai toujours, paria de cette terre, une force m'attirant en bas.

« Mon fils, va trouver ton père! console sa douleur! et qu'un sombre repentir, qu'une langueur stérile, qu'une orgueilleuse aspiration, ne vous retiennent pas au désert.

Allez à travers les mondes, allez à travers les temps, et que de vous le plus petit apprenne que Brama l'entend là-haut.

« Pour lui, aucun n'est le dernier, et quiconque, perclus dans ses membres, l'esprit dévasté, sans ressources, sans espoir de salut, quiconque, brame ou paria, tourne ses regards vers le ciel, sentira et comprendra que là-haut flamboient par myriades et veillent attentifs, des yeux et des oreilles auxquels rien n'est caché.

« Et si je m'élève vers son trône, et si son regard s'arrête sur moi, la malheureuse qu'il a hideusement transformée, il faudra bien qu'il me plaigne éternellement. Que cette compassion vous profite. Je l'avertirai doucement, et je m'élèverai avec puissance, selon ce que mon sentiment m'inspirera, selon ce qui fermentera dans mon sein. Ce que je pense, ce que je sens, que cela demeure un mystère! »

COMPLAINTE DE LA NOBLE FEMME D'HASSAN-AGA.

IMITÉ DU MORLAQUE.

Que vois-je de blanc là-bas dans le bois vert? Est-ce de la neige, des cygnes? Si c'était de la neige, elle se fondrait; si c'étaient des cygnes, ils s'envoleraient; ce n'est pas de la neige, ce ne sont pas des cygnes, c'est l'éclat des tentes d'Hassan-Aga. Il est là, gisant et blessé; sa mère et sa sœur le visitent; sa femme néglige de venir vers lui.

Lorsque sa blessure est moins cuisante, il fait dire à sa fidèle épouse: « Ne m'attends plus chez moi, ni chez moi ni parmi les miens. »

A peine elle reçoit ce rude message, sa fidèle épouse demeure immobile, en proie à sa douleur; elle entend les chevaux piaffer devant la porte: n'est-ce point Hassan, son époux, qui vient? Elle s'élance vers la tour pour se précipiter en bas. Ses deux filles chéries la suivent avec angoisse en s'écriant, les yeux baignés de pleurs amers : « Ce ne sont pas les chevaux de notre père Hassan, c'est Pintorowich, ton frère, qui vient. »

L'épouse d'Hassan quitte la tour, et gémissante, enlace son frère dans ses bras : « Vois, ô frère! la honte de ta sœur. Me répudier, moi! la mère de ces cinq enfants! »

Le frère se tait, et tire de sa ceinture la lettre de séparation, enveloppée dans une soie de pourpre. Elle retournera dans la demeure de sa mère, libre de choisir un autre époux.

En voyant la lettre fatale, elle baise le front de ses deux jeunes fils, elle baise la joue de ses deux filles; mais, hélas! dans sa douleur amère, elle ne peut s'arracher du berceau du nourrisson!

Le frère impétueux l'en arrache, sur son vaillant coursier il la porte, et vole ainsi avec l'épouse désolée droit à la demeure élevée de son père.

Peu de temps s'écoula, sept jours à peine; au fait, bien peu de temps; par plus d'un grand seigneur la veuve, encore en deuil, fut recherchée en mariage.

Entre eux, le plus illustre était le cadi d'Imoski; et la femme en pleurant dit à son frère : « Je t'en conjure par ta vie, ne me donne pas à un autre en mariage; que la vue de mes pauvres chers enfants ne me brise pas le cœur! »

Le frère ne tient pas compte de ses paroles, résolu à la marier au cadi. Mais la pauvre femme le supplie instamment : « Du moins, ô frère! envoie au cadi d'Imoski une lettre ainsi conçue : « La jeune veuve te salue amicalement, et demande sur toutes choses que, lorsque tes Suates t'accompagneront, tu lui apportes un long voile dont, en passant devant la maison d'Hassan, elle se couvre pour ne pas voir ses chers orphelins! »

A peine il a lu cette lettre, le cadi rassemble ses Suates,

et se prépare à aller chercher sa fiancée avec le voile qu'elle réclame.

On arrive heureusement à la maison de la princesse, on en repart de même; mais, comme ils approchent de la maison d'Hassan, voilà que, d'en haut, les enfants aperçoivent leur mère, et lui crient : « Reviens dans ton palais; viens manger le pain du soir avec tes enfants. » A ces mots, la tristesse pénètre au cœur de l'épouse d'Hassan; et, se tournant vers le prince des Suates : « Laisse, dit-elle, les Suates et les chevaux s'arrêter un peu devant la porte de ceux qui me sont chers; laisse que je donne encore une fois des cadeaux à mes petits enfants.

Et tandis qu'on fait halte devant la porte, elle donne des présents à ces pauvres petits; aux fils elle donne des brodequins brodés d'or, aux filles de longs et riches vêtements, et le nourrisson, abandonné dans son berceau, reçoit d'elle, pour l'avenir, une petite robe.

Cependant le père, Hassan-Aga, qui se tenait à l'écart, rappelant ses enfants chéris d'une voix triste : « Revenez à moi, dit-il, pauvres petits, le cœur de votre mère est de fer désormais, et ne s'ouvre plus à la tendresse. »

A peine elle entend ces paroles, l'épouse d'Hassan pâlit et roule à terre, et son âme s'échappe de son sein lorsqu'elle voit fuir ses enfants devant elle.

LA PREMIÈRE NUIT DE WALPULGIS

CANTATE

UN DRUIDE.

Riant mois de mai! le bois est libre, la glace et le givre ont cessé de pendre aux arbres. La neige est partie ; dans les verts gazons retentissent des chants de joie ; une neige pure s'étend sur la hauteur. Hâtons-nous vers la hauteur : venez, selon notre usage antique et sacré, rendre hommage au Père universel. Que la flamme brille à travers la fumée ! ainsi le cœur s'élève !

LES DRUIDES.

Que la flamme brille à travers la fumée ! selon l'usage antique et sacré, rendez hommage au Père universel. Là-haut! là-haut! hâtons-nous vers la hauteur !

UNE VOIX SORTIE DU PEUPLE.

Pouvez-vous être si téméraires? voulez-vous donc marcher à la mort? ne craignez-vous point les lois de nos barbares vainqueurs. Tout à l'entour sont tendus leurs filets pour surprendre les païens, les pécheurs. Ah ! sur les remparts ils massacrent nos femmes, nos enfants; et nous tous nous avançons vers une mort certaine.

CHŒUR DES FEMMES.

Sur les hauts remparts du camp, ils égorgent déjà nos enfants. Oh! les vainqueurs implacables! et nous tous, nous marchons vers une mort certaine.

UN DRUIDE.

Quiconque tremble aujourd'hui d'offrir le sacrifice est digne de ses fers. La forêt est libre! Ici du bois, qu'on le dispose pour la flamme! Tant qu'il fera jour, cependant, demeurons en silence dans l'étendue du bocage, et, pour satisfaire à vos craintes, plaçons des hommes en sentinelle; mais ensuite laissez-nous d'un cœur résolu accomplir notre devoir.

CHŒUR DES GARDES.

Partagez-vous ici, hommes vaillants, dans toute l'étendue de ce bois, et veillez en silence tandis qu'ils accomplissent le devoir.

UN GARDE.

Ces lourds sacristains de chrétiens, jouons-leur un tour du Malin! Avec ce diable dont ils radotent, effrayons-les. Venez! en avant les piques, les fourches, la flamme et les crécelles: dans le silence de la nuit faisons vacarme à travers les fentes des rochers. Que le hibou et la chouette hurlent dans notre sabbat!

CHŒUR DES GARDES.

Venez avec des piques et des fourches, comme ce diable dont ils radotent, agitez les sauvages crécelles dans les fentes vides des rochers. Que le hibou, que la chouette hurlent dans notre sabbat!

UN DRUIDE.

Nous en sommes réduits, ô Père universel! à nous cacher dans la nuit pour célébrer tes louanges; mais le jour reparaît-il, on te garde un cœur pur. Tu as pu en ce jour et en maint autre, passer beaucoup à l'ennemi. La flamme se dégage de la fumée, purifie ainsi notre croyance. On peut nous ravir nos anciennes pratiques, mais ta lumière, qui nous la ravira?

UN GARDE CHRÉTIEN.

Au secours! au secours, compagnons! Ah! l'enfer entier se déchaîne. Voyez ces corps ensorcelés qui suent la flamme de part en part; ces hommes-loups, ces femmes-dragons qui filent par essaims! Quel épouvantable vacarme! Fuyons! fuyons! là-haut gronde et flamboie le Malin, et le sol vomit à l'entour une vapeur d'enfer.

CHŒUR DES GARDES CHRÉTIENS.

Horribles corps ensorcelés! hommes-loups, femmes-dragons! quel épouvantable vacarme! Voyez, le Malin flamboie et passe, et tout à l'entour le sol vomit une vapeur d'enfer.

CHŒUR DES DRUIDES.

La flamme se dégage de la fumée : purifie ainsi notre croyance! et si l'on nous ravit nos anciennes pratiques, ta lumière, qui peut nous la ravir?

ODES

A MON AMI.

1767.

ODE PREMIÈRE.

Transplante ce bel arbre, jardinier! il me fait pitié; ce noble tronc méritait un sol plus fortuné.

Cette fois encore sa nature vivace a opposé un contre-poison à la desséchante avarice de la terre, à l'impureté délétère de l'air.

Vois! comme au printemps il pousse des feuilles d'un vert clair; leur parfum d'oranger est un poison pour la vermine.

Les dents sournoises des chenilles s'émoussent contre elles; leur éclat argenté chatoie aux rayons du soleil.

La jeune fille veut de ses branches dans sa couronne de fiancée; les jeunes gens espèrent de ses fruits.

Mais vois, l'automne vient, la chenille s'éloigne, et se plaint à l'araignée malicieuse de la durée de cet arbre, qui ne peut se flétrir.

Elle, quitte en flottant son if hospitalier, et se dirige, l'ennemi de toute gloire, vers l'arbre bienfaisant.

Nuire n'est pas en sa puissance, mais à force d'industrie, elle parvient à couvrir de ses grises souillures les feuilles argentées.

Et triomphe ensuite en voyant la jeune fille passer d'un air de dégoût, le jeune homme d'un air de pitié.

Transplante ce bel arbre, jardinier! il me fait pitié. Arbre, rends grâces au jardinier qui t'a transplanté.

ODE DEUXIÈME.

Tu pars! j'en murmure. — Va! laisse-moi murmurer. Homme noble, fuis ce pays!

Marais pestilentiels, épaisses vapeurs d'octobre, confondent ici leurs émanations indivisiblement.

Nid d'insectes nuisibles, enveloppe assassine de leur malignité.

Parmi les roseaux du bord repose, caressée par le rayon du soleil, la voluptueuse couleuvre à la langue de flamme.

Fuis les douces promenades au clair de lune, là-bas, au carrefour, les crapauds palpitants tiennent leur conférence.

Ils ne peuvent te nuire, ils t'effrayeront. — Homme noble, fuis ce pays!

ODE TROISIÈME.

Sois insensible! un cœur facile à s'émouvoir est un triste présent sur cette terre chancelante.

Véritable ours, que jamais le sourire du printemps n'éclaire ton front, que jamais les nuages d'hiver n'y marquent le chagrin.

Ne t'appuie jamais sur le sein d'une jeune fille, ce sein qui berce les cœurs; jamais sur le bras secourable d'un ami.

L'Envie, du fond de sa dunette escarpée, concentre sur toi ses regards de lynx.

Elle étend ses serres, se précipite, et te les plonge, la sournoise qu'elle est, dans les épaules.

Ses bras maigres sont forts comme ceux d'une panthère; elle te secoue et t'enlève.

La séparation est la mort; c'est une triple mort qu'une séparation sans espoir de se revoir.

Tu quitterais volontiers ce pays détesté, si l'amitié, par des liens de fleurs, ne t'enchaînait à moi.

Brise-les donc! Un noble ami ne retient pas dans sa captivité son ami qui peut fuir.

L'idée de la liberté de son ami est liberté pour lui dans son cachot.

Tu pars, je reste. Mais déjà autour de l'axe fumant se meut la roue de la dernière année.

Je compte chaque coup de la tonnante roue, et bénis le dernier; les verrous tombent, et, comme toi, je suis libre!

CHANT DE MAHOMET.

Voyez la source de la montagne, vive et claire. Comme un rayon étoilé au-dessus des nuages, de bon Esprits ont nourri son enfance entre les crevasses chevelues.

Juvénile et fraîche, elle saute de la nue sur les blocs de marbre, et rebondit joyeuse vers le ciel.

A travers les sentiers escarpés elle va, chassant devant elle mille cailloux émaillés, et de ce pied hâtif du guide, elle entraîne à sa suite les sources fraternelles.

Là-bas, dans la vallée, les fleurs naissent sous ses pas, et la prairie vit de son haleine ; mais, ni la vallée ombreuse ne la retient, ni les fleurs qui s'enlacent autour de ses genoux et cherchent à la captiver de leurs caressantes œillades ; sa course rapide se dirige vers la plaine en serpentant.

Les ruisseaux s'empressent vers elle. Et désormais, argentée et resplendissante, elle entre dans la plaine, et la plaine resplendit avec elle, et les fleuves de la plaine et les ruisseaux de la montagne bondissent d'allégresse, et s'écrient : «Sœur, prends tes frères avec toi, emporte-les avec toi vers ton vieux père, l'Océan éternel, qui nous attend, les bras ouverts. Hélas ! vainement ses bras s'ouvrent pour étreindre ses enfants qui languissent. Dans l'aride désert, c'est le sable ardent qui nous dévore ; là-haut, c'est le soleil qui se désaltère de notre sang ; c'est une colline qui nous arrête et nous change en étang ! O sœur ! prends tes frères de la plaine, prends tes frères des montagnes, et les emporte vers ton père !

— Venez tous ! — Et la voilà qui s'enfle avec magnificence ; elle porte aux souverains toute une race ! et dans son cours triomphateur donne aux pays leurs noms ; des cités naissent sous ses pas.

Elle, cependant, avance en grondant sans s'arrêter jamais, et laisse derrière elle les phares lumineux et les maisons de marbre, création de sa fécondité.

L'Atlas porte des palais de cèdre sur ses épaules de géant, et mille étendards en bruissant flottent sur sa tête dans l'air, témoins de sa magnificence.

Et de même il porte ses frères, ses trésors, ses enfants, de même, grondant de joie, sur son cœur il les porte au Créateur qui attend.

CHANT DES ESPRITS SUR LES FLOTS.

L'âme de l'homme ressemble à l'onde ; elle vient du ciel, au ciel elle monte, puis redescend vers la terre, selon sa loi toujours changeante.

Si des flancs du granit escarpé descend le pur rayon de lumière, il s'empoudre ensuite gracieusement dans les flots nuageux de la glissante roche ; et là, bien accueilli, il ondule, et voile, et murmure jusqu'aux profondeurs du vallon.

Des blocs de pierre s'opposent-ils au cours du torrent, impatient, écumant, il se précipite comme par échelons dans l'abîme.

Sur un lit aplani, il serpente vers la vallée en fleurs, et dans le miroir humide les étoiles baignent leur visage.

Le vent est de l'onde l'amoureux galant ; le vent mêle dans leurs profondeurs les vagues écumantes.

Ame de l'homme, que tu ressembles à l'onde ! Destin de l'homme, que tu ressembles au vent !

MA DÉESSE.

A laquelle des immortelles revient le prix ? Je ne veux contredire personne ; mais je le donne à l'éternellement mobile, toujours nouvelle fantaisie, fille étrange de Jupiter, son enfant de prédilection.

Car il lui a octroyé les mille caprices qu'il gardait jadis pour lui seul, et la folle fait sa joie ;

Couronnée de roses, une branche de lys à la main, soit qu'elle foule la vallée épanouie, commande aux papillons, et suce sur les fleurs, de ses lèvres d'abeille, la rosée, nourriture légère ; ou que, les cheveux dénoués, le regard sombre, elle gronde avec le vent autour des rochers, et sous mille couleurs comme l'aurore et le soir, toujours changeante comme les rayons de la lune, elle apparaisse aux mortels ;

Laissez-nous tous exalter le père antique, sublime, qui, aux humains mortels, a voulu donner pour compagne une si belle, si inaltérable épouse ;

Car à nous seuls il l'a liée par de célestes nœuds, et lui ordonne, dans la joie ou la peine, fidèle épouse, de ne pas nous quitter.

Toutes les autres pauvres races de la terre vivante, riche en enfants, vont et se repaissent des troubles jouissances, des vagues douleurs de la vie bornée du moment, courbées sous le joug de la nécessité.

Mais, à nous, sa fille la plus leste, la plus dorlotée, réjouissez-vous, il nous l'a donnée ! Allez à sa rencontre galamment, comme au-devant d'une bien-aimée ! Laissez-lui dans la maison le rang de la femme !

Et prenez garde que la vieille marâtre, la Sagesse, n'inquiète la douce mignonne.

Cependant je connais sa sœur, plus âgée, plus posée, ma discrète amie ! et dire, hélas ! qu'avec le flambeau de la vie elle se détourne de moi, elle, cette noble motrice, consolatrice, l'Espérance !

TRAVERSÉE.

Depuis de longs jours et de longues nuits mon bâtiment était frété ; j'attendais dans le port un vent propice en compagnie de fidèles amis, qui m'aidaient à prendre patience et bon courage.

Pour eux, leur impatience était double : Nous te souhaitons un rapide voyage, une heureuse traversée ! Si l'abondance des biens t'attend là-bas dans un autre hémisphère, l'amour et l'estime te recevront dans nos bras au retour. —

Avec l'aube commença le tumulte ; le cri joyeux des matelots nous arrache au sommeil ; tout s'agite, se meut, et se prépare à partir au premier souffle favorable.

Les voiles s'épanouissent dans l'air, le soleil leurre de ses feux caressants ; les voiles filent, les nuages filent dans le ciel, et, sur le rivage, les amis nous poursuivent de leurs chants d'espérance, imaginant, dans le vertige de leur ivresse, des joies de voyage semblables à celles de la matinée d'embarcation et des premières nuits étoilées.

Mais des vents variables, envoyés de Dieu, le détournent du chemin qu'il se propose ; et, tandis qu'il paraît se livrer à eux, il s'efforce de les combattre par la ruse, fidèle à son but, même alors qu'il marche de biais.

Cependant, du fond de l'horizon obscur, l'orage s'avance à pas de loup ; il s'appesantit sur l'oiseau qui rase la vague, sur le cœur de l'homme qui suffoque. Il éclate ! Devant sa colère inflexible le nautonier prudent retire les voiles. Le vent et les flots se renvoient en jouant le ballon plein d'angoisses.

Et sur le rivage, là-bas, se tiennent, effrayés, ses amis et ses proches : Ah ! pourquoi n'est-il pas resté ici ? Ah ! la tempête ! Chassé loin du bonheur, devait-il donc périr ainsi ? Ah ! devait-il, pouvait-il dieux !

Lui, pourtant, en homme qu'il est, se tient au gouvernail ; le vent et les flots peuvent jouer avec le navire, mais non avec son cœur ; il mesure d'un regard souverain l'abîme courroucé, et, qu'il échoue ou qu'il aborde, se confie à ses dieux !

L'AIGLE ET LA COLOMBE.

Un aiglon étendait ses ailes vers sa proie; la flèche d'un chasseur l'atteignit et lui coupa le nerf de l'aile droite. Il tombe alors dans un bois de myrtes et de roses, et dévore sa douleur trois jours durant, et palpite de souffrance trois longues nuits durant. A la fin, le baume universel de la toute bienfaisante nature guérit sa plaie. Il se glisse hors de la feuillée et tend l'aile, mais, hélas! il ne peut plus voler; à grands efforts il s'élève à peine du sol, poussé par un besoin ignoble de butin, puis retombe, la tristesse dans l'âme, sur le bas rocher, près du ruisseau, et de là il regarde le chêne, il regarde le ciel, et une larme emplit son œil puissant.

Vient alors en roucoulant, à travers les branches du myrte, un couple folâtre de ramiers. Il abat son vol et marche, et se rengorge sur le sable d'or du ruisseau. Voyez-les se rapprocher l'un de l'autre, leurs yeux rougeâtres, en coquetant, aperçoivent le pauvre morfondu. Le mâle, que sa curiosité apprivoise, vole au prochain buisson, et, d'un air plein de complaisance, lui jette un regard d'intérêt : « Tu gémis, lui dit-il, en faisant les yeux doux? ami, prends bon courage! N'as-tu pas tout ici pour une félicité paisible? ne peux-tu jouir du rameau doré, qui te protége contre les ardeurs du jour? ne peux-tu, sur ces doux tapis de mousse qui bordent le ruisseau, reposer ta poitrine aux rayons du soleil couchant? Tu marches à travers la fraîche rosée des fleurs; tu te cueilles, dans l'exubérance du bois, une facile nourriture; tu apaises ta soif légère à la source argentée. — Ami, le vrai bonheur est la modération. La modération trouve partout asile. — O sage! reprit l'aigle; et, soucieux, il rentre en lui-même. — Sagesse! tu parles comme une colombe!

PROMÉTHÉE.

Couvre ton ciel, ô Zeus! des vapeurs des nuages, et, semblable à l'enfant qui abat les têtes des chardons, exerce-toi contre les chênes et les montagnes. Il faudra bien cependant que tu me laisses ma terre, à moi, et ma hutte que tu n'as point bâtie, et mon foyer dont tu m'envies la flamme.

Je ne sais rien sous le soleil de plus misérable que vous autres dieux! Votre majesté se nourrit péniblement d'offrandes, de victimes, de fumée, de prières, et dépérirait s'il n'y avait là des enfants et des mendiants, pauvres fous qui se bercent d'espérances!

Quand j'étais enfant, que je ne savais que devenir, je tournais mon œil égaré vers le soleil, comme s'il y avait eu par derrière une oreille pour entendre ma plainte, un cœur comme le mien pour prendre en pitié les opprimés.

Qui m'est venu en aide contre l'arrogance des Titans? Qui m'a sauvé de la mort, de l'esclavage? N'as-tu pas tout accompli toi-même, ô cœur saintement embrasé! et, dupe que tu étais, ne brûlais-tu pas d'un jeune et naïf sentiment de reconnaissance pour le dormeur de là-haut?

Moi t'adorer, et pourquoi? As-tu jamais adouci les douleurs de l'opprimé? as-tu jamais essuyé les larmes de celui qui souffre? L'éternité toute-puissante et l'éternel destin, mes maîtres et les tiens, ne m'ont-ils pas forgé homme?

Croirais-tu par hasard que je doive haïr la vie et fuir au désert, parce que toutes les fleurs de mes rêves n'ont pas donné?

Ici je reste à fabriquer des hommes à mon image, une race qui me ressemble pour souffrir et pleurer, et te dédaigner, toi, comme je fais!

GANYMÈDE.

Comme dans l'éclat du matin tu m'inondes de tes ardeurs, printemps, ô bien-aimé ! Mille voluptés ineffables s'éveillent dans mon cœur, où pénètre le sentiment sacré de ton éternelle chaleur, beau infini !

Oh ! si je pouvais te saisir dans ces bras !

Oh ! sur ton sein je m'étends, je languis ! et tes fleurs, ton gazon se pressent sur mon cœur. Tu apaises la soif ardente de ma poitrine, douce brise du matin ! Tu m'apportes la voix du rossignol en amour, qui m'appelle du sein du nébuleux vallon. J'y vais, j'y vais ! où donc vais-je ? où vais-je ?

Là-haut ! là-haut j'aspire ! Les nuages flottent, ils descendent, les nuages s'inclinent vers l'amour haletant. A moi ! à moi ! dans votre sein partons ! enlaçant, enlacé ! là-haut ! vers ton sein. Père de l'amour universel !

LE DIVIN.

Que l'homme soit noble, secourable et bon ! car cela seul le distingue de tous les êtres connus.

Gloire aux êtres puissants, inconnus, que nous pressentons ! que ses exemples nous apprennent à croire en eux.

Car la nature est insensible : le soleil éclaire à la fois le bien et le mal ; et pour le criminel, comme pour le juste, brillent la lune et les étoiles.

Le vent et la tempête, le tonnerre et la grêle poursuivent leur route orageuse, emportant, dans leur cours rapide, l'un pour l'autre.

Le bonheur, lui aussi, tâtonne dans la foule, tantôt il ceint de l'enfant la chevelure bouclée, tantôt le crâne chauve du coupable.

D'après des lois éternelles, sublimes, lois d'airain, nous devons tous accomplir le cercle de notre existence.

L'homme seul peut l'impossible ; il distingue, choisit et juge ; il donne au moment la durée.

L'homme seul sait récompenser le bon, punir le méchant, guérir et sauver, relier d'une manière utile tout ce qui s'égare et divague.

Et nous vénérons les Immortels comme s'ils étaient hommes, comme s'ils faisaient en grand ce qu'en petit, lui, fait ou pourrait.

Que l'homme noble soit secourable et bon ! qu'il crée sans relâche l'utile et le juste, et nous soit un exemple de ces êtres pressentis !

POÉSIES DIVERSES

« Pour qu'on juge de la diversité des marchandises,
en voici un échantillon ! »

POÉSIES DIVERSES

TROISIÈME PARTIE

LE PARNASSE ALLEMAND.

Parmi ces bosquets de lauriers, dans les prairies, au bord des fraîches cascades, heureux enfant, Apollon m'a permis de jouir de la vie; et c'est ainsi qu'à l'écart, d'après la volonté suprême du dieu, les nobles Muses m'ont nourri, me ravivant aux limpides sources du Parnasse, imprimant sur mes lèvres leur sceau pudique et sacré.

Et le rossignol plane autour de moi d'une aile discrète. Ici dans les buissons, là-bas dans les arbres il convoque la multitude amie, et les chants célestes m'apprennent à rêver d'amour.

Et dans le cœur croît l'abondance des nobles élans sociables. L'amitié s'approche, l'amour germe, Apollon anime le silence de ses vallons, de ses collines, un vent doux et tiède soupire. Tous ceux qu'il aime sont attirés puissamment, et un noble suit l'autre.

Celui-ci s'avance d'un air joyeux, le regard ouvert, épanoui; celui-là marche plus soucieux; j'en vois un troisième à peine rétabli, qui cherche à rappeler ses anciennes forces; car la flamme douce et fatale a pénétré jusqu'à la moelle de sa vie, et ce qu'Amour lui a pris, Apollon seul peut le lui rendre : le repos, le bien-être, l'harmonie, une activité robuste et pure.

Alerte, frères ! honorez les chants ! un chant vaut une bonne action. Qui peut mieux qu'un poète conseiller son ami égaré ? Agis bien, tu agiras plus longtemps que, autrement, les hommes ne le peuvent.

Oui, je les entends de loin ! Oui, les cordes frémissent sous leurs doigts puissants et divins; ils nous appellent à l'équité, au devoir, et leur inspiration partout remue le sentiment des plus nobles travaux, du perfectionnement de toutes les forces.

Les douces fantaisies, elles aussi, fleurissent à l'entour sur les rameaux, qui bientôt, comme en un bois enchanté, s'inclinent sous le poids des fruits d'or.

Tout ce que nous sentons, tout ce que nous voyons dans ce pays de délices, ce sol, cette lumière attire aussi les plus charmantes femmes. Et le souffle des chères Muses anime le tendre sein de la jeune fille, dispose au chant son gosier; elle, la rougeur sur son joli visage, essaye des motifs gracieux, puis se rassied parmi l'aimable groupe de ses sœurs, qui se mettent, d'une voix tendre et toujours plus tendre, à chanter à l'envi.

Cependant j'en vois une s'en aller seule, le long des hêtres, sous les tilleuls, pour y chercher, pour y trouver ce qu'à l'aurore, dans le mystère du bocage, Amour, par ruse, lui a pris : le doux calme de son cœur, de son sein la première ivresse. Elle porte au fond des bois épais ce dont les hommes ne sont pas dignes, ses amoureuses sensations; ni la chaleur du jour ni la fraîcheur du soir ne l'intimident, elle se perd dans la campagne. Oh ! ne la troublez pas dans son chemin. Muse, va silencieusement au-devant d'elle !

Mais, qu'entends-je? Quels sons couvrent de leur éclat les rumeurs de la cascade? retentissent à travers le bois? Quel tumulte, quels cris? Est-il possible, ai-je bien vu? Une troupe audacieuse pénètre dans le sanctuaire.

De ce côté le chœur déborde! la rage d'amour, le feu des larmes dans les yeux, leurs cheveux se hérissent! Et la troupe, hommes et femmes, vêtue de peaux de tigres, se répand sans pudeur à demi nue. — Le bruit aigre du métal vous déchire l'oreille, qui les entend est troublé. De ce côté le chœur se presse; à leur aspect tout fuit.

Ah! les buissons foulés! Ah! les fleurs écrasées sous les pieds de cette engeance! qui marchera à son encontre?

Venez, frères, bravons tout! votre noble visage s'enflamme. Phœbus, s'il voit nos douleurs, va nous aider à les chasser; et, pour nous fournir des armes, il ébranle les cimes de la montagne; déjà de la hauteur roulent les pierres à travers les bocages. Saisissez-les, frères, d'une main puissante! et qu'une averse de grêlons fonde sur cette race, et chasse de nos régions éthérées et pures ces étrangers, ces sauvages!

Mais, que vois-je? serait-il bien possible? un malaise insupportable me court par tous les membres, et ma main retombe d'elle-même. Est-il possible? ce ne sont pas des étrangers! Nos frères eux-mêmes leur montrent le chemin! Oh! les téméraires! Voyez-les avec leurs intruments courir les premiers en cadence. O mes nobles frères, fuyons!

Un mot pourtant à ces insensés! un mot qui les atteigne et les foudroie. Les paroles sont les armes du poëte, et si le dieu veut se bien comporter, ses flèches siffleront après.

Pouvez-vous bien oublier de la sorte votre mission divine? Depuis quand le thyrse grossier n'est-il plus un fardeau pour la main accoutumée à glisser sur la lyre? Dans la fraîche cascade, dans la surface limpide du ruisseau, vous abreuvez l'animal ignoble de Silène. Vos lèvres épaisses et grossières souillent le cristal des Aganippes, et vous trépignez d'un pied inepte jusqu'à ce que les flots s'épanchent troubles.

Oh! si ce pouvait n'être là qu'une illusion! mais la douleur déchire mon oreille; de ces ombrages pudiques et sacrés un bruit odieux s'échappe. De sauvages éclats de rire au lieu des soupirs si doux de l'amour! Les ennemis, les contempteurs des femmes entonnent un chant de triomphe. Le rossignol et la tourterelle désertent leur nid si pudiquement échauffé; et, dans son ardeur furieuse, le faune saisit la nymphe avec violence. Ici une robe est arrachée, la raillerie succède au plaisir, et le dieu n'éclaire qu'avec répugnance leurs baisers effrontés.

Oui, j'aperçois de loin déjà nuages, vapeurs et fumée. La lyre n'est point seule à avoir des cordes, l'arc aussi a des cordes. Le sein du sacrilége tressaille à l'approche puissante, car la flamme dévastatrice s'annonce de loin. De grâce, écoutez ma voix, écoutez les paroles fraternelles que mon amour me dicte! Fuyez devant la colère du dieu, hâtez-vous loin de nos limites! et pour qu'elles redeviennent saintes, purgez-les de cette bande inculte. La terre a plus d'une contrée, et le sol profane n'y manque pas. Pour nous de pures étoiles nous éclairent, et le noble a seul valeur ici.

Mais si, au fond de votre exil sauvage, le désir d'être avec nous vous reprend un jour, si rien ne vous réjouit tant que ce que vous avez éprouvé parmi nous, si nulle joie qui dépasse les bornes n'a le droit de vous charmer, alors revenez-nous en dignes pèlerins; le bonheur dans l'âme, remontez la montagne; que des chants de repentir sentis profondément nous annoncent nos frères, et ceignez avec solennité votre tempe d'une couronne nouvelle. Chaque fois qu'un égaré se retrouve, les dieux se réjouissent. Et plus rapidement que les flots du Léthé autour de la demeure silencieuse des morts, la coupe de l'Amour efface pour les bons le souvenir de toute faute. Tout s'empressera au-devant de vous, qui nous reviendrez transfigurés; désormais on implorera vos bonnes grâces, et doublement vous nous appartiendrez!

―――

LE PARC DE LILI.

Il n'est pourtant point de ménagerie si variée que celle de ma Lili! elle y possède les plus singuliers animaux, et les y attrape sans savoir elle-même comment. Oh! comme ils sautent, tournent, trépignent; comme ils se trémoussent des ailes, les pauvres princes tous ensemble, dans un tourment d'amour inextinguible!

Et comment s'appelait la fée? — Lili. — Gardez-vous d'en vouloir apprendre davantage! si vous ne la connaissez pas, rendez-en grâces à Dieu.

Quel gazouillement, quel caquetage, lorsqu'elle se montre sur la porte en tenant la corbeille au grain! quelle criaillerie, quel glapissement! arbres et buissons semblent vivre, de vrais troupeaux s'élancent à ses pieds; il n'y a pas jusqu'aux poissons du bassin qui, dans leur impatience, ne frétillent, la tête hors de l'eau. Elle, cependant, distribue le grain avec un regard — à ensorceler les dieux, je ne parle pas des bêtes. Alors c'est un picotage, une gloutonnerie, un becquetage! Ils montent sur le dos les uns des autres; ils se poussent, se pressent, se disputent, se chassent, se harcèlent, se mordent, et tout cela pour une miette de pain sec, qui dans ses belles mains semble avoir pris le goût de l'ambroisie.

Et son regard! Et le ton dont elle dit : Pipi, pipi, attirerait l'aigle du trône de Jupiter; et les douces colombes de Vénus et le paon superbe lui-même, ils viendraient, je le jure, s'ils pouvaient seulement entendre son accent.

Car je sais un ours mal appris, mal léché, qu'elle a fait sortir de la nuit du bois, pour l'amener sous sa férule et l'apprivoiser avec les autres, jusqu'à un certain point, s'entend. Qu'elle était belle! et combien, hélas! elle paraissait bonne! j'aurais donné mon sang pour arroser ses fleurs.

« Je, dites-vous? qui? qu'est-ce? » Eh! oui! messieurs, c'est moi qui suis cet ours pris dans les mailles d'un filet, retenu à ses pieds par un fil de soie. Mais comment la chose s'est passée, je vous le conterai une autre fois; pour aujourd'hui je suis trop furieux.

Je reste ici à bouder dans mon coin, et j'entends de loin le caquetage, je les vois voleter et se trémousser; je me retourne et je grogne; j'avance de quelque pas, je me retourne encore, et je grogne; je veux reprendre ma marche, et finis toujours par me retourner.

Alors la colère m'emporte, une rage puissante me monte au nez, ma nature redevient sauvage. Fou que tu es! nigaud! tu me fais pitié! Un petit écureuil bon à ronger des noisettes! Je redresse ma nuque hérissée, inaccoutumée à l'esclavage. Chaque petit arbre me raille! je fuis le boulingrin, la jolie pelouse nettement rasée; le hêtre me montre un pied de nez, je m'élance au plus épais du bois, je veux traverser le parc et sauter les palissades! mais voilà qu'il ne m'est plus possible de sauter ni de grimper, un charme inconnu me retient; un charme inconnu me cloue à la terre, je me démène lollement, que je tombe épuisé au bord de cascades artificielles; je me ronge et pleure, et me roule à moitié mort. Hélas! et des Oréades de porcelaine entendent seules mon désespoir.

Tout à coup un sentiment de volupté me pénètre dans tous les membres, c'est elle qui, là-bas, chante dans son feuillage! J'entends sa voix, sa voix chérie! l'air en devient tiède, embaumé. Ah! chante-t-elle si bien que je doive l'écouter? Je m'élance, foulant sous mes pas herbes et fleurs. Le buisson fuit, les arbres s'éloignent, et — l'animal gît à ses pieds.

Elle alors : « Un monstre! assez plaisant, toutefois; pour un ours, trop doux! pour un chien, trop farouche! si velu, si lourd, si grossier! » Elle lui caresse le dos du bout de son petit pied. Il se croit au paradis. Comme ses sept sens lui démangent! Elle pourtant le regarde avec calme. Je baise ses souliers; je les dévore aussi décemment qu'un ours peut le faire. Peu à peu je me relève et me glisse à la dérobée, tout doucement à ses genoux. Aux bons jours, elle me laisse faire, me gratte les oreilles, et m'administre un bon soufflet en signe de bienveillance. Je grogne de volupté, me sentant renaître. Puis, en me commandant d'un ton doux et frivole : *« Allons, tout doux! Eh! la menotte, et faites serviteur, comme un joli seigneur. »* Et de la sorte elle continue en jouant, en riant. L'animal si souvent déçu espère encore, et s'il lui arrive de vouloir de nouveau faire le méchant, elle le tient de court comme devant.

Elle possède aussi dans un petit flacon un baume de flamme, auquel nul miel de la terre ne saurait se comparer. Touchée de tant d'amour et de constance, elle en frotte parfois du bout du doigt une petite goutte aux lèvres déchirées de son monstre, puis s'enfuit, et me laisse à moi-même, et libre je me sens plus captif que jamais, je me traîne après elle; je la cherche, j'hésite, et je fuis de nouveau. Ainsi, dès qu'elle rend à son indépendance le malheureux ravagé, joie et peines s'en vont. Ah! que de fois elle m'a laissé la porte entr'ouverte, regardant du coin de l'œil, en souriant, si je ne fuirais pas!

Et moi! — Dieux! est-il en votre puissance de mettre fin à cet enchantement; que de reconnaissance je vous aurais de me rendre ma liberté! N'importe, ne m'envoyez point d'aide : Non, ce n'est point en vain que je remue ainsi mes membres! je le sens! je le jure! des forces me restent encore.

LES MUSAGÈTES.

Dans les sombres nuits d'hiver, j'ai dit souvent aux douces Muses : Puisque nulle aurore ne brille et que nul jour ne doit se lever, apportez-moi à l'heure due la chaste lumière de votre lampe pour qu'à défaut de l'autre et de Phœbus elle éclaire mon zèle silencieux! Mais elles me laissèrent plongé dans un sommeil épais et éternel, et des jours perdus succédèrent à de tardives matinées.

Sitôt que le printemps s'émut, je dis aux rossignols : Chers rossignols, fredonnez de bonne heure, oh! de bonne heure, devant ma croisée; éveillez-moi de ce sommeil profond qui s'empare du jeune homme. Mais les chanteurs, ivres d'amour, déployaient la nuit devant ma croisée leurs douces mélodies, tenaient leur chère âme éveillée, et tiraient de leur sein nouvellement ému de nouveaux et tendres désirs. Et la nuit s'écoulait ainsi, et l'aurore me trouvait endormi; à peine si le soleil m'éveillait.

A la fin est venu l'été, et maintenant, dès le premier

rayon de l'aube, la mouche empressée et matinale m'arrache au doux repos. J'ai beau, à moitié éveillé, la chasser mille fois avec impatience, elle revient toujours impitoyablement, appelle ses sœurs effrontées, et fait si bien, que le sommeil doit fuir de mes paupières. Je saute de mon lit brusquement, je vais chercher les Muses bien-aimées, et je les trouve au bois de hêtres, souriantes et disposées à me recevoir. Et c'est ainsi qu'à ces fâcheux insectes je dois plus d'une heure d'or. Soyez donc, importuns visiteurs, plus estimés du poète que les véritables musagètes.

BESOIN D'AMOUR.

Qui m'entendra, hélas! à qui me plaindre? Ah! qui l'entendrait gémirait sur moi. Ah! la lèvre qui goûtait naguère et donnait si douce volupté est fendue et souffre horriblement; et si elle est blessée ainsi, ce n'est point que ma maîtresse, dans un élan furieux, m'ait doucement mordu, cherchant par la jouissance à s'assurer plus fortement de son ami; non, ma pauvre lèvre est déchirée parce que dans la froidure et la gelée les vents ennemis, aigus et vifs, l'ont assaillie.

Et maintenant à mon foyer, le suc généreux de la grappe, mêlé au nectar des abeilles, s'efforce d'apaiser le mal. Hélas! de quel secours sera le remède si l'Amour n'y verse une goutte de son baume!

PLAINTE DU MATIN.

O vilaine et charmante enfant! dis-moi, qu'ai-je fait pour mériter que tu me tourmentes de la sorte, et rompes ainsi la parole donnée?

Tu me gazouillais si doucement hier au soir en me serrant la main : Oui, je viendrai, oui, mon ami, demain matin j'irai te trouver dans ta chambre.

J'avais laissé ma porte entre-bâillée, j'avais éprouvé ma serrure, je me réjouissais de ce qu'elle ne grinçait pas.

Quelle nuit d'attente j'ai passée! je ne dormais pas, et comptais tous les quarts; si je m'assoupissais pour un moment, mon cœur ne cessait pas de rester attentif; je m'éveillai pourtant de mon léger sommeil.

Alors je commençai à bénir les ténèbres qui s'étendaient partout si paisiblement, et, ravi du calme universel, j'ouvris l'oreille au milieu du silence, épiant si quelque bruit ne s'élèverait pas.

« Si sa pensée était la mienne, si son sentiment était le mien, elle n'attendrait pas jusqu'au matin, et viendrait déjà dès cette heure. »

S'il arrivait qu'un chat bondît sur le sol, qu'une souris grattât le mur, qu'un bruit, je ne sais lequel, s'émût dans la maison, j'espérais toujours entendre ta démarche, je croyais toujours ouïr ton pas.

Et le temps s'écoulait ainsi, et déjà le jour commençait à blanchir, le bruit à s'éveiller çà et là.

« Est-ce sa porte? serait-ce la mienne? » Je me dressais, inquiet, dans mon lit, interrogeant la porte à demi éclairée, cherchant si d'aventure elle ne se remuerait pas. Les deux battants demeurèrent l'un contre l'autre, doucement suspendus au léger loquet.

Et le jour allait s'éclaircissant de plus en plus; j'entendais s'ouvrir déjà la porte du voisin, pressé de commencer les profits de la journée. Bientôt j'entendis les chariots rouler, les portes de la ville aussi roulèrent sur leurs gonds, et tout le tintamarre du marché se mit en branle.

Bientôt ce fut dans la maison une allée et venue; on montait et descendait les escaliers, les portes s'ouvraient et se fermaient avec fracas, les pas retentissaient, et comme d'une belle vie, je ne pouvais me détacher de mon espérance.

Enfin, quand un soleil odieux eut envahi mes fenêtres et mes murailles, je sautai de mon lit et courus au jardin rafraîchir, aux brises matinales, ma poitrine ardente et consummée, et peut-être aussi te rencontrer : mais là encore j'attendis vainement; tu n'étais ni sous les feuillages ni dans la grande allée de tilleuls.

LES SOUFFRANCES DU JEUNE WERTHER.

1775.

Tout jeune homme rêve d'aimer, toute jeune fille d'être aimée: ainsi, oh! le plus saint de nos penchants, pourquoi faut-il que l'affreuse douleur en découle?

Tu pleures, tu l'aimes, lui, chère âme! tu sauves de la honte sa mémoire. Vois, du sein de la fosse, son esprit te fait signe! Sois homme, et ne m'imite pas.

TRILOGIE DE LA PASSION.

A WERTHER.

Encore une fois, ombre tant pleurée, tu t'aventures à la clarté du jour, et me rencontres sur des prés que de nouvelles fleurs émaillent, et n'appréhendes pas mon regard. C'est comme si nous eussions vécu tous les deux dans le même champ ravivés par la rosée le matin, et le soir après les importuns travaux de la journée, charmés encore par le dernier rayon du soleil couchant. Destinés tous les deux, moi à rester, toi à partir, tu as pris les devants, — et n'as pas beaucoup perdu.

La vie de l'homme semble un splendide lot; comme le jour est doux, comme la nuit est grande! et nous, jetés au sein des voluptés du paradis, nous jouissons à peine du glorieux soleil, une lutte confuse aussitôt s'engage, tantôt avec nous-mêmes, tantôt avec ce qui nous environne; nul à souhait n'est complété par l'autre; la nuit vient du dehors quand la clarté brille au dedans, mon regard troublé me voile la lumière extérieure; le bonheur est là, — on le méconnaît.

Bientôt nous croyons le connaître! L'enchantement d'une forme féminine nous saisit avec puissance. Le jeune homme, joyeux comme à la fleur de l'âge, s'avance au milieu du printemps, printemps lui-même, ravi, étonné; d'où lui vient cette ivresse? Il regarde autour de lui : le monde lui appartient. Une activité libre l'entraîne au large; rien ne l'entrave, ni palais ni murailles. Comme un essaim d'oiseaux sur les cimes des arbres, il rôde ainsi lui-même autour de sa maîtresse; il cherche du sein de l'éther, que volontiers il quitte, il cherche le regard fidèle, et celui-ci l'enchaîne.

Cependant trop tôt d'abord, puis trop tard ensuite

averti, il sent son essor comprimé, il se sent pris au filet. Le revoir est doux, la séparation cruelle; se retrouver une seconde fois vous ravit encore davantage, et les années dans le moment sont rétablies; mais l'heure des adieux suprêmes est toujours là, qui vous attend avec malice.

Tu souris, ami, d'un air sentimental comme il te convient, — un affreux divorce te rendit fameux; nous célébrâmes ta plaintive infortune; tu nous laissais pour le bien et le mal. Alors nous nous engageâmes dans le sentier douteux des passions, vrai labyrinthe, endurant plus d'une misère qui devait aboutir enfin à la séparation; — la séparation, c'est la mort! N'est-elle pas bien touchante la voix du poète, lorsqu'il dit d'éviter cette mort que la séparation apporte? Enveloppé en de semblables peines, à moitié par sa propre faute, qu'un Dieu lui donne de dire ce qu'il souffre!

ÉLÉGIE

Et si l'homme devient muet dans son martyre, un Dieu m'a donné de dire ce que je souffre.

Que dois-je maintenant espérer du revoir? de la fleur close encore de ce jour? Le paradis et l'enfer te sont ouverts; que d'émotions changeantes dans ton âme! — Plus de doute, elle s'avance aux portes du ciel et t'attire dans ses bras!

Ainsi tu fus reçu au paradis comme si tu t'étais rendu digne de la vie éternellement belle. Nul vœu ne te restait à former, nulle espérance, nul souhait; là était le but de tes intimes tendances, et dans la contemplation de cette beauté unique, soudain la source de tes ardentes larmes tarit presque.

Comme le jour agitait ses ailes rapides! on eût dit qu'il poussait les minutes devant lui. Baiser du soir, gage fidèle! il en sera de même au soleil prochain. Les heures dans leur tendre cours se ressemblaient comme des sœurs, et cependant nulle en tout point n'était pareille à l'autre.

Le baiser, le dernier, affreusement suave, déchirant un splendide tissu de voluptés entrelacées. Et maintenant le pied se hâte, il trébuche, évitant le seuil comme si du dedans un chérubin flamboyant le chassait. L'œil découragé se fixe sur le sentier obscur; il se retourne, la porte s'est fermée!

Et désormais il se referme en lui-même, ce cœur, comme s'il ne s'était jamais ouvert, comme s'il n'avait jamais goûté auprès d'elle des heures bienheureuses.

splendides, à faire envie à toutes les étoiles du ciel ; et le chagrin, le repentir, le souci l'oppressent désormais dans une atmosphère étouffante.

Le monde ne reste-t-il pas? la cime des montagnes n'est-elle donc plus couronnée d'ombres saintes? La moisson ne mûrit-elle plus? un verdoyant pays, semé de bois et de prairies, ne longe-t-il donc plus le fleuve? L'immensité ne se voûte-t-elle pas, tantôt vide, tantôt riche de formes?

Quelle svelte figure tissée de vapeurs lumineuses flotte, légère et charmante, dans l'azur de l'éther, et, comme un séraphin, comme si c'était elle, se détache du chœur des nuages foncés? Ainsi tu la vis s'agiter dans la danse joyeuse, la plus aimable forme entre les plus aimables.

Cependant tu ne peux guère qu'un moment te résoudre à prendre pour elle un fantôme de l'air ; rentre en ton cœur, là, tu la trouveras mieux; là, elle s'émeut en changeantes figures, elle se multiplie, toujours et toujours plus charmante.

Telle qu'elle m'attendait sur le seuil pour me recevoir et m'enivrer ensuite de degrés en degrés ; puis, après le dernier baiser, me courait après, et, me rejoignant, m'imprimait sur les lèvres le dernier des derniers; ainsi, mobile et lumineuse, palpite dans le cœur fidèle l'image vivante en traits de flamme de la bien-aimée.

Dans ce cœur plus solide qu'une forteresse, qui se garde pour elle et la garde en soi, qui pour elle se réjouit de sa propre durée, attend pour se reconnaître soi-même qu'elle se révèle, et se sent plus libre en si aimables chaînes ; dans ce cœur qui, désormais, ne bat que pour lui savoir gré de tout ;

La faculté d'aimer, le besoin d'être aimé s'était éteint, évanoui ; soudain l'espérance s'est retrouvée! le goût des joyeux projets, les résolutions, la vie active! Si l'amour a jamais inspiré un amant, cette grâce à moi fut accordée de la plus douce façon ;

Et par elle vraiment! — Quelles angoisses intérieures, importun fardeau, pesaient sur mon corps et sur mon esprit! mon regard ne trouvait autour de lui que fantômes dans le désert aride et le vide du cœur; et maintenant le crépuscule de l'espérance tremblote pour moi d'un seuil connu, et je la vois elle-même m'apparaître dans ces doux rayons de soleil.

A la paix de Dieu, qui vous béatifie ici-bas plus que la raison, nous le lisons du moins, je compare, moi, volontiers, la paix sereine de l'amour en présence de l'être tant aimé. Là repose le cœur, et rien ne peut troubler son sentiment profond, le sentiment de lui appartenir.

Dans le plus pur de notre cœur s'émeut un désir, le désir de se donner librement et par reconnaissance à un être plus haut, plus pur, inconnu, qui le mette sur la trace de l'éternel inconnu. Nous appelons cela être pieux! — Eh bien! cette émotion sublime, je la partage, moi, lorsque je suis devant elle!

A son regard, comme au rayon du soleil, à son haleine, comme au souffle du printemps, la glace de l'égoïsme, si longtemps impénétrable, fond dans ces gouffres hivernaux; nul intérêt personnel, nul amour-propre ne persiste; à sa venue, frémissants, ils s'éclipsent.

C'est comme si elle disait : « Heure par heure la vie amicalement nous est offerte; hier ne nous dit pas grand'chose, demain il nous est défendu d'en rien savoir, et lorsque je voyais le soir s'avancer avec crainte, le soleil tombait et quelque joie m'en venait encore.

« C'est pourquoi, fais comme moi, regarde le moment en face avec sérénité, avec prudence! point d'irrésolution! Va au-devant de lui d'un air bienveillant, avec vivacité, dans l'action, dans la joie, dans tes sympathies; que seulement là où tu es soit tout, ingénument, toujours. Ainsi tu seras tout, tu seras invincible. »

Tu en parles à ton aise, pensai-je; un Dieu t'a donné

pour compagne la grâce du moment, et chacun, en ta douce présence, se croit pour un moment le favori du destin. Moi, ce conseil m'épouvante de m'éloigner de toi, et que me sert d'apprendre cette haute sagesse? —

Maintenant je suis loin! Que ferai-je à l'heure actuelle? je ne le saurais dire. Elle était pour moi si bonne et si belle! c'est trop de regrets, je veux m'y soustraire! Une ardeur insurmontable me travaille et m'agite, et nul conseil ne me reste que des larmes sans fin!

Ruisselez donc et coulez sans que rien vous arrête! allez, jamais il ne vous arrivera d'étouffer la flamme intérieure; le ravage déjà se met dans ma poitrine, où la vie et la mort se livrent un affreux combat. Il y aurait bien des simples pour apaiser les tortures du cœur, mais la résolution manque à mon esprit, la volonté.

Il ne saurait se faire à l'idée de se passer d'elle! Il multiplie son image par mille: tantôt il la sent palpiter, tantôt il l'arrache, indécise à présent, tout à l'heure inondée de lumière. Quelle consolation si faible espérer dans ce flux et reflux, cette allée et venue?

Abandonnez-moi ici, mes compagnons fidèles! laissez-moi seul au pied de la roche, dans la mousse et dans les bruyères. Courage! le monde vous est ouvert, la terre est vaste, le ciel large et sublime. Contemplez, creusez, analysez, bégayez les secrets de la nature.

Quant à moi, j'ai tout perdu, je suis perdu pour moi-même, moi naguère encore le favori des dieux. Ils ont voulu m'éprouver, ils m'ont donné Pandore, si riche en trésors, mais plus riche en périls; ils m'ont pressé sur sa lèvre prodigue, ils m'en arrachent et me poussent à l'abîme.

APAISEMENT.

La passion apporte la souffrance. Qui apaisera le cœur navré qui a tout perdu? où sont-elles les heures si rapidement envolées? Vainement tu avais choisi le beau; ton esprit est troublé, ton action confuse. Le monde sublime, comme il échappe aux sens!

Alors s'élève une musique aux ailes d'ange, où les sons par myriades s'entrelacent aux sons pour pénétrer le cœur de l'homme et l'inonder du sentiment de l'éternelle beauté; l'œil se mouille, et dans une extase suprême il sent le prix divin des sons comme des larmes.

Et le cœur ainsi soulagé s'aperçoit qu'il vit encore et bat, et voudrait battre pour s'offrir, dans sa gratitude, lui-même en échange de la somptueuse aumône; car il goûtait alors — oh! puisse-t-il éternellement durer — le double bonheur de la musique et de l'amour!

HARPES ÉOLIENNES.

Dialogue.

LUI.

Je pensais n'avoir point de douleur, et pourtant j'avais tant d'angoisses dans l'âme! je me sentais le front serré et la cervelle vide. — Enfin larme sur larme coula, l'effusion contenue des adieux fut épanchée. — Son adieu fut le calme serein; comme toi maintenant elle pleurera.

ELLE.

Oui, il est parti; il faut qu'il en soit ainsi. Amis, lais-

sez-moi seule, et si je vous semble changée, dites-vous :
Cela ne durera pas l'éternité! Maintenant je ne puis me
passer de lui, et il faut que je pleure.

LUI.

Sans être enclin à la tristesse, je ne puis éprouver
nulle joie. Qu'ai-je à faire de ces fruits mûrs qu'on
cueille après chaque arbre? Le jour me fatigue, l'ennui
me prend lorsque la nuit s'allume. Ma seule jouissance
est de faire incessamment revivre ta douce image, et si
le même désir de bonheur t'animait, tu viendrais à moi-
tié chemin au-devant de moi.

ELLE.

Tu te plains de ce que je ne t'apparais pas; de ce que
je te suis peut-être moins fidèle dans l'éloignement, au-
trement, dis-tu, mon esprit serait là en image. Voit-on
Iris parer l'azur du ciel? Fais qu'il pleuve, aussitôt elle
va se montrer. Tu pleures!.. me voici soudain!

LUI.

Oui, c'est à Iris qu'il te faut comparer, phénomène
merveilleux, charmant, flexible en ta beauté, variée en
ton harmonie, et toujours nouvelle et toujours la même
comme elle!

IMPATIENCE.

Toujours à travers l'étendue, au delà des pays, vers la
mer, vous recommencez à flotter çà et là sur le rivage,
fantaisies! Épreuve incessamment nouvelle, le cœur est
toujours inquiet : les douleurs sont l'aliment de la jeu-
nesse, les larmes l'hymne bienheureux.

Dornburg, septembre 1828.

Au matin si le vallon, la montagne et le jardin sortent d'un voile de brouillard, et si les calices des fleurs s'emplissent à tes yeux pour la plus amoureuse attente;

Lorsque l'éther chargé de vapeurs lutte avec le jour lumineux, et que le vent d'ouest, qui les balaye, prépare au soleil sa route azurée;

Alors, si en t'enivrant de ce spectacle, tu rends grâce à la douce et illustre dame, le soleil de pourpre à son déclin inondera l'horizon d'un flot d'or.

———

Et si le jour une vague ardeur m'attire vers les lointains azurés des montagnes, si la nuit, les magnificences de ces myriades d'étoiles brillent sur ma tête,

Tous les jours et toutes les nuits je célèbre le sort de l'homme, éternellement beau et grand, s'il maintient sa pensée dans le juste.

———

Le souvenir du bien nous garde le cœur en joie.
Le souvenir du beau est le salut des fils de la terre.
Le souvenir de l'amour, ce serait heureux s'il pouvait survivre!
Le souvenir d'Elle reste ce que je sais de mieux!

———

Que je suis donc dispos aujourd'hui, je me trouve si gai, si calme, lorsqu'en mon sang de jeune garçon tout était si farouche, si trouble! Et pourtant aujourd'hui que les ans me pincent, quel que soit mon contentement, je pense à ces belles joues rouges, et je les regrette.

Quand j'étais un jeune compère, joyeux et bon garçon, les peintres ne voulaient point de ma figure, ils la trouvaient trop nulle, ce qui me valait alors les sympathies et le cœur de maint bel enfant.

Aujourd'hui me voilà dans mon fauteuil, vieux maître. Quand je passe dans les rues, tous m'appellent, et l'on peut m'avoir, comme le vieux Fritz, sur la tête des pipes et sur les tasses. Mais les beaux enfants n'y sont plus. O rêve de jeunesse! étoile d'or!

LES GOUTTES DE NECTAR.

Lorsque Minerve portait à son favori Prométhée une coupe du nectar céleste pour exalter ses hommes et leur inspirer le génie des beaux-arts, elle se hâta d'un pas rapide afin de n'être pas vue de Jupiter; la coupe d'or chancela, et sur le sol verdoyant quelques gouttes se répandirent.

Les abeilles qui voletaient par derrière fondirent à l'instant sur la place; le papillon, lui aussi, arriva pour happer une gouttelette, et l'araignée difforme elle-même vint en rampant sucer sa part.

La liqueur divine leur profita, ainsi qu'à tant d'autres frêles animaux qui, depuis, partagent avec l'homme le plus beau des attributs, l'art.

PHŒBUS ET HERMÈS

Le dieu sévère de Délos et l'habile fils de Maja se disputaient avec ardeur, chacun voulait le privilége; Hermès réclamait la lyre, Apollon aussi la réclamait. En vain cependant l'espérance remplit leurs cœurs; Arès s'avance tout à coup, et, tranchant la question par la force, d'un coup d'épée sépare en deux l'instrument d'or. Hermès rit aux éclats, le malin drôle; mais Phœbus et les Muses sont aussitôt saisis au cœur d'une douleur profonde.

SAINTE FAMILLE.

O le doux enfant! l'heureuse mère! Comme elle se réjouit en lui, lui en elle! Quelle volupté ferait naître en moi l'aspect de cette noble image, pauvre que je suis, s'il ne me fallait me tenir là pieusement comme le saint Joseph!

HYMEN MAL ASSORTI.

Un coupe divin même eut à se repentir après le mariage. Psyché était plus âgée et plus sage, Amour n'est jamais qu'un enfant.

PHILOMÈLE.

O virtuose, Amour t'a élevée à la becquée! enfant, il te donnait ta nourriture du bout de sa flèche, et ton gosier, de la sorte imprégné du poison, pénètre dans nos cœurs, ô Philomèle! avec la force de l'amour.

SOLITUDE.

O vous qui habitez ces roches et ces arbres, ô nymphes propices! donnez à chacun volontiers ce qu'il souhaite, à l'affligé consolation, à celui qui doute confiance, et faites que l'amant rencontre son trésor; car les dieux vous ont accordé ce qu'ils refusent à l'homme, d'être secourables et propices à quiconque se fie à vous.

CONSEIL.

N'éveille pas l'Amour! le gentil enfant dort encore; va vite à tes affaires de la journée. Ainsi la mère soucieuse met à profit le temps lorsque son petit garçon repose, car il ne s'éveillera que trop tôt.

CHRONOMÈTRE.

Éros, comment te vois-je ici? dans chacune de tes petites mains le sablier! Comment, dieu frivole, tu as donc pour le temps deux mesures: lentement s'écoulent de l'une les heures de l'absence, rapidement au contraire, de l'autre, les heures où les amoureux sont ensemble.

LES DEUX FRÈRES.

Prométhée appela à son aide, pour consoler sa race, l'Assoupissement et et le Sommeil, deux frères au service des dieux, mais si légers pour les dieux, si lourds à l'homme ! leur assoupissement fut pour nous le sommeil, et leur sommeil la mort.

PHILINE.

Ne chantez pas sur un ton larmoyant la solitude de la nuit; non, la nuit, mes belles charmantes, est faite pour se réunir.

Si la femme à l'homme fut donnée comme sa plus belle moitié, la nuit est la moitié de l'existence et la plus belle part en effet.

Pouvez-vous donc aimer le jour, qui ne sait qu'interrompre nos joies ! il n'est bon que pour se distraire, et ne vaut rien pour tout autre but. Mais lorsqu'à l'heure de la nuit coule de la lampe un doux crépuscule, lorsque de bouche en bouche le badinage et l'amour se répondent, quand le hardi garçon qui naguère se hâtait, sauvage et plein de flamme, souvent pour le moindre des dons s'attarde en de frivoles jeux ;

Quand, ivre d'amour, le rossignol chante aux amoureux sa chanson, qui semble autant d'hélas et de soupirs aux oreilles du pauvre prisonnier et de l'affligé ;

Avec quels légers battements de cœur n'entendez-vous pas la cloche dont les douze coups promettent le calme et la sécurité !

Ainsi dans la longueur du jour, fais-en pour toi l'observation, chère âme ! chaque jour a sa peine, et la nuit a ses plaisirs !

AU LABOUREUR.

Ce sillon léger couvre le grain à sa surface, ce sillon qui un jour, brave homme, couvrira profondément tes ossements endormis. Bien labouré, bien moissonné! Ici germe la nourriture vivante, et de la tombe même ne s'éloigne pas l'espérance.

LE TOMBEAU D'ANACRÉON.

Ici où la rose fleurit, où la vigne et le laurier s'enlacent, où la colombe attire, où le grillon se réjouit, quel est donc ce tombeau où les dieux semblent avoir voulu semer la vie? C'est le lieu de repos d'Anacréon. Heureux poëte! il goûte les biens du printemps, de l'été, de l'automne, et la tombe est venue à la fin le garder des rigueurs de l'hiver.

PENSÉE NOCTURNE.

Je vous plains, malheureuses étoiles, qui êtes si belles et brillez avec tant de splendeur, vous éclairez le nautonier aux abois, oubliées des dieux et des hommes; je vous plains, car vous n'aimez pas, car vous n'avez jamais connu l'Amour, les Heures éternelles mènent incessamment vos chœurs à travers les espaces du ciel. Quel voyage n'avez-vous pas fait depuis que je m'attarde aux bras de ma maîtresse, sans penser à vous ni à minuit!

DE LOIN.

Aux rois, dit-on, par-dessus les autres mortels la nature a donné la force d'un bras puissant, capable de s'étendre au loin. A moi aussi elle accorde, si petit que je sois, ce royal privilége, car je puis te saisir de loin, Lida, et te retenir près de moi.

A LIDA.

Le seul être, ô Lida! que tu puisses aimer, tu le veux tout entier pour toi, et non à tort. Sois sans crainte, il est bien à toi; car, depuis que je t'appartiens, le mouvement tumultueux de cette vie rapide ne me semble plus qu'une gaze légère, à travers laquelle je vois incessamment ta douce image flotter comme dans les nuées. Fidèle et souriante, sa clarté m'apparaît comme à travers les mobiles rayons de la clarté du nord, le feu tremblotant des étoiles éternelles.

DE PRÈS.

Qu'il arrive souvent, gentille enfant, que tu me deviens étrangère sans que je sache pourquoi! Lorsque nous nous trouvons dans un groupe nombreux, toute joie m'abandonne, mais sitôt que le silence de la nuit se forme autour de nous, oh! alors je te reconnais à tes baisers.

MIGNON.

Ne m'engage point à parler, mais à me taire ; mon secret est pour moi un devoir ; je voudrais te révéler le fond de mon être, mais la destinée me le défend.

Au temps venu, le soleil dans son cours chasse la nuit obscure, et les ténèbres doivent s'éclaircir ; le rocher de granit ouvre son sein, et ne refuse pas à la terre les sources vives qui se cachaient dans ses entrailles.

Chacun goûte le calme aux bras de l'amitié ; là-bas, la poitrine peut se répandre en plaintes, mais un serment me clôt les lèvres, et un dieu seul peut les ouvrir.

———

Celui-là seul qui connaît la *Sehnsucht* sait ce que je souffre ! Seul et séparé de toute joie, je regarde au firmament, vers ce point là-bas. Ah ! celui qui m'aime et me connaît, il est au loin ! ma tête a le vertige et mes entrailles me brûlent ! Ah ! celui-là seul qui connaît le *Sehnsucht* sait combien je souffre !

———

Je veux me glisser le long des portes, m'y tenir solitaire et sans rien dire, une main pieuse me donnera le pain de la journée, et je pourrai tendre plus loin. Chacun se réjouira en voyant paraître mon visage. Une larme coulera de ses yeux, et je ne saurai pas ce qu'il pleure.

———

Celui qui n'a jamais mangé son pain trempé de larmes, celui qui n'a jamais passé des nuits d'angoisse assis sur son lit en pleurant, celui-là ne vous connaît pas, ô Puissances célestes!

Vous nous amenez dans la vie, vous laissez le malheureux devenir coupable, puis vous l'abandonnez au châtiment, car toute faute est vengée sur la terre.

HEUREUX SOUCIS.

Soucis, éloignez-vous de moi! Hélas! que dis-je? le souci ne lâche point sa proie mortelle avant que la vie ne la quitte. Eh bien! puisqu'il en doit être ainsi, venez donc, soucis d'amour, chassez vos frères, et prenez possession de mon cœur.

O belle jeune fille, avec tes cheveux noirs, qui viens à la fenêtre et te tiens au balcon, et restes là bien en vain! Oh! si tu étais là pour moi, si tu m'ouvrais ta porte, comme je serais heureux là, comme je m'élancerais vite!

EXPLICATION

D'UNE ANCIENNE VIGNETTE SUR BOIS

REPRÉSENTANT

LA MISSION POÉTIQUE DE HANS SACHS.

———

C'est un dimanche : de bonne heure le voilà debout dans son atelier, notre cher maître; il a mis bas le crasseux tablier de cuir et vêtu un propre habit de fête. La poix, le marteau et les pinces dorment; l'alêne est fixée dans la caisse aux outils; il se repose, lui aussi au septième jour, de maint bon coup d'aiguille et de marteau.

Comme il épie le soleil du printemps! le repos lui inspire un nouveau travail : il sent que son cerveau porte, en le couvant, un petit monde; il sent que ce monde commence à s'agiter et à vivre, et qu'il voudrait lui donner l'essor.

OEil doux et avisé, mine pleine de gentillesse, regard pur et clairvoyant, prompt à saisir mainte chose et la rendre, langue déliée, habile à se répandre en fines paroles, un ensemble à réjouir les Muses qui l'ont nommé maître chanteur.

Alors s'avance une jeune femme à la large poitrine, au corps puissant, robuste et ferme en ses allures; elle marche droit, avec noblesse, sans se tortiller le moins du monde ni lancer de folles œillades; elle porte une mesure dans ses mains; sa ceinture est un ruban d'or, un bandeau d'épis la couronne; son œil a l'éclat d'un beau jour:

on la nomme l'Activité honnête, autrement dit, la Grandeur d'âme, la Droiture.

Elle entre avec un bon salut ; lui ne saurait s'en étonner, car, telle qu'elle est, bonne et belle, il la connaît dès longtemps.

Elle alors : « Je t'ai choisi entre tous dans le brouillamini du monde ; il s'agit d'avoir le sens clair, de ne rien entreprendre d'inepte ; tandis que les autres se croisent en courant, tu devras le voir d'un œil sagace ; tandis que les autres s'irritent et gémissent, te maintenir dans l'équilibre, tenir à l'honneur, au bon droit, être en tout et partout simple et vrai ; avoir à cœur la piété, la vertu ; haïr le mal avec son nom. Ne t'occupe ni d'adoucir, ni d'exagérer, ni d'embellir, ni d'épiloguer ; que le monde soit devant toi tel qu'Albert Dürer l'a vu dans sa vie puissante et mâle, dans sa force intérieure et sa stabilité ; que le génie de la nature te conduise par la main dans chaque pays ; qu'il te montre partout la vie, l'action étrange des hommes, leur confusion, leurs désirs, leurs poussades, leurs rixes, comment la folle hôtellerie se démène, comment grouille la fourmilière. Et toi, assiste à tout cela comme à une lanterne magique, et tâche de le reproduire pour la race humaine en manière de moralité. » En même temps elle ouvre une fenêtre, et lui indique au dehors une multitude de toute espèce d'êtres sous le ciel, comme vous pouvez le voir dans ses écrits.

Et maintenant, tandis que le cher maître se complaît dans la nature, voyez du côté opposé une petite vieille se glisser vers lui ; on la nomme Historia, Mythologia, Fabula : elle traîne après elle, essoufflée, et clopin-clopant, un vaste tableau gravé sur bois où vous voyez, avec de grandes manches à plis, Dieu le Père faisant le catéchisme, Adam, Ève, le paradis et le serpent, la chute de Sodome et Gomorrhe, et dans un cadre d'honneur les douze altesses, puis des horreurs, du sang et des carnages, l'orgie des douzes tyrans, tout cela accompagné de préceptes et de bonnes sentences. Vous y voyez aussi saint Pierre mécontent du train dont va le monde, et que Notre-Seigneur remet à sa place; et sur les pans de leurs robes et aussi sur les franges est peinte l'histoire des vertus et des vices du monde.

Notre maître voit tout cela et s'en divertit à cœur joie, car son industrie en profite; il en tire bons exemples et bons préceptes, qu'il raconte aussi exactement que si lui-même il y avait été. Son esprit reste absorbé dans ce spectacle, d'où son œil ne se détournerait s'il n'entendait derrière lui tout un vacarme de crécelles et de sonnettes.

Voilà qu'il aperçoit un fou qui vient à sauts de bouc et de singe lui faire sa cour, et lui prépare un joyeux intermède de balivernes drolatiques; il traîne derrière lui, par une longe, tous les fous grands et petits, gras et maigres, droits et tortus, tous trop ingénieux et tous trop bêtes, et au moyen d'un énorme nerf de bœuf il les gouverne comme une danse de singes; il raille chacun de sa forme grotesque, les pousse à l'eau, leur tire le ver et les moleste de mille façons, sans que pour cela leur nombre diminue.

Ainsi enveloppé de toutes parts, peu s'en faut que la cervelle ne lui tourne. Comment trouver des mots pour tout cela, comment lier ensemble tant de choses? Comment rester toujours d'humeur égale pour chanter et pour écrire? En même temps, sur le bord d'un nuage, dans le cadre de la fenêtre, s'élève la Muse édifiante à voir comme une image de nos bonnes dames: elle l'inonde de ses rayons, lumière fécondante de la vérité, et lui dit: « Je viens pour te consacrer, reçois ma bénédiction et mes vœux pour ta réussite! Que le feu divin qui repose en toi se dépense en ardeurs nobles et lumineuses, et pourtant que la vie qui te travaille demeure toujours au service des forces douces. J'ai choisi la manne qui doit nourrir ton être extérieur, car je veux que ton âme se délecte, pareille au bouton dans la rosée. »

Alors elle lui montre, derrière sa maison, par la petite porte dérobée d'un étroit jardin clos d'une haie, une jeune fille alerte assise au bord d'un ruisseau, près d'un bouquet de sureaux. Sous un pommier elle est assise et s'aperçoit à peine du monde qui l'entoure ; elle a cueilli des roses plein son giron, et tresse fort habilement une petite couronne avec des boutons aux couleurs vives et des feuilles. Pour qui peut être la couronne ? Ainsi elle demeure inclinée en elle-même ; dans la plénitude de l'espérance son sein monte, son être est tout pressentiment : ce qu'elle doit souhaiter, elle l'ignore, et dans le cours de tant de rêves, un soupir lui échappe.

Pourquoi ton front est-il si troublé ? Ce qui te presse, doux amour, c'est volupté, béatitude amassée pour toi chez quelqu'un qui doit se guérir dans tes yeux de la confusion du sort, et que maint tendre baiser fera renaître ; il n'a qu'à serrer ta svelte taille pour qu'aussitôt toutes ses peines se dissipent ; il n'a qu'à tomber dans tes jolis bras pour boire une vie et des forces nouvelles. Et toi, nouveau plaisir de jeunesse te reviendra, ta malice te reviendra. Par des agaceries, par des caresses, tu vas tantôt le provoquer, tantôt le réjouir. Ainsi l'amour n'est jamais vieux et le poëte jamais froid.

Or, tandis qu'il vit ainsi heureux secrètement, là-haut, dans les nuages, flotte une couronne de chêne au feuillage éternel que la postérité lui place sur la tête, repoussant dans le bourbier aux grenouilles l'engeance qui a jamais méconnu son maître.

SONNETS

En aimant je veux louer l'amour,
Toute forme vient d'en haut.

LA JEUNE FILLE PARLE.

Quel air sérieux, ami ! Volontiers je te comparerais à ton buste de marbre ; comme lui tu ne me donnes aucun signe de vie : comparée à toi la pierre paraît sensible.

L'ennemi se dérobe derrière son bouclier, l'ami doit nous tendre ouvertement le front ; je te cherche et tu cherches à m'éviter, reste au moins là comme cette œuvre d'art.

Vers lequel des deux me tournerai-je ? Je n'éprouverai donc que froideur des deux parts, car lui est inanimé et toi tu vis ?

Bref, plus de vaines paroles, je veux embrasser cette pierre tant et tant, que tu m'en arraches avec jalousie.

CROISSANCE.

Gentil petit enfant, par la plaine et la campagne, tu sautas avec moi plus d'une matinée de printemps. « Pour une telle fillette, si j'étais son père, avec quelle prédilection j'élèverais un toit béni ! »

Et lorsque tu commenças à regarder dans le monde, ta

… ait le soin du ménage. « Une semblable sœur et je serais pourvu ; ah ! comme je pourrais me fier à elle, elle … moi ! »

Maintenant rien ne peut arrêter la belle croissance, et … sens dans mon cœur le délire d'amour. « Si je l'étrei-…rais pour apaiser mes douleurs ? »

Mais, hélas, désormais en toi je ne vois plus qu'une …issance si haut placée au-dessus de moi, et je m'incline …us ton regard distrait.

BAGAGE DE ROUTE.

Il fallait me désaccoutumer du feu de ses regards, plus …ngtemps ils ne devaient pas embellir ma vie ; ce qu'on …omme destin ne se laisse guère attendrir, je le sais bien, …t m'éloignai l'âme abattue.

Je ne connaissais plus de bonheur désormais, et je com-mençai à me déshabituer de telle et telle chose jusque-là nécessaire : rien ne me semblait nécessaire que ses re-gards.

L'ardeur du vin, la volupté multiple des mets, le bien-être et le sommeil, jusqu'à la compagnie, j'éloignai tout, tellement qu'il me resta fort peu.

Et maintenant je puis en paix courir le monde. Ce dont j'ai besoin on le trouve partout, et je porte avec moi l'in-dispensable, — l'amour !

DÉPART.

Moi, que mille baisers ne pouvaient rassasier, je dus, en m'éloignant, me contenter d'un seul, après les douleurs si profondes de la séparation, le rivage dont je venais de m'arracher,

Aussi longtemps que je le vis, avec ses maisons, ses montagnes, ses collines et ses fleuves, me parut un trésor de jouissances. Puis en dernier, au fond des plus lointaines ténèbres, un œil resta.

A la fin, lorsque mon regard fut borné par la mer, mon désir ardent retomba dans mon cœur, et je cherchai, découragé, ce que j'avais perdu.

Soudain le firmament me parut s'illuminer, et il me sembla que rien ne m'était enlevé et que je possédais tout, oui, tout ce dont j'avais jamais joui !

L'AMANTE ÉCRIT.

Un regard de tes yeux dans les miens, un baiser de ta bouche sur ma bouche, qui a connu comme moi ce bonheur, peut-il désormais en goûter un autre ?

Éloignée de toi, devenue étrangère aux miens, je promène incessamment mes pensées à la ronde, et toujours elles se posent sur cette heure, l'unique, et alors je commence à pleurer.

Insensiblement la larme se sèche. Oui, il t'aime, pensé-je en cet isolement, et tu n'irais pas le retrouver au loin !

Entends le chuchotement de ce mal d'amour; mon seul bonheur sur la terre est ta volonté si bienveillante pour moi; donne-m'en un signe !

L'AMANTE DE NOUVEAU.

D'où vient que je me tourne encore vers le papier ? Mon bien-aimé ne le demande pas; car, au fond, je n'ai rien à te dire, mais je sais qu'il ira trouver tes mains chéries.

Puisque moi, je ne puis aller, qu'au moins ce que j'envoie te porte mon cœur tout entier avec ses plaisirs, ses espérances, ses extases et ses peines. Tout cela n'a point de commencement et n'a point de fin.

Pour aujourd'hui je n'ai point de confidence à te faire; te dirai-je comment mon cœur fidèle se tourne à toi dans sa pensée, dans ses désirs, dans ses vœux?

Ainsi, jadis, je me tenais devant toi à te contempler et sans rien dire. Qu'aurais-je donc pu dire, mon être n'était-il pas complet en toi?

ELLE NE PEUT FINIR.

Si je t'envoyais maintenant la feuille toute blanche, au lieu de la couvrir de lettres, tu la remplirais peut-être à ton loisir, et me l'adresserais à moi, bienheureuse.

Et lorsque je verrais ensuite l'enveloppe azurée, rapide et curieuse comme il convient à une femme, je l'arracherais pour que rien ne restât caché, et lirais alors ce qui jadis tant me ravissait dans ta bouche.

Cher enfant! mon doux cœur, mon seul bien! comme tu apaisais mon ardeur par de douces paroles, comme tu me gâtais!

J'y croirais même lire cet amoureux chuchotement dont tu remplissais mon cœur, et m'embellissais éternellement vis-à-vis de moi-même.

LES SCEPTIQUES.

Vous aimez et vous écrivez des sonnets! Peste soit de la fantaisie! La puissance du cœur, pour se manifester, ira choisir des rimes et les accouplera? enfants, croyez-le bien, vos efforts seront vains.

A peine encore si dans sa liberté la plénitude du cœur parvient à s'exprimer; elle se concentre, puis, comme un torrent, déborde par toutes les cordes, puis se replonge dans la nuit et le silence.

Pourquoi vous tourmenter, vous et nous, à rouler pas à pas, sur un sentier ardu, une pierre pesante qui retombe toujours, malgré vos efforts redoublés?

LES AMOUREUX.

Au contraire, nous sommes dans le bon chemin! Pour fondre la plus dure substance, il faut que le feu de l'amour brûle de toute son énergie.

LA JEUNE FILLE.

Je doute cependant du sérieux de ces lignes croisées! Je prête, il est vrai, volontiers attention à tes jeux de syllabes; mais il me semble que ce que les sœurs sentent bien, cela, mon doux ami, n'a point besoin d'être limé.

Le poëte a coutume, pour distraire les gens, de fouiller son être intérieur de fond en comble; toutefois il sait rafraîchir ses blessures, et guérir les plus profondes avec des mots magiques.

LE POETE.

Vois, mignonne, là-bas, qu'advient-il à l'artificier? Instruit dans l'art d'imiter le tonnerre, il creuse, en homme avisé, les zigzags de sa mine.

Mais la puissance de l'élément l'emporte, et avant qu'il ait pu y prendre garde, il vole en éclats dans les airs avec toutes ses pièces.

ÉPOQUE.

En traits de flamme, au plus profond du cœur de Pétrarque, rayonnait au-dessus de tous les autres jours le vendredi saint; de même est pour moi l'*Avent* de dix-huit cent sept.

Je ne commençai pas, je continuai seulement d'aimer celle que j'avais de bonne heure portée en mon cœur, que plus tard je chassai de mes sens avec prudence, et vers laquelle maintenant mon cœur tout entier m'entraîne de nouveau.

L'amour de Pétrarque, élevé et sublime, resta sans récompense, et triste, hélas! ne fut jamais qu'une peine de cœur, qu'un éternel vendredi saint.

Au contraire la venue heureuse et douce de ma maîtresse au milieu de l'allégresse et des palmes, ah! qu'elle m'apparaisse jusqu'à la fin comme un éternel jour de mai!

ÉPIGRAMMES

CONDITION FONDAMENTALE.

Parles-tu de la nature et de l'art, aie-les constamment devant les yeux; car que peut valoir la parole sans la présence et sans la grâce?

Avant de parler de l'amour, laisse-le d'abord vivre en ton cœur; laisse l'éclat phosphorescent d'un joli visage te communiquer ce feu.

AUX ORIGINAUX.

Un quidam dit : « Je n'appartiens à aucune école, il n'est point de maître vivant que je recherche; quant aux morts, il s'en faut que j'aie jamais rien appris d'eux. » Ce qui signifie, si je m'y entends : « Je suis un sot de mon propre fait. »

HUMILITÉ.

Quand je vois les œuvres des maîtres, je vois ce qu'ils ont fait; quand je contemple mes ébauches, je vois ce que j'aurais dû faire.

ŒUF FRAIS BON ŒUF.

L'enthousiasme, je le compare volontiers à l'huître, mes chers maîtres, qui, si vous ne la mangez fraîche, est à vrai dire un pauvre régal; l'enthousiasme n'est pas une espèce de harengs qu'on empote pour des années.

La nature et l'art semblent se fuir, et pourtant, avant qu'on y pense, ils se rencontrent; moi aussi j'ai dépouillé la répugnance, et tous deux semblent m'attirer également.

Il suffit d'un effort intelligent; et si, en mesurant nos heures, nous nous lions à l'art avec esprit et zèle, la libre nature brûlera de nouveau dans notre cœur.

Ainsi il en est de toute culture; vainement les esprits vagabonds s'efforceront d'atteindre aux pures cimes de la perfection.

Celui qui veut de grandes choses rassemble ses forces; dans les conditions restreintes le maître apparaît, et la loi seule peut nous donner la liberté.

NETTE ET JOLIETTE.

As-tu vu la fillette passer lestement? Je me la souhaiterais pour fiancée! Oui-dà! la blonde, elle se trémousse si galamment, comme l'hirondelle qui bâtit son nid!

Tu es mienne et si gentillette, tu es mienne et si minaudière, quelque chose te manque encore; tu me baises du bout des lèvres comme un pigeon qui sirote l'eau.

Ah! tiens, tu es aussi par trop minaudière!

Où sont les tonneaux le vin croît; il pleut où l'humidité règne; le pigeon vole aux pigeons; la clef convient à la mère; le bouchon cherche la bouteille; la dépense, les poches du voyageur, tout ce qui se meut à la fin s'harmonie; car le vrai décret de Dieu c'est que la fleur touche la fleur. Et voilà pourquoi garçons et fillettes vont se trémoussant au printemps.

Mille fois j'ai juré de ne plus me fier à cette bouteille, et pourtant je crois renaître dès que l'hôtelier me la fait voir de loin. Tout en elle est admirable : cristal du verre et pourpre du vin; le bouchon saute, et la voilà vide, et je ne m'appartiens plus.

Mille fois j'ai juré de ne plus me fier à cette bouteille, et pourtant je crois me sentir renaître sitôt que l'hôtelier me la fait voir de loin. Qu'il en soit donc de moi comme du plus fort des hommes! Tes ciseaux dans mes cheveux, ô divine Dalilah!

TRAVERSÉE HEUREUSE.

La mer se déchire, le ciel est clair, Éole dissipe l'inquiétant réseau, les vents murmurent, le nautonier s'émeut. Vite! vite! l'onde se partage, l'horizon s'approche, je vois déjà la terre!

Dernièrement j'avais cueilli un bouquet de fleurs des champs, je le portais en rêvant à la maison; mais, quand j'arrivai, la chaleur de ma main avait fait que toutes les corolles se tournaient vers la terre. Je le posai dans un verre d'eau fraîche; et, voyez le miracle, aussitôt les petites têtes de se relever, les tiges de reverdir, toutes aussi saines que si elles étaient encore sur le sol maternel!

Tel fut l'effet que j'éprouvai lorsque j'entendis mes vers dans une langue étrangère.

Quand je vais sur la place du marché à travers la multitude, et que j'aperçois ma jolie fillette dans la foule, je m'avance, elle vient à moi, et personne ne voit comme nous nous aimons tous les deux. « Vieillard, tu n'abdiqueras donc jamais? toujours des fillettes! Autrefois, pendant ta jeunesse, c'était une Kaetchen; quelle est maintenant celle qui adoucit tes jours? parle clairement. — « Voyez là-bas comme elle me salue; c'est la Vérité! »

LES AUTEURS.

Dans la prairie, le long d'un ruisseau, à travers son jardin, il s'en va cueillant les fleurs les plus nouvelles. L'attente fait battre son cœur, sa mie vient. O fortune! ô bonheur! jeune homme, change tes fleurs pour un regard!

Le voisin, jardinier de son métier, jette un coup d'œil par-dessus la haie. « A Dieu ne plaise que je sois un tel fou! J'ai plaisir d'élever mes fleurs, de garder mes fruits des oiseaux; mais sitôt qu'ils sont mûrs, de l'argent, mon compère! Au fait, pourquoi perdrais-je ma peine? »

Tels sont les auteurs, à ce qu'il semble; l'un prodigue ses joies à ses amis, au public, l'autre se les fait payer.

Dieu envoya à ses grossiers enfants la Loi, l'Ordre, la Science et l'Art, auxquels il donna pour mission d'améliorer le sort inculte de la terre. Ils descendirent nus du ciel, et ne savaient comment s'y prendre; la Poésie leur donna des vêtements, et nul d'entre eux n'eut plus à rougir.

J'allais entrer dans mon jardin, trois amis viennent, ils pouvaient bien être quatre; je les invite poliment, et leur dis qu'ils sont les bienvenus, car au milieu, dans une aimable salle, était justement dressé un gentil déjeuner; j'ajoutai que si le jardin leur plaisait, chacun pouvait s'y promener à sa fantaisie. Aussitôt l'un se glisse dans la feuillée, l'autre grimpe aux treilles, et son frère vise aux pommes, qu'il tient pour excellentes. Vainement j'observe qu'il y en a là sur la table de fraîches et de cueillies, que je leur offre, ils voulaient les cueillir eux-mêmes, et le dernier s'échappe comme une souris par la porte de derrière. Quant à moi, j'allai dans la salle de verdure, et mangeai seul mon déjeuner.

LA COUPE.

Je pressais dans mes mains une coupe d'or ciselé, et j'en buvais avidement la douce liqueur pour noyer une bonne fois la peine et le souci.

Amour entre, et, me voyant, sourit en cachette, comme s'il prenait en pitié ma folie.

Ami, je sais une plus belle coupe, digne qu'on y plonge son âme tout entière; que diras-tu si je t'accorde de l'emplir d'un autre nectar?

Oh! qu'il a gentiment tenu parole, Lida, lorsqu'il t'inspira un doux penchant pour moi, qui languissais dès longtemps.

Lorsque j'embrasse ton corps chéri et savoure sur tes lèvres le baume d'un amour longtemps contenu, heureux, je me dis alors à moi-même:

Non, une pareille coupe, nul dieu, si ce n'est l'Amour, ne l'a jamais formée ni possédée! jamais les marteaux intelligents de Vulcain n'ont rien créé de tel[1] Sur ces collines touffues, Lyæus a beau faire fouler par les plus habiles de ses femmes les raisins choisis, il a beau lui-même présider à la fermentation mystérieuse, nul soin ne lui donnera ce nectar!

A LA CIGALE,

D'APRÈS ANACRÉON.

Tu es heureuse, chère petite, qui, parmi les rameaux des arbres, enivrée d'une goutte d'eau, en chantant, vis comme un roi; tu fais ton bien de tout ce que tu découvres dans les champs, de tout ce qu'apportent les heures. Tu vis parmi les laboureurs, leur amie respectée, et les mortels t'honorent, douce messagère du printemps! Les Muses t'ont en affection, et Phébus, lui aussi, t'aime; tu reçus de leur faveur ta voix argentine, et jamais vieillesse ne te prend. Sage, douce amie des poëtes, libre de chair et de sang, fille de la terre, exempte de souffrance, presque comparable aux dieux!

LA JOIE.

Elle flotte autour de la source, la libellule changeante; je me réjouis à la voir, tantôt sombre, tantôt claire, semblable au caméléon, tantôt rouge, tantôt bleue et tantôt verte. Oh! si je pouvais seulement voir de près ses couleurs!

Elle crie et flotte et jamais ne s'arrête! mais chut! elle se pose dans les blés. Je la tiens! je la tiens! et maintenant je puis la regarder, et je vois un triste bleu foncé. —

Ainsi il vous arrive à vous, analyseurs de vos joies!

Il prit la fantaisie aux neuf sœurs d'instruire aussi Psyché méthodiquement dans l'art de poésie; mais la petite âme demeurait prosaïque, et rien de merveilleux ne résonnait sur sa lyre, même par la plus belle nuit d'été. Cependant vint l'Amour avec son regard et ses flammes, et le cours fut achevé.

A la pluie, à la grêle s'associe un jour affreux; voyant cela, tu voiles ton éclat. Je frappe à la fenêtre et je heurte à la porte : viens donc, chère âme, viens, tu es aussi belle que jamais!

Il y avait grand gala au village; on disait que c'était une noce. Je pénétrai dans la salle; nombre de couples s'y trémoussaient, chaque fillette avec son drille; on ne voyait qu'amoureuses figures. Cependant je songeai à m'enquérir de la fiancée. — L'un d'eux alors me regarda fixement dans les yeux : « Pour cela, allez le demander à d'autres! nous dansons pourtant en son honneur, nous dansons déjà depuis trois jours et trois nuits, et personne encore n'a pensé à elle. »

Essayez de regarder dans la vie autour de vous, et plus d'une confidence du même genre vous sera faite.

Que dame Vénus apparaisse dans sa pleine clarté au firmament nocturne, ou qu'une rouge comète se montre, ainsi qu'un fouet sanglant au milieu des étoiles, le Philistin court à sa porte : « Le météore est sur ma maison! oh! malheur! c'est aussi trop de fatalité! » Et le voilà dans les angoisses, appelant son voisin : « Ah! voyez quel signe me menace; c'est à nous, pauvres gens, que cela s'adresse; ma mère souffre d'un mauvais asthme, mon enfant d'un vent et de l'épidémie, ma femme, j'en ai peur, va aussi tomber malade, car de huit jours elle ne me querelle, et tant d'autres fléaux que le signe nous annonce! Ah! je le crains, la fin du monde approche. »

Et le voisin alors : « Vous avez raison, les choses vont mal pour nous tous cette fois; mais voyons un peu, deux rues plus loin, comment sont placées les étoiles. Elles pronostiquent ici, elles pronostiquent là-bas. Que chacun reste prudemment à son poste, et se contente de faire le mieux qu'il peut et de souffrir comme les autres. »

LES CERISES DE SAINT PIERRE.

LÉGENDE.

Lorsque méconnu encore et chétif, Notre-Seigneur allait sur la terre, entraînant après lui de nombreux disciples, qui rarement comprenaient sa parole, il aimait outre mesure à tenir sa cour en pleine rue, parce que, sous la coupole du ciel, on parle toujours mieux et plus librement. Là, il laissait de sa bouche sacrée se répandre sur eux les plus hautes leçons, et par les paroles et les exemples faisait un temple de chaque marché.

Un jour que, dans le calme de l'esprit, il cheminait vers une petite ville avec eux, il vit loin, sur le chemin, quelque chose qui était un fer à cheval brisé; aussitôt il dit à saint Pierre : « Lève-moi ce fer. » Saint Pierre ne se dépêchait guère; il venait d'agiter, chemin faisant, de ces rêves sur le gouvernement du monde, rêves où chacun se complaît; sur un pareil sujet, le cerveau ne connaît point d'entraves; c'étaient donc là ses plus douces pensées. Or, maintenant la trouvaille lui semblait bien mesquine. Encore si c'eût été une couronne, un sceptre! mais valait-il donc la peine de se baisser pour un fer à cheval? Il se tire alors de côté, et fait comme s'il n'avait pas entendu.

Le Seigneur, dans sa longanimité, lève lui-même le fer à cheval, et s'en tient là sans faire semblant de rien; puis bientôt, lorsqu'ils ont atteint la ville, se dirigeant vers la porte d'un forgeron, il échange sa trouvaille contre trois pièces de monnaie; et comme il traverse le marché, voyant là de belles cerises, en achète plus ou moins, autant qu'on veut lui en donner pour ses trois pièces, et les garde ensuite paisiblement dans sa manche.

On s'achemina vers l'autre porte; on allait à travers plaines et champs, pas un arbre sur la route, le soleil dardait, la chaleur était grande, et telle qu'en pareil lieu on eût donné beaucoup pour une gorgée d'eau. Le Seigneur, toujours marchant en avant des autres, laisse à la dérobée tomber une cerise; saint Pierre aussitôt se précipite comme si c'était une pomme d'or. Le fruit dilate son palais. Le Seigneur, peu de temps après, envoie une autre cerise, et saint Pierre de se baisser bien vite pour la prendre. Ainsi le Seigneur lui fait courber le dos, et se pencher maintes fois vers les cerises. Un laps de temps s'écoule de la sorte; puis, souriant, le Seigneur dit : « Il fallait donc savoir te remuer à temps; ta paresse y trouvait son compte. Tel dédaigne de petites choses, qui va s'évertuer pour de moindres. »

Un large étang était gelé; les grenouilles, perdues dans le fond, n'osaient plus courir ni sauter, et pensaient, dans le rêve d'un demi-sommeil, qu'elles chanteraient comme des rossignols s'il leur arrivait seulement de trouver en haut un peu de place. Le vent du dégel souffla, la glace fondit, les grenouilles superbes voguèrent et prirent terre, et s'assirent à la ronde sur le bord, et coassèrent comme par le passé.

LE VOYAGEUR.

LE VOYAGEUR.

Dieu te bénisse, jeune femme, toi et le nourrisson qui suce ta mamelle ! laisse-moi ici sur la pente de ce rocher, à l'ombre de ces ormes, déposer mon fardeau et reprendre haleine auprès de toi.

LA FEMME.

Quel métier t'entraîne par la chaleur du jour vers ce sentier poudreux ? Colportes-tu dans le pays les marchandises de la ville ? Étranger, ma question te fait sourire ?

LE VOYAGEUR.

Je n'apporte avec moi aucune marchandise de la ville. La fraîcheur du soir commence à tomber ; montre-moi la source où tu puises l'eau que tu bois, douce et pieuse femme !

LA FEMME.

Ici, en haut de ce sentier. Marche en avant ! à travers les broussailles le sentier mène jusqu'à la hutte où je demeure, tout près du puits dont je bois l'onde.

LE VOYAGEUR.

Vestiges de la main humaine parmi ces broussailles ! tu n'as pas assemblé ces pierres, ô nature, prodigue ensemenceuse !

LA FEMME.

Plus loin en montant !

LE VOYAGEUR.

Couverte par la mousse une architrave ! Je te reconnais, esprit plastique, tu as gravé ton empreinte dans la pierre.

LA FEMME.

Plus loin, étranger !

LE VOYAGEUR.

Une inscription que je foule sous mes pieds ! Impossible de lire ! Vous vous êtes effacées, paroles gravées profondément, qui deviez témoigner vis-à-vis de cent générations de la piété de votre maître !

LA FEMME.

Ces pierres, étranger, excitent ton étonnement? là-haut les pierres sont en grand nombre autour de ma cabane !

LE VOYAGEUR.

Là-haut !

LA FEMME.

A gauche, à travers le bois, ici !

LE VOYAGEUR.

O vous, Muses ! ô vous, Grâces !

LA FEMME.

C'est ma chaumière !

LE VOYAGEU .

Les débris d'un temple !

LA FEMME.

Ici, à côté, jaillit la source où je me désaltère.

LE VOYAGEUR.

Tu te meus, ardent, au-dessus de ton sépulcre, génie !..
Sur toi, immortel ! a croulé ton chef-d'œuvre.

LA FEMME.

Attends, je vais puiser pour que tu boives.

LE VOYAGEUR.

Le lierre a revêtu votre taille élancée et divine. Comme tu t'élèves du sein des décombres, couple de colonnes ! et toi là-bas, leur sœur isolée ! comme votre tête sacrée, ceinte d'une mousse épaisse, vous semblez contempler avec douleur, du haut de votre majesté, vos sœurs mutilées à vos pieds ! Dans l'ombre des ronces et des plantes sauvages, les débris et la terre les couvrent, et les grandes herbes ondulent par-dessus. O nature ! est-ce donc là le cas que tu fais du chef-d'œuvre de ton chef-d'œuvre ? Peux-tu bien renverser ton sanctuaire avec indifférence, et semer des chardons à sa place ?

LE FEMME.

Comme cet enfant dort ! Veux-tu reposer dans ma cabane, étranger ? Aimes-tu mieux rester ici au grand air ; la fraîcheur tombe ! Prends mon enfant, que j'aille puiser de l'eau. Repose, cher ! repose !

LE VOYAGEUR.

Doux est ton sommeil ! comme dans la sérénité d'un céleste bien-être il repose paisiblement ! O toi, né parmi les restes d'un passé divin, son esprit repose en toi ! Celui que son souffle environne nagera chaque jour dans le propre sentiment des cieux ! Fleuris donc dans ta sève, noble ornement du joyeux printemps, et dépasse en éclat tes compagnons, et quand le bouton se fane, qu'alors le fruit s'échappe de ton sein, et mûrisse au grand soleil !

LA FEMME.

Dieu soit loué ! il dort encore ! Je n'ai rien pour te désaltérer, et ne puis t'offrir qu'un morceau de pain.

LE VOYAGEUR.

Merci ! Comme tout s'épanouit alentour et verdoie !

LA FEMME.

Mon mari rentrera bientôt des champs. Oh ! reste, étranger, reste et partage avec nous le pain du soir !

LE VOYAGEUR.

Vous demeurez ici ?

LA FEMME.

Là, entre ces murailles, mon père bâtit la cabane de briques et de décombres, ici nous demeurons. Il me donna à un laboureur et mourut dans nos bras. — As-tu dormi, cher cœur ? — Comme il est éveillé et veut jouer ? Fripon !

LE VOYAGEUR.

O nature ! source de germes éternels, tu crées chacun pour la jouissance de la vie, et songes maternellement à pourvoir tous tes enfants de l'héritage d'un toit. L'hirondelle suspend son nid à la corniche sans penser quelle œuvre d'art elle dégrade ; la chenille enveloppe de ses tissus le rameau d'or dont elle fait, pour sa couvée, une maison d'hiver ; et toi, parmi les nobles décombres du passé, tu bâtis pour tes besoins une cabane, ô homme, et t'installes sur des tombeaux ! Adieu donc, femme heureuse !

LA FEMME.

Tu ne veux pas rester ?

POÉSIES DIVERSES.

LE VOYAGEUR.

Dieu vous conserve et bénisse vos enfants!

LA FEMME.

Que le bonheur t'accompagne en chemin!

LE VOYAGEUR.

Où ce sentier mène-t-il? par-dessus la montagne?

LA FEMME.

A Cumes.

LE VOYAGEUR.

Quelle distance y a-t-il encore?

LA FEMME.

Trois bons milles.

LE VOYAGEUR.

Adieu. O Nature, guide mes pas! dirige ce pèlerinage de l'étranger à travers les sépulcres du passé, conduis-le vers un abri hospitalier, protégé contre les vents du nord, et qu'un petit bois de peupliers garde des ardeurs du midi. Et lorsque je rentrerai sur le soir à ma cabane, dorée par le dernier rayon du soleil, fais que j'y trouve, pour me recevoir, une femme semblable, son enfant dans les bras!

CHANT MATINAL DE L'ARTISTE.

Un temple vous est consacré à vous, nobles Muses! et le sanctuaire en est ici dans mon cœur.

Dès que le soleil du matin m'éveille, dispos et réjoui, je cherche autour de moi et vous vois, filles immortelles, rangées en cercle dans la lumière sacrée du jour nouveau.

Je prie, et ma prière n'est qu'une hymne de louanges, que des harpes joyeuses accompagnent.

Je m'avance à l'autel, et lis, selon qu'il convient, mes actes de dévotion dans la liturgie d'Homère.

Et lorsqu'il m'entraîne au milieu du tumulte de ses lions de guerre, et me montre les fils des dieux enflammés par la vengeance, poussant leurs chars les uns contre les autres ;

— Le coursier s'abat devant le char, amis et ennemis se confondent dans la mêlée et le carnage ; armé de son glaive qui flamboie.

Le fils des héros entasse morts sur morts jusqu'à ce que réprimé lui-même par une main divine, il tombe sur le bûcher qu'il s'était élevé à lui-même, et livre ainsi son noble corps aux injures des ennemis qui le mutilent. —

Alors vaillamment je m'élance à l'œuvre ; le charbon me devient un glaive et ma haute muraille se change en un champ de combat.

En avant ! en avant ! On entend rugir la haine farouche des ennemis, et boucherie contre boucherie, le glaive sur le casque, et parmi les mourants, la Mort.

Je fends la presse, en avant ! en avant ! Ses vaillants amis combattent autour de lui, plus vaillants encore dans leur rage éplorée.

Ah ! sauvez ! combattez ! sauvez-le ! portez-le dans le camp ; épanchez le baume sur le cadavre et les larmes, honneur des morts !

Et quand je me retourne, tu te trouves là pour me recevoir, toi, ma maîtresse chérie, hélas ! seulement en image, mais en image encore si palpitante !

Oh ! comme tu reposais auprès de moi, et me dévorais de désirs, comme alors de mes yeux à mon cœur se glissait l'envie de saisir mon crayon !

Comme je me repaissais alors de tes yeux, de tes

joues, de ta bouche! je sentais en mon sein la jeunesse d'un dieu!

Oh! reviens te fixer dans mes bras, et désormais plus, non, plus de batailles, toi seule dans mes bras!

Et tu me seras, ô bien-aimée! un idéal universel; tu seras la Madone qui tient sur son sein son nourrisson divin!

Dans le fourré du bois je veux te saisir, svelte nymphe, oh! n'échappe pas à ma rude poitrine, ne fuis pas mon oreille de faune!

Et je veux, Mars puissant, me coucher à tes pieds, ô déesse d'amour, tendre autour de nous un filet, et crier à l'Olympe :

Vienne lequel des dieux voudra pour envier notre bonheur, et la jalousie grotesque, elle aussi, peut venir, enchaînée au pied du lit.

BON CONSEIL.

Puisqu'il est vrai qu'il y a certains jours où l'on ne peut souffrir les autres ni soi-même, où rien n'arrive à votre gré, pourquoi dans l'art même chose n'existerait-elle point? Aussi ne vous échauffez pas dans la pire disposition, la veine et la force ne sont jamais bien loin; et si vous vous êtes tenu en repos dans la mauvaise heure, l'heure favorable vous sera deux fois bonne.

L'AMOUR PEINTRE DE PAYSAGE.

J'étais assis, un matin, sur le pic d'un rocher, et me tenais les yeux fixés sur un nuage qui couvrait l'étendue et la hauteur comme une nappe grise.

Un enfant vint alors se placer à mes côtés. « Ami, me dit-il, comment peux-tu t'oublier à contempler ainsi cette toile nue; as-tu donc pour jamais perdu le goût de la peinture et du dessin? »

Je jetai un regard sur l'enfant, et pensai à part moi : Ce petit drôle veut-il donc prendre ici des airs de maître?

« Si tu restes toujours chagrin et désœuvré, continua l'enfant, rien de bon ne pourra se faire; je veux sur l'heure te peindre un petit tableau; je veux t'apprendre à le peindre toi-même. »

Et il tendit son index couleur de rose vers le vaste tapis déployé, et commença du doigt à dessiner.

En haut il peignit un beau soleil, qui me brillait vivement dans les yeux, et fit d'or la frange des nuages, les rayons perçaient à travers: il peignit ensuite les cimes légères des arbres fraîchement ravivés, puis l'une après l'autre par derrière traça les collines; il n'eut garde pourtant qu'en bas l'eau vînt à manquer; il dessina si naturellement le fleuve, qu'il semblait chatoyer au soleil, qu'il semblait gronder sur ses bords élevés.

Là des fleurs croissaient auprès de l'eau, et c'étaient des couleurs dans le pré! l'or, l'émail, et la pourpre et le vert, on eût dit partout l'émeraude et partout l'escarboucle! Il nuança le firmament d'une teinte claire et sereine, ainsi que les montagnes bleues qui se perdaient dans le lointain. Et moi, dans mon extase, il me semblait renaître, et je promenais mes regards du peintre à son tableau!

« Je crois t'avoir prouvé, reprit-il, que j'entends assez bien le métier; cependant le plus difficile reste à faire. »

Alors il dessina du bout du doigt et avec grand soin, juste sur la lisière du petit bois, à l'endroit où la terre, inondée de clarté, répercutait avec force la lumière du soleil, il dessina la plus aimable fille, bien faite, gentiment habillée, joues fraîches sous de bruns cheveux, et ses joues étaient de la couleur du petit doigt qui les avait formées.

« Enfant, m'écriai-je, quel maître t'a pris dans son école, qu'avec tant de promptitude et de naturel tu entreprends et termines à souhait toute chose? » Or, comme je parle encore, voilà qu'un petit vent s'élève, qui court dans les cimes, ride la surface des flots et gonfle le voile de la jeune fille accomplie; et ce qui m'étonne le plus dans mon étonnement, c'est qu'elle commence à remuer le pied, la fillette, elle marche et s'approche du lieu où moi et mon espiègle professeur nous nous tenons assis.

Et maintenant, tandis que tout s'émeut, les arbres, le fleuve, et les fleurs, et le voile, et le pied mignon de ma déesse, croyez-vous bonnement, vous autres, que je sois resté sur mon roc immobile et muet comme un roc?

CHANT DU SOIR ET L'ARTISTE.

Ah! que la force créatrice se répande par tout mon être, qu'une forme substantielle jaillisse de mes doigts!

Je ne fais que trembler et tâtonner, et ne saurais pourtant en rester là; je te sens, je te connais, Nature, il faut que je te saisisse.

Alors je pense comment, depuis mainte année, mon sentiment s'épanouit, comment il trouve pour se désaltérer des sources vives où croissaient jadis de stériles broussailles.

Que je languis pour toi, Nature; qu'il me tarde de te sentir aimante et fidèle; alors, fontaine heureuse et jaillissante, tu feras jouer pour moi mille tuyaux.

Toutes mes forces dans mes sens, tu les éclaireras, et donneras pour moi à cette étroite existence des dimensions d'éternité.

LE CONNAISSEUR ET L'ENTHOUSIASTE.

Je conduisis un ami chez une jolie fille, je voulais le faire jouir de tout ce qu'elle avait, assez bonne fortune, ma foi! un sang frais, jeune et palpitant. Nous la trouvâmes assise sur son lit, s'appuyant sur ses petites mains; le monsieur fait son compliment et prend place vis-à-vis d'elle; il pince le nez, il l'observe et la regarde du haut en bas. Quant à moi, je n'y tenais plus, pendant ce temps tous mes sens s'échauffaient.

Le cher monsieur, pour tout remercîment, m'entraîne dans un coin, et me dit qu'il la trouve trop mince et qu'elle a des taches de rousseur. Alors je prends congé de mon enfant, et la quitte en levant les yeux au ciel. Ah! Seigneur! Seigneur Dieu! ayez pitié de ce monsieur!

De là je le conduis dans une galerie, pleine de feu humain et de génie, même chose m'arrive là; je ne sais comment, tout mon cœur se déchire. O peintre, peintre! m'écriai-je, Dieu te récompense de ta peinture, il n'y a que la plus belle fille qui puisse te payer pour nous!

Cependant voilà mon monsieur qui fait sa ronde, se cure les dents et se met à m'encataloguer mes immortels; je me sentais le cœur ému et plein comme si j'eusse porté cent mondes; mais lui trouvait ceci trop court, cela trop long, et pesait toute chose avec circonspection.

Je finis par me jeter dans un coin, j'avais le feu aux entrailles, et je vis de là beaucoup de gens se rassembler autour de lui qui l'appelaient connaisseur!

MONOLOGUE DE L'AMATEUR.

Que peut sous tes yeux la nature embrasée? que peut

la forme de l'art autour de toi, si la force créatrice passionnée n'emplit ton âme et n'afflue sans cesse au bout de tes doigts pour reproduire.

ÉTUDES.

Imitation de la nature, de la belle, moi aussi j'ai suivi cette trace ; mais sitôt que j'atteignis l'âge mûr — ah ! ce sont les Grecs !

ANTIQUE.

Depuis longtemps on nomme avec honneur Homère, Phidias aussi vous fut connu ; maintenant, rien à ces deux ne peut se comparer. Que cela n'offense personne.

ENTHOUSIASME.

Si tu te contentes de saisir la Muse aux cheveux, ton œuvre est peu de chose ; l'esprit et l'art, à leur suprême degré de perfection, raniment tous les hommes.

IDÉAL.

Le peintre, s'il s'essaye à représenter les images des dieux, touche au plus haut point qu'il puisse atteindre ; mais ce qu'il tient pour impossible, peindre à l'amant sa maîtresse, s'il le tente aussi ! un songe réjouit, même une ombre est bienvenue.

MODERNE.

« Mais comment Jean Van Eyck peut-il seulement se mesurer avec Phidias? » Il faut, c'est mon principe, oublier à l'instant l'un pour l'autre.

Car, si vous étiez toujours resté fidèle à l'un des deux, comment pourriez-vous aimer encore? Ainsi va l'art, ainsi le monde; qu'une chose plaise par l'autre.

PAYSAGE.

Tout a un si joyeux aspect, la maison du paysan paraît si bien blanchie, le gazon et l'arbre si baigné de rosée, un si beau bleu teint le bord des montagnes! Voyez ce petit nuage comme il joue et nage dans le pur éther! Un Flamand qui se trouverait là se mettrait aussitôt à l'œuvre, et ce qu'il verrait, ce qu'il peindrait, dans cent ans on le payerait encore.

Quelle impression vous en revient? Cela brille comme à travers une gaze d'argent; elle est transparente, et derrière se tient une lumière : la plus gracieuse figure. A la lueur d'une si douce lampe tout devient clair et pur, qui serait autrement un vilain à peu près, une chose commune et banale. Si l'esprit et l'art vous manquent, adressez-vous à l'Amour, il saura vous donner conseil.

LA VISITE.

Je voulais me glisser chez ma mie, mais sa porte était close. N'ai-je pas la clef dans ma poche? J'ouvre tout doucement la chère porte.

Dans le salon je ne trouve pas la fillette; dans le boudoir elle n'est pas non plus; enfin comme j'ouvre sa chambre avec mystère, je la vois qui sommeille, gentiment étendue, tout habillée sur le sofa.

En travaillant elle s'était endormie; la broderie et les épingles reposaient encore entre ses jolies mains croisées, et je m'assis à son côté, incertain si je l'éveillerais.

Je contemplai la douceur que respiraient ses paupières; sur ses lèvres la foi muette, la grâce sur sa joue étaient à demeure, et l'innocence d'un bon cœur battait dans sa poitrine.

Chacun de ses membres reposait harmonieusement, détendu par un baume céleste. Je restais assis là, heureux, et la contemplation retenait de plus en plus par des liens secrets le désir de l'éveiller.

Aimable enfant, pensai-je, le sommeil lui-même, ce révélateur indiscret de tout défaut, ne peut te nuire, ni rien découvrir qui trouble la délicate idée que ton amant a conçue de toi.

Tes beaux yeux sont fermés, qui, ouverts, savent seuls me charmer; tes douces lèvres ne remuent ni pour la parole ni pour les baisers; détendus sont les liens enchanteurs de tes bras qui m'enlaçaient, et ta main demeure immobile, ta blanche main, compagne d'ineffables caresses. Si l'idée que j'ai de toi pouvait être une erreur, mon amour une illusion, ne le saurais-je pas à cette heure où l'Amour se tient près de moi sans bandeau?

Longtemps je restai là, ravi au fond de l'âme de son mérite et de son amour; endormie elle m'avait paru si belle, que je n'eus pas le courage de l'éveiller.

Je pose doucement deux oranges et deux roses sur sa table, et regagne mon chemin sur la pointe du pied. En ouvrant les yeux, ma charmante apercevra mes dons aussitôt, sans comprendre comment, la porte n'ayant pas cessé d'être close, le gentil présent se trouve là.

Et si je revois mon ange cette nuit, comme elle sera ravie, et me rendra au double le sacrifice de mon tendre amour!

LES SAGES ET LES GENS.

ÉPIMÉNIDE.

Venez, frères, rassemblez-vous dans le bois; déjà le peuple se presse; il arrive par torrents du nord, du sud, de l'est et de l'ouest. Ils veulent qu'on les enseigne, et cela sans qu'il leur en coûte de la peine. Je vous en prie, tenez-vous prêts à leur lire le texte.

LES GENS.

Rêveurs fantasques, c'est à vous de nous parler aujourd'hui clairement, et non à mots couverts. Dites, le monde est-il de toute éternité?

ANAXAGORE.

Je le crois; car c'eût été vraiment dommage pour le temps où il n'aurait pas existé.

LES GENS.

Et pensez-vous que la ruine le menace?

ANAXIMÈNE.

Probablement. Mais je n'y vois pas grand mal; car pourvu seulement que Dieu reste dans l'éternité, il ne manquera jamais de monde.

LES GENS.

Mais l'infini, qu'est-ce donc?

PARMÉNIDE.

Pourquoi te tourmenter ainsi? Rentre en toi-même; et si tu peux t'y passer d'infini dans l'esprit et les sens, il n'y a point pour toi de remède!

LES GENS.

Où pensons-nous, et comment pensons-nous?

DIOGÈNE.

Les entendez-vous aboyer? Le penseur pense de la tête aux pieds, et dans l'espace d'un clin d'œil se révèle à lui le quoi, le comment, le tout.

LES GENS.

Est-ce que vraiment une âme habite en moi?

MIMNERMUS.

Va t'en informer auprès de tes hôtes; car, vois-tu, je t'en avertis : l'être aimable qui nous ravit, qui sait se rendre heureux, soi et les autres, je pourrais bien l'appeler une âme.

LES GENS.

Et pendant la nuit le sommeil descend-il aussi sur elle?

PÉRIANDRE.

Elle ne peut se séparer de toi. C'est ton affaire, à toi, corps; si tu t'es bien traité, elle se ravivera dans le repos!

LES GENS.

Qu'appelez-vous l'esprit?

CLÉOBULE.

Ce qu'on appelle ainsi d'ordinaire répond et n'interroge pas.

LES GENS.

Expliquez-nous ce qu'on nomme être heureux ?

CRATÈS.

L'enfant nu ça ne doute de rien ! Il sort avec sa petite pièce, et connaît la boutique du pâtissier.

LES GENS.

Parle ! Qui nous démontrera l'immortalité ?

ARISTIPPE.

Le vrai fil de la vie quelqu'un le file qui vit et laisse vivre ; qu'il tourne et se torde, le bon Dieu saura bien le dévider.

LES GENS.

Vaut-il mieux être fou ou raisonnable ?

DÉMOCRITE.

C'est selon comme on l'entend. Si le fou se tient pour assez raisonnable, le sage n'a qu'à le laisser faire.

LES GENS.

Le hasard et l'illusion règnent-ils seuls ?

ÉPICURE.

Je reste dans mon ornière. Maîtrise le hasard et réjouis tes yeux de l'illusion, tu auras ainsi des deux, avantages et passe-temps.

LES GENS.

Notre libre arbitre est-il un mensonge?

ZÉNON.

Il y a moyen d'essayer. Ramasse ferme ta volonté, et si tu t'enfonces, tu n'auras pas du moins grand'chose à dire.

LES GENS.

Etais-je perverti déjà en venant au monde?

PÉLASGE.

On peut bien te tolérer. Seulement tu as apporté avec toi du sein de ta mère un lot insupportable : de questionner mal à propos.

LES GENS.

L'instinct de perfectionnement nous est-il donné?

PLATON.

Si le perfectionnement n'était la passion du monde, tu garderais tes questions. Essaye d'abord de vivre en bonne harmonie avec toi-même, et si tu ne parviens à te comprendre, ne tourmente pas les autres.

LES GENS.

Cependant l'intérêt et l'argent gouvernent.

ÉPICTÈTE.

Laisse-leur leur butin; n'envie pas au monde ses jetons !

LES GENS.

Dis-nous donc ce qui doit nous plaire, avant que nous nous séparions pour toujours.

LES SAGES.

Ma première loi est que dans le monde on évite les questionneurs.

La vie habite en chaque étoile; l'étoile poursuit avec sa sœur la route pure qu'elle-même s'est choisie. Dans le sein du globe terrestre battent les forces qui nous conduisent à la nuit et nous ramènent au jour.

Lorsque dans l'infini ruissellent les mêmes éléments renouvelés sans cesse, que la voûte aux mille aspects se referme puissamment, le désir de vivre s'épanche à torrent de toute chose, de l'étoile petite comme de la grande, et tout ce mouvement, toute cette lutte est l'éternel repos au sein de Dieu!

La nuit, lorsque de bons esprits rôdent, enlevant le sommeil de ton front; lorsque les lueurs de la lune et le scintillement des étoiles te baignent des clartés du grand tout éternel, il te semble déjà que tu dépouilles ton enveloppe terrestre et te hasardes au pied du trône de Dieu.

Mais lorsque le jour remet le monde sur ses pieds, n'attends pas de lui qu'il tienne les belles promesses de l'aurore; dès midi se transforment déjà les rêves du matin.

Et moi! dieux immortels, il dépend de vous d'imposer un terme à cette œuvre de sortilége. Combien je vous aurai de reconnaissance lorsque vous me rendrez ma liberté! cependant ne m'envoyez point de secours. Ce n'est pas vainement que je me démène de la sorte, je le sens, je le jure, la force habite encore en moi.

SENTIMENT HUMAIN.

Ah! dieux immortels, grands dieux, habitants du vaste firmament! si vous nous donniez sur la terre sens fort et bon courage; ah! dieux bons, comme nous vous laisserions votre vaste ciel!

PROVERBES.

Si tu veux marcher dans l'infini, arpente le fini de tous côtés.

Il est plus facile de tresser la couronne que de lui trouver une tête.

Tous ne courent pas les sentiers ordinaires; voyez les araignées qui se font des chemins dans l'air.

J'avais tué une mouche hier au soir, une pourtant m'a éveillé au point du jour.

Si je dors, je dors pour moi, mais si je travaille, sais-je donc pour qui?

Qui n'a rien marche sans fardeau, mais la richesse est encore plus légère.

Tout se supporte dans l'existence, hormis une suite de jours heureux.

Si tu ne veux rien acheter d'inutile, garde-toi d'aller au marché.

Les poëtes ressemblent aux ours, qui se dévorent leurs propres pattes.

ILMENAU.

3 septembre 1783.

Vallon aimable! bois toujours vert! mon cœur de nouveau vous salue avec joie; déployez pour moi vos rameaux touffus, prenez-moi dans votre ombrage ami, et du haut de vos cimes, au jour de l'amour et du plaisir, inondez ma poitrine de baume et d'air frais.

Quels destins divers, ô montagne sublime! m'ont souvent ramené à tes pieds. Oh! laisse qu'aujourd'hui je voie en tes douces collines un nouvel Éden! je l'ai bien mérité de vous; le souci me travaille en silence, vous, cependant, vous verdoyez.

Laissez-moi oublier qu'ici encore le monde retient mainte créature dans les liens de la terre, que le paysan confie au sable fragile sa semence et cultive ses choux pour le hardi gibier, que l'ouvrier cherche dans les cavernes un pain avare, que le mineur frémit tandis que le chasseur tempête. Rajeunissez-vous pour moi, ainsi que vous l'avez souvent fait, comme si je commençais aujourd'hui une nouvelle vie.

Vous accueillez mes vœux et m'accordez ces rêves! Ils m'enchantent et réveillent en moi d'antiques rimes. Seul encore avec moi-même, éloigné de tous les hommes, que j'ai d'ivresse à me baigner dans vos émanations! De nouveau le sapin élevé bruit mélodieusement, mélodieusement la cascade se précipite, le nuage tombe, le brouillard s'affaisse sur le vallon, et la nuit et le crépuscule se font en même temps.

Dans la forêt obscure, à l'amoureuse clarté des étoiles, où donc est mon sentier que j'ai perdu sans crainte? quelles voix étranges dans le lointain? Elles retentissent en alternant autour du sommet de la roche. Et pour avoir le secret du prodige, je m'avance doucement comme un chasseur guidé par le cri du cerf.

Que vois-je? Est-ce un pays de fées? quel campement nocturne au pied de la montagne! en d'étroites huttes, recouvertes de bourrée, je les aperçois, joyeusement étendus autour du feu! L'éclat monte à travers les salles de verdure; sur un foyer bas cuit un repas grossier; ils plaisantent bruyamment, tandis que la bouteille, rapidement vidée, s'emplit de nouveau, et revient dans le cercle.

Dites, à qui comparer cette troupe gaillarde? d'où vient-elle? où se dirige-t-elle? Comme tout cependant en elle est singulier! dois-je la saluer? dois-je fuir? Est-ce la terrible cohorte des chasseurs fantastiques? sont-ce des gnomes qui viennent exercer ici leurs sortiléges? Je vois dans la feuillée se multiplier les petits feux. Je frémis, à peine si j'ose demeurer. Est-ce un repaire d'Égyptions suspects, un prince fugitif, comme dans le bois des Ardennes? Dois-je, égaré que je suis, trouver ici dans ces gouffres profonds les Esprits de Shakespeare incarnés? Oui, cette idée me conduit sur la bonne voie : ce sont eux, ou sinon une race semblable : un Esprit au milieu d'eux se démène sans frein, et je sens de nobles instincts à travers sa rudesse.

Comment le nommez-vous? quel est-il celui qui, là-bas accroupi, laisse aller ses larges épaules avec un air de négligence puissante? Paisible, il est assis tout auprès du foyer; mâle figure d'une antique souche de héros, il aspire avidement le tabac affectionné; la fumée qui monte enveloppe son front. Bon dans sa rudesse, il sait faire éclater la joie et le rire dans le cercle lorsqu'il parle gravement et d'un ton barbare et pittoresque dans un idiome étranger.

Quel est cet autre, appuyé sur un tronçon de l'arbre centenaire, qui, dans une indolence extatique, étend de tous côtés ses membres effilés et longs, et qui, sans que ses compagnons l'écoutent, prend sa volée aux régions de l'esprit, entonnant avec grande effusion un monotone cantique sur la danse des sphères célestes?

Cependant à tous quelque chose paraît manquer. Je les entends chuchoter entre eux pour ne pas troubler le sommeil d'un jeune homme qui, là-bas, à l'endroit où le vallon finit, doucement bercé par la cascade, repose dans une cabane légèrement construite, devant laquelle tremblote un dernier reste de feu. Si je me dirigeais vers cette grotte, mon cœur m'y pousse; je me glisse à pas silencieux, et me sépare des autres.

Salut à lui, qui, dans la nuit avancée, veille à méditer sur ce seuil! Que fais-tu là, éloigné de ces joies qu'ils goûtent? Tu sembles réfléchir à quelque grand sujet! D'où vient que tu te perds ainsi dans ta pensée, et négliges de raviver ton petit feu?

« Oh ! ne m'interroge pas, car je suis loin d'être disposé à satisfaire la curiosité d'un étranger ; je t'interdis même ta bonne volonté, c'est le temps de se taire et de souffrir. Je ne saurais même te dire d'où je suis, qui m'a envoyé ici. J'ai été poussé vers ce pays d'une zone étrangère, et les liens de l'amitié m'y ont retenu.

« Qui se connaît soi-même ? et qui sait ce qu'il peut ? L'homme vaillant n'a-t-il jamais tenté de téméraires entreprises ? et ce que tu fais, le jour de demain seulement te dira si c'était pour le bien ou pour le mal. Prométhée, voulant créer des dieux, ne versa-t-il pas sur l'argile la flamme céleste elle-même, et parvint-il à répandre autre chose que du sang terrestre dans les veines qu'il animait ? J'ai ravi à l'autel le feu pur, et ce que j'ai allumé n'est point la flamme pure ; la tempête accroît encore l'ardeur et le péril, je me damne sans chanceler.

« J'ai chanté le courage et la liberté, la droiture et la liberté sans frein, l'orgueil de soi-même et le bien-être du cœur, et je me suis acquis par là la faveur des hommes ; mais, hélas ! un dieu m'avait refusé l'art, le misérable art de me conduire sagement. Et me voilà désormais ici élevé à la fois et opprimé, innocent et puni, innocent et comblé !

« Mais parle doucement, car sous ce toit repose tout mon bien et toute ma misère : un noble cœur détourné par un destin inquiet du sentier de la nature, et qui désormais, sur la voie légitime, suit ses pressentiments tantôt luttant avec lui-même, tantôt avec des ombres imaginaires, et ce que le destin lui a donné par la naissance pense le conquérir à force de travaux et de sueurs. Nulle parole amie ne peut de son esprit faire tomber le voile, nul chant en apaiser les flots tumultueux.

« Qui peut, à la chenille rampante sur la branche, parler du fin tissu où plus tard elle s'enveloppe ; qui peut aider la chrysalide, gisante sur le sol, à rompre sa tendre coquille ? Le temps vient, elle-même alors se dégage, et ses ailes la portent dans le sein de la rose.

« A lui aussi les années donneront la légitime direction de ses forces. Dans son penchant profond pour le vrai, l'erreur est encore une passion pour lui; la curiosité l'entraîne au loin, nul roc n'est trop ardu pour lui, nul rebord trop étroit; la mauvaise fortune épie à son côté, et le précipite dans les bras du souci; alors son activité, douloureusement tendue, le pousse çà et là, et d'une agitation chagrine il se délasse dans le mécontentement. Sombre et farouche aux jours sereins, indomptable, mais sans joie, l'âme et le corps blessés, rompus, il sommeille étendu sur une rude couche; moi, cependant, immobile et respirant à peine, je demeure ici, les yeux tournés vers les libres étoiles, et, moitié éveillé, moitié plongé dans un sommeil pesant, d'un songe lourd je me défends à peine. »

Songe, dissipe-toi !

O Muses, que je vous remercie de m'avoir placé aujourd'hui dans un sentier où, d'un seul mot, je peux voir la contrée entière s'illuminer de l'éclat du plus beau jour !

Le nuage fuit, le brouillard tombe, les ombres ont disparu. A vous, dieux immortels, gloire et délices ! le vrai soleil brille à mes yeux, un monde splendide s'anime pour moi, le fantôme inquiétant s'est fondu dans l'air, c'est une vie nouvelle, une vie dès longtemps commencée.

Comme on se reconnaît dans sa patrie après un long voyage, je vois d'ici un peuple calme utiliser, dans une activité silencieuse, les dons qu'il tient de la nature. Le fil rapide va de la quenouille au métier agile du tisserand; la corde et la cuve ne languiront pas plus longtemps désormais au fond du puits abandonné; la fourberie est dévoilée, l'ordre revient et la prospérité se fonde, le bonheur terrestre !

Puisse-t-il, ô prince, ce coin de ton pays, être un

exemple de tes jours ! Tu connais dès longtemps les devoirs de ton rang et sais y conformer ton âme libre. Celui-là peut satisfaire à maint désir qui vit froidement avec soi-même et sa volonté ; mais qui prétend à diriger les autres doit savoir de beaucoup se priver.

Avance donc, — la récompense est haute ! — Marche, mais non en chancelant comme ce semeur, dont le grain, jouet frivole du hasard, tombait ici sur le chemin, là-bas dans les épines des buissons. Non, sème avec prudence en même temps qu'avec richesse, de la main assurée d'un homme, sème les bénédictions sur un sol vaillamment labouré ; puis, laisse faire, la moisson viendra et te comblera de bonheur toi et les tiens.

ÉLÉGIES

> Comme nous fûmes heureux, qu'ils l'apprennent
> aujourd'hui par vous!...

ÉLÉGIES ROMAINES.

QUATRIÈME PARTIE.

I

Parlez, pierres ! oh ! répondez, palais sublimes ! quartiers, dites un mot ! N'est-ce pas que tu te meus, ô génie ! Oui, tout est animé dans tes murailles saintes, Rome éternelle ; pour moi seul règne encore le silence. Oh ! qui me soufflera à quelle fenêtre je dois voir un jour la douce créature qui va me raviver en m'enflammant ! Je ne les flaire pas encore, les sentiers où mon temps précieux se consumera en allées et venues autour d'elle. Jusqu'ici je n'ai vu qu'églises et que palais, ruines et colonnades, tel qu'un voyageur prudent, jaloux d'utiliser son voyage. Mais bientôt, adieu tout cela ! Un temple unique alors subsistera pour moi, le temple de l'Amour prêt à recevoir l'initié. Oui, tu es un monde, ô Rome ! mais sans l'amour, le monde ne serait pas le monde. Rome elle-même ne serait pas Rome.

II

Honorez qui bon vous semble ! Maintenant enfin je suis au port ! Belles dames, et vous, messieurs du beau monde, informez-vous de l'oncle et du cousin, des vieilles cousines et des tantes ; que le jeu insipide succède à la conversation. Bon voyage, vous aussi, hôtes des grands et petits cercles qui m'avez si souvent mis à deux doigts du désespoir. Vous pouvez renouveler sans but chacune de ces discussions politiques qui poursuivent avec acharnement le voyageur à travers l'Europe. Ainsi la chanson de Malbrough poursuivit l'Anglais voyageur de Paris à Livourne, de Livourne à Rome, puis jusqu'à Naples en descendant, et eût-il fait voile vers Smyrne, Malbrough, là-bas encore, dans le port, la chanson de Malbrough l'eût accueilli. Ainsi, jusqu'à présent, je n'ai pu faire un pas sans ouïr partout le mécontentement dans le peuple, dans le conseil des rois! Maintenant, de longtemps, vous ne découvrirez l'asile que l'Amour, ce prince qui me couvre de sa royale protection, m'a ouvert. Là il m'enveloppe de son aile, là ma bien-aimée, au cœur de Romaine, ne craint rien du Gaulois furieux. Indifférente aux bruits du jour, elle épie avec sollicitude les désirs de l'homme auquel elle s'est donnée; elle se réjouit en lui, l'étranger libre et robuste, qui lui parle de neige et de montagnes et de maisons de bois, et, partageant la flamme qu'elle allume dans son cœur, s'applaudit de ce qu'il ne convoite pas l'or comme un Romain. Sa table désormais est mieux servie; elle ne manque ni de vêtements ni de voiture pour la conduire à l'Opéra. La mère et la fille sont heureuses de leur hôte du Nord, et le Barbare règne sur ce sein et sur ce corps romain.

III

Ne regrette pas, ma bien-aimée, de t'être livrée si promptement! Crois-le bien, je ne garde de toi nulle pensée impure et basse. Les flèches de l'Amour ont plus d'un effet : les unes égratignent, et du venin qui s'insinue, le cœur souffre de longues années; fortement empennées, armées d'un dard aigu et vif, les autres pénètrent dans la moelle, et, sur l'heure, enflamment le sang. Aux temps héroïques, lorsque dieux et déesses aimaient, le désir suivait le regard, la jouissance le désir. Crois-tu que la déesse de l'amour ait longtemps réfléchi quand, sous les bosquets d'Ida, Anchise, un jour, lui plut? Et Luna? si elle eût hésité, l'Aurore jalouse éveillait aussitôt le beau pâtre! Héro vit Léandre en pleine fête, et l'amant embrasé plonge dans la vague nocturne. Rhéa Sylvia, la royale jeune fille, va puiser de l'eau dans le Tibre, et le dieu s'empare d'elle. Ainsi Mars s'engendrait des enfants! — Une louve allaite des jumeaux, et Rome s'appelle la reine du monde.

IV

Nous autres amants nous sommes pieux, nous adorons en silence tous les démons, et cherchons à nous rendre propice chaque dieu et chaque déesse. Et par là nous vous ressemblons, ô vainqueurs romains! Vous aviez des temples pour les dieux de tous les peuples de la terre, soit que, roides et noirs, l'Égyptien les eût tirés de l'antique basalte, soit que, doués de grâce et de blancheur, un Grec les eût formés de marbre. Cependant, dieux immortels, ne vous irritez pas de nous voir répandre aux pieds d'une déesse le plus précieux de notre encens. Oui, nous le confessons volontiers, il en est une à laquelle s'adressent de préférence nos prières, notre culte de tous les jours. Éveillés et fervents, nous célébrons sous cape de secrètes fêtes; le silence convient à tout initié. Avant que nos actions criminelles n'eussent attiré les Furies sur nos pas, nous aimions mieux nous exposer à subir sur le roc la terrible justice de Zeus que de soustraire notre âme à ce culte charmant. La déesse dont je parle s'appelle l'Occasion; apprenez à la connaître. Souvent elle vous apparaît, et toujours sous une forme différente : on la dirait issue des amours de Protée avec Thétis, dont la race, habile à se déguiser, trompa plus d'un héros. Ainsi désormais la fille trompe l'homme sans expérience, l'homme simple. Dormez-vous, elle vous agace; veillez-vous à l'attendre, elle file à tire-d'aile presque sous vos yeux. Volontiers elle ne se donne qu'à l'homme fort et qui sait la saisir; pour celui-là, elle est docile, enjouée et douce. A moi aussi, un jour, elle m'est apparue, brune jeune fille; ses cheveux noirs ruisselaient sur son front, et tandis que de molles boucles battaient son joli cou, ses cheveux dénoués flottaient à sa nuque, je ne la méconnus pas. Je l'arrêtai dans sa course rapide, et bientôt la charmante, sans plus s'effaroucher, me rendit mes embrassements et mes baisers. O ravissement de cette heure! — Mais silence! le temps n'est plus, et vous m'enlacez, longues tresses de Rome.

V

Un saint enthousiasme m'anime sur ce classique sol; le monde passé, le monde contemporain, me parlent à voix haute et m'attirent. Ici je poursuis la pensée, je feuillette les œuvres des anciens sans que ma main se repose et tant que dure le jour, avec des jouissances nouvelles. La nuit, l'amour m'appelle à d'autres soins; et si je ne suis savant qu'à demi, je suis deux fois heureux. Et ne puis-je pas dire aussi que je m'instruis lorsque j'épie les formes du sein amoureux, lorsque je laisse errer ma main le long des hanches? Alors seulement je comprends le marbre, je pense et compare, je vois d'un œil qui touche, je touche d'une main qui voit. Si la charmante me dérobe quelques heures du jour, elle me donne les heures de la nuit en dédommagement. On ne s'embrasse pas sans cesse, on cause aussi d'un ton raisonnable; et si le sommeil la prend, je me couche et me mets à penser. Souvent j'ai rimé dans ses bras; souvent, d'un doigt badin, j'ai compté doucement sur son dos le nombre de l'hexamètre. En son gentil sommeil, elle respire, et son haleine me pénètre et m'embrase dans le plus profond de mon sein. Cependant Amour alimente la lampe, et rêve au temps qu'il rendait le même service aux triumvirs.

VI

« Peux-tu bien, cruel, m'adresser de semblables reproches? Les amoureux chez vous parlent-ils avec tant d'amertume et de rudesse? Quand la voix publique m'accuse, je le supporte. Ne suis-je pas un peu coupable? oui, coupable, mais seulement avec toi! Ces habits sont, pour la voisine envieuse, des témoignages que la veuve a cessé de pleurer son époux dans l'isolement. N'es-tu pas, sans prévoyance, venu maintes fois au clair de lune, dans un surtout foncé, tes cheveux attachés en rond par derrière? N'as-tu pas, en badinant, choisi pour te déguiser l'habit ecclésiastique? Que ce fût un prélat, j'y consens, mais le prélat, c'était toi. Dans la Rome pontificale, à peine on le croira; mais, je le jure, jamais un prêtre n'a joui de mes embrassements. J'étais pauvre, hélas! et jeune, et bien connue des suborneurs. Falconieri m'a souvent lorgnée dans les yeux, et un entremetteur d'Albani, par toutes sortes d'offres engageantes, a voulu m'attirer soit à Ostie, soit aux quatre puits. Mais qui ne vint pas, ce fut la jeune fille. Ainsi j'ai toujours eu dans le fond de l'âme les bas rouges en aversion et les bas violets aussi. Car, « vous autres fillettes, vous finissez toujours par rester dupes, » disait mon père, bien que ma mère en prît à son aise. Et moi aussi je suis trompée en fin de compte; tu ne me querelles que pour la forme, parce que tu songes à me quitter. Va! vous n'êtes pas dignes des femmes! Nous portons l'enfant dans notre sein, nous y portons aussi la foi; mais vous, hommes, avec votre force et vos désirs, vous secouez l'amour même dans vos embrassements. » — Ainsi parla mon amoureuse; et, prenant son petit sur une chaise, elle le pressa contre son cœur en l'embrassant; ses yeux ruisselaient de larmes, et moi, je demeurai honteux que des hommes méchants eussent pu, par leurs discours, me flétrir cette aimable figure! Le feu pour un moment brûle sombre et fume, lorsque l'eau, tombant tout à coup, enveloppe l'ardent brasier; mais bientôt celui-ci se dégage, et, chassant les vapeurs caligineuses, jette avec puissance une flamme nouvelle et plus vive.

VII

Que je me sens heureux dans Rome, lorsque je pense aux temps où, dans le Nord, un jour grisâtre m'enveloppait, où le ciel trouble et lourd, s'appesantissait sur ma nuque! — le monde gisait là sans couleur et sans forme; et moi, cherchant à m'élever au-dessus de mon propre moi, à sonder les sombres labyrinthes de l'esprit agité, je tombais en de silencieuses méditations. Maintenant l'éclat de son éther plus pur inonde mon front. Phébus, le dieu, évoque formes et couleurs. La nuit resplendit étoilée, résonne de molles chansons, et la lune m'éclaire, plus vive que le jour du Nord. Que de volupté pour moi, mortel! Est-ce un rêve? O Jupiter! ton palais d'ambroisie s'ouvre-t-il à ton hôte? Ah! je me prosterne ici et tends vers tes genoux mes mains suppliantes! O Jupiter Xenie, entends-moi! Comment j'ai fait pour me trouver ici? je ne saurais dire. Hébé aura saisi le passant pour l'emporter dans l'enceinte sacrée. Lui as-tu ordonné de t'ammener quelques héros? La déesse se serait-elle trompée? Pardonne! laisse-moi le profit de l'erreur! Ta fille, la Fortune! elle aussi prodigue ses plus beaux dons à la manière des jeunes filles, selon que son caprice la dirige. N'es-tu pas le dieu hospitalier? Oh! ne me repousse pas alors de ton Olympe vers la terre! «Poëte! où donc t'élèves-tu?» — Pardonne! le mont Capitolin sublime est pour toi un second Olympe. Souffre-moi ici, Jupiter, et que Hermès ensuite doucement me conduise à l'Orcus en passant devant le tertre de Curtius.

VIII

Quand tu me dis, mon amour, que tu ne plaisais pas dans ton enfance aux hommes, et que ta mère t'a dédaignée jusqu'à ce que tu sois devenue grande, jusqu'à ce que tu te sois développée en repos, je le crois : je me figure volontiers voir en toi un enfant singulier. Si la forme et la couleur manquent à la fleur de vigne, quand la grappe a mûri, hommes et dieux s'en réjouissent.

IX

A une bonne cheminée du pays brûle un feu d'automne; la flamme vive éclaire et monte en pétillant du fagot. Ce soir, j'en ressens plus de joie, car avant que le bois ne tombe en braise sous la cendre, ma gentille enfant va venir. Alors flammes et braises s'embrasent, et la nuit échauffée nous devient une fête brillante. Puis au matin, de bonne heure, empressée, elle quitte le gîte de l'amour et ravive de nouveau les flammes sous la cendre; car, avant tout, la friponne a reçu de l'Amour le don de réveiller la joie qui semblait vouloir s'en aller en cendres.

X

Alexandre et César, Henri et Frédéric les grands, me donneraient volontiers la meilleure partie de la gloire qu'ils ont acquise pour une nuit passée dans cette couche; mais, les malheureux, l'Orcus ne les lâchera pas. Réjouis-toi donc, ô vivant! de cette place échauffée par l'amour avant que le fatal Léthé ne baigne ton pied fugitif!

XI

Sur votre autel, ô Grâces! le poète dépose ses rares

feuillets, content s'il y ajoute quelques boutons de roses. Il faut au statuaire son atelier qui s'anime autour de lui comme un Panthéon. Jupiter penche son front divin, Junon le relève; Apollon marche en avant et secoue sa tête bouclée; Minerve sèchement baisse la vue; l'agile Hermès jette de côté un regard malin à la fois et tendre; mais, vers Bacchus, l'efféminé, le rêveur, Cythérée lève des yeux pleins de molle langueur, dans le marbre même encore humides; elle se souvient volontiers de ses embrassements, et semble dire : Notre auguste enfant ne devrait-il pas être près de nous?

XII

Entends-tu, ma mie, ces cris joyeux le long de la voie Flaminienne? Ce sont des moissonneurs qui retournent chez eux, au loin; ils ont fauché la moisson du Romain qui dédaigne de tresser lui-même la couronne de Cérès. Plus de fête désormais en l'honneur de la grande déesse qui remplaça le fruit du chêne par le froment doré. Célébrons sans fruit cette journée ensemble. Deux amants sont pour eux tout un peuple réuni. N'as-tu pas entendu parler de ces mystères qui suivirent le vainqueur jusqu'ici? Les Grecs les fondèrent, et même, dans les murs de Rome, les Grecs seuls criaient chaque fois : « Venez à la nuit sacrée! » Bien loin se retirait le profane, et le cœur battait alors au néophyte ardent, qu'une blanche robe entourait, signe de pureté. Ensuite il errait, le novice, à travers des cercles étranges formés de bizarres apparitions; il lui semblait marcher en rêvant : car là des serpents se roulaient sur le sol, là des jeunes filles, couronnées d'épis de blé, portaient des cassettes fermées; les prêtres gesticulaient en psalmodiant; impatient, agité, le néophyte aspirait après la lumière, et seulement, après mainte épreuve et mainte expérience, on lui révélait ce que le cercle sacré cachait dans ses signes mystérieux.

Et ce secret, quel était-il ? Démétria, la grande, éprise un jour d'un héros, de Jason, le vaillant monarque des Crétois, lui livra les trésors de son corps immortel. Par là, Crète fut heureuse ! De la couche féconde les épis ruisselèrent, et le sol ploya sous le faix des moissons. Mais le reste du monde languit, Cérès négligeant dans les voluptés de l'amour sa vocation auguste. Plein de l'étonnement du prodige, le néophyte écoutait la légende et clignait de l'œil à sa maîtresse. — Comprends-tu maintenant le signe du regard, ô ma mie ! Tiens, ce myrte épais ombrage une place sacrée, et notre volupté ne menace en rien le monde !

XIII

Amour est un fripon, et qui se fie à lui sera trompé ! Il vint à moi d'un air cafard : « Cette fois encore, laisse que je te dirige, je te parle à cœur ouvert ; tu m'as voué ta vie et ton génie, et je t'en sais gré. Vois, je t'ai suivi jusqu'à Rome, et je ferai volontiers sur le sol étranger quelque chose qui te soit agréable. Tout voyageur se plaint de trouver mauvaise auberge ; celui que l'amour accueille, celui-là est richement hébergé. Tu contemples avec étonnement les débris des anciens édifices, et mesures d'un front pensif ces espaces sacrés ; mais bien davantage tu honores les restes précieux du travail de ces statuaires uniques que j'ai visités tous dans l'atelier. Ces formes, c'est moi-même qui les ai formées ! Pardonne, cette fois je parle sans jactance, et tu avoueras que ce que je dis est vrai. Maintenant que tu négliges mon culte, où sont les belles formes, où sont les couleurs et l'éclat de tes inventions ? Mais si tu penses à te remettre à l'œuvre, ami, l'école des Grecs est encore ouverte, les temps n'en ont pas clos la porte. Moi, le maître, je suis éternellement jeune, et j'aime la jeunesse. Que tu me déplais avec tes airs de vieux sage ! Courage donc ! et comprends-moi bien ! L'antique était nouveau pourtant lorsque vivaient ces mortels heureux ! Vis heureux, et qu'en toi réside ainsi le passé ! L'étoffe de tes chants, où l'as-tu prise jusqu'ici ? je te la donnerai, et l'amour, l'amour seul t'apprendra le sublime ! » Ainsi parla le sophiste. Qui l'eût contredit ? Hélas ! j'ai pris le parti d'obéir quand le maître commande. — Désormais le traître tient parole ; il me donne des motifs pour mes chants, mais aussi il me vole mon temps, ma force, et tout jusqu'à ma pensée. Regards, étreintes de mains et baisers, paroles du cœur, syllabes d'un sens ineffable, échange éternel d'un couple amoureux ! Ici les soupirs sont causerie, les bégaiements discours amoureux, et notre hymne s'exhale sans prosodie. — Aurora ! toi que jadis j'invoquais comme l'amie des Muses ! Aurora ! toi aussi, ce fripon d'Amour t'a subornée ! et tu ne m'apparais plus désormais que comme sa compagne, et tu m'éveilles à son autel pour un jour de plaisir. — Les flots de ses cheveux inondent ma poitrine, sa jolie tête, encore endormie, presse mon bras qui se roule autour de son cou ! — Réveil divin ! vous conservez pour moi, heures paisibles, le souvenir des voluptés qui nous berçaient dans le sommeil !

. . . .
. . . .

Ma main presse la sienne, et ses yeux divins se rouvrent ! — Oh ! non, laissez-moi reposer dans la contemplation, restez fermés ! Vos regards me troublent et m'enivrent ! vous m'arrachez trop tôt aux paisibles jouissances de la pure contemplation ! — Quelle grandeur dans les formes ! quels membres noblement tournés ! Si dormait ainsi Ariane, ô Thésée ! comment pouvais-tu fuir ? Un seul baiser sur ces lèvres, ô Thésée ! essaye maintenant de t'échapper ! Vois ses yeux ! elle s'éveille ! — C'en est fait, tu ne t'éloignes plus.

XIV

Enfant, allume-moi la lampe! — « Y pensez-vous, il fait jour encore; c'est vouloir user l'huile à plaisir. Ne fermez donc pas les volets! le soleil a disparu derrière les maisons, mais non pas derrière la montagne. Il s'en faut encore d'une demi-heure que la nuit soit sonnée. » — Malheureux, obéis et va! J'attends ma fillette! et toi, cependant, tiens-moi compagnie, ô ma lampe, douce messagère de la nuit!

XV

Ce n'est pas moi qui jamais eusse suivi César chez les lointains Bretons; Florus m'aurait plutôt entraîné chez Popine! car je hais moins l'insecte importun du Midi que les brouillards du triste Nord. Salut donc aujourd'hui, ô tavernes, *Osterie*, comme le Romain vous a si bien nommées! salut! vous m'offrez aujourd'hui ma maîtresse accompagnée de son oncle, que la chère enfant décide toujours à m'inviter. Ici se dressait notre table, familièrement entourée d'Allemands; et la mignonne, en cherchant une place à côté de sa mère, tourna vingt fois la chaise, et fit si bien que j'avais son visage de profil, et plongeais en plein dans son cou. Elle parlait plus haut qu'ici ne font les Romaines, goûtait à tout, et, les yeux tournés vers moi, remplissait son verre avec gaucherie. Le vin ruisselait sur la table, elle alors, de son joli doigt, dessinait sur le bois des cercles d'humidité. Je la voyais enlacer mon nom au sien; mon œil, de plus en plus ardent, s'attachait à son petit doigt, et l'espiègle le remarquait bien. Enfin, elle ébaucha rapidement le signe Cinq en romain, avec un petit trait devant, puis, aussitôt que je l'aperçus, multiplia cercle sur cercle effaçant les lettres et les chiffres; mais le précieux Quatre me restait toujours gravé dans l'œil. Cependant je demeurais assis, et mordais mes lèvres jusqu'au sang, moitié par malice et badinage, moitié par désir. Que de temps jusqu'à la nuit! puis encore attendre quatre heures! Divin soleil, tu t'attardes à contempler ta Rome; jamais tu n'as rien vu, jamais tu ne verras rien de plus grand, ton prêtre Horace l'a dit dans son enthousiasme. Mais aujourd'hui, par grâce, ne t'arrête pas, et consens à détourner plutôt tes regards de la ville aux sept collines. Abrége, pour l'amour d'un poëte, ces heures magnifiques dont le peintre jouit d'un œil avide; jette vite un dernier regard de feu sur ces façades sublimes, sur ces coupoles, ces colonnes et ces obélisques, et plonge-toi promptement dans la mer pour revoir demain de bonne heure, spectacle auguste que les siècles te donnent, ces rivages humides si longtemps peuplés de roseaux, ces hauteurs que des arbres et des bois couvraient d'une ombre épaisse. Quelques rares cabanes s'y montrèrent d'abord; puis, tout à coup, tu les vis s'animer d'un peuple fourmillant d'heureux bandits. Ils entraînèrent tout sur cette place; à peine si le reste du monde fut désormais digne de ton regard. Ici tu vis un monde s'élever, puis un monde crouler, et de ses débris surgir un autre monde plus grand peut-être encore! Pour que je le contemple longtemps, illuminé de tes rayons, que la Parque prudente dévide lentement le fil de mon existence, mais qu'elle hâte l'heure chérie du rendez-vous. — O joie! ne viens-je pas de l'entendre? Non, mais trois heures sonnent. Ainsi, Muses adorées, vous avez trompé la longueur des instants qui me séparaient de ma mie. Adieu, je pars, et sans crainte de vous blesser; car, ô superbes! vous cédez le pas à l'Amour.

XVI

« Pourquoi, cher bien-aimé, n'es-tu pas venu aujourd'hui à la vigne? Seule, comme je te l'avais promis, je t'attendais en haut. » — J'y étais déjà, ma chère, lorsque, par bonheur, j'ai aperçu près des souches ton oncle qui se démenait de tous côtés. Je me suis échappé en toute hâte ! — Oh ! quelle erreur t'a pris là ; tu fuyais devant un épouvantail ! Nous fabriquions ensemble un mannequin avec de vieilles hardes et des bâtons, et moi, je l'aidais activement, à me nuire à moi-même empressée. Maintenant le vieux a ce qu'il souhaite ; il effraye aujourd'hui l'oiseau malin qui lui a dérobé ses fruits et sa nièce.

XVII

Bien des bruits me sont odieux ; mais c'est surtout l'aboiement des chiens que j'exècre, car il me rompt la tête. Il est un chien pourtant que j'aime entendre, le chien du voisin ; il aboyait jadis à ma maîtresse, lorsqu'elle se glissait en cachette vers moi, et trahit presque nos secrets. Maintenant, dès que j'entends sa voix, je pense toujours : Elle vient ! ou je rêve au temps où je l'attendais.

XVIII

Une chose m'ennuie par-dessus tout, une autre me révolte, au point que la seule idée m'en fait venir la chair de poule. Je veux vous l'avouer, amis, c'est un ennui pour moi de coucher seul ; mais ce qui me révolte, c'est d'avoir à redouter des serpents sur le chemin de l'amour, du poison sous les roses de la volupté, lorsque, dans le moment si doux du plaisir qui se livre, le Souci s'avance en chuchotant vers votre tête qui se ploie. C'est pourquoi Faustine fait mon bonheur ; elle vient à moi volontiers, et garde avec scrupule sa foi à son amant fidèle. Si la jeunesse ardente aime un obstacle qui l'irrite, moi, j'aime à jouir longuement et sans contrainte d'un bien assuré. O bonheur ! nous échangeons franchement nos cœurs, et l'un dans l'autre respirons le souffle et l'existence. Ainsi, nos longues nuits se passent dans les délices ; ainsi, pressés l'un contre l'autre, sein contre sein, nous épions la tempête, et l'orage, et la pluie; et quand l'aurore vient nous surprendre, les heures apportent avec elles de nouvelles fleurs, et parent la journée pour nous d'un air de fête. Ne m'enviez pas mon bonheur, ô Quirites! et que Dieu l'accorde à chacun, ce bien de tous les biens du monde, le premier et le dernier aussi!

XIX

C'est chose difficile que de se conquérir un beau nom; car, je le sais, la Renommée et l'Amour, mon maître, sont en guerre. Savez-vous ce qui fit qu'ils se haïssent l'un l'autre? Ce sont là de vieilles histoires, et je vais vous les dire. Toujours la puissante déesse; elle finit par devenir insupportable, car elle affecte volontiers le ton dominateur, et c'est ainsi que dans les banquets de l'Olympe, au grand comme au petit, sa voix d'airain la rendait odieuse. Un jour, dans sa présomption, elle se vanta d'avoir asservi l'auguste fils de Jupiter. « Mon Hercule, s'écriait-elle triomphante, ô père des dieux! je le ramènerai devant toi transfiguré. Hercule n'est plus l'enfant que t'a donné Alcmène; s'il regarde vers l'Olympe, tu crois peut-être qu'il cherche tes genoux puissants; pardonne! c'est moi, moi seule qu'il contemple dans l'éther, ce héros. C'est pour me mériter que son pied vaillant s'engage dans les âpres sentiers que nul mortel n'a foulés; aussi je vais à sa rencontre et je glorifie son nom, même avant l'action entreprise. Un jour, tu dois m'unir à lui; je veux qu'il soit à moi, le vainqueur des Amazones, et je le nommerai avec joie mon époux. » Tout se tut, nul n'osait irriter la superbe; car son courroux forge aisément des monstres. Cependant elle n'aperçut pas l'Amour, qui, se glissant tout près du héros, eut peu à faire pour le soumettre à l'empire de la beauté. Lui alors déguise son couple : sur les épaules de la femme il attache la peau de lion, et non sans efforts lui apporte aussi la massue ; puis, semant de fleurs les cheveux hérissés du héros, il offre la quenouille à sa main, qui se fait à ce badinage. Le plaisant groupe ainsi arrangé, il remonte à l'Olympe et se met à crier partout : « De grandes choses sont arrivées ! jamais la terre ni le ciel, jamais l'infatigable soleil dans sa course éternelle, n'ont vu rien de pareil. » Tous s'empressent ; on croit au discours du malin enfant, car il a gardé son sérieux, et la Renommée, elle non plus, ne reste pas en arrière. Qui se réjouit de voir le héros si profondément abaissé ? vous le devinez, ce fut Junon. L'Amour y gagna un bienveillant sourire ; mais la Renommée, quelle confusion était la sienne, quel trouble et quel désespoir ! D'abord elle en plaisanta ; « ah ! masques ! dieux immortels, ce sont des masques ! Je connais trop bien mon héros ! Les tragodes se moquent de nous ! » Mais bientôt elle vit avec douleur que c'était lui. Vulcain n'éprouva pas la millième partie de son dépit en surprenant sous les mailles sa femme et son robuste amant, lorsque l'intelligent filet les saisit au moment favorable, prompt à enlacer leurs membres enlacés, ferme à les emprisonner dans leur volupté. Les jeunes Olympiens, Mercure et Bacchus en étaient dans le ravissement ; l'un et l'autre trouvait que c'était là une belle idée, de vouloir reposer sur le sein de cette auguste femme, et suppliaient Vulcain de différer, de les laisser un peu voir davantage ; et le vieux fut ainsi cocu, et les réunit plus étroitement l'un à l'autre. — Or, la Renommée, étouffant de colère, quitta soudain la place. Depuis ce temps, entre Elle et l'Amour les hostilités n'ont jamais eu de trêve. Dès qu'elle se choisit un héros, aussitôt voilà le malin enfant à ses trousses ; il s'entend au mieux à lui ravir qui l'honore, et c'est au plus moral qu'il réserve les plus dangereuses atteintes. Prétendez-vous lui échapper, il vous conduira de mal en pis, et qui dédaigne follement la jeune fille qu'il lui offre, peut s'attendre à se sentir piquer d'horribles flèches. Il irrite l'homme pour l'homme, engendre le désir des animaux; qui a honte de lui souffrira le premier, car il sème pour l'hypocrite une âpre jouissance dans le crime et l'obstacle. Mais la déesse, elle aussi, le suit des yeux et des oreilles; qu'elle le surprenne une seule fois auprès de vous, c'en est assez pour qu'elle vous déclare la guerre. Aussitôt son regard sévère se fixe sur vous, ses airs dédaigneux vous accablent, et sa haine acharnée diffame la maison qu'il hante. Ainsi il en est de moi : déjà je souffre un peu; la déesse jalouse s'enquiert de mes secrets. Mais c'est une ancienne loi : je me tais et m'incline. Les Grecs ont payé la querelle des dieux, moi aussi.

XX

Si la force décore l'homme, la force et la hardiesse, combien peut-être un mystère profond lui sied encore davantage ! Discrétion, preneuse de villes ! Discrétion, reine des peuples; chère déesse qui m'as conduit d'un pas sûr à travers la vie ! Quel destin est le mien ! La Muse en badinant dénoue ma langue; le fripon d'Amour fait de même. Ah ! c'est déjà une tâche si difficile de cacher la honte des rois ! Ni la couronne ni le bonnet phrygien ne couvrent l'oreille allongée de Midas. Le premier serviteur s'en aperçoit, et le secret l'agite et pèse aussitôt sur sa poitrine. Volontiers, pour se soulager, il l'enfouirait dans la terre; mais la terre ne garde point de pareils secrets. Des roseaux poussent et murmurent et chuchotent au vent : Midas ! le roi Midas a des oreilles d'âne ! Quelle peine n'est-ce donc pas pour moi de garder un divin secret ! Ah ! l'ivresse du cœur déborde si facilement des lèvres ! je n'ose le confier à aucune femme, elle me raillerait; à aucun ami, un ami serait peut-être dangereux. Enfin, pour le conter au feuillage, à la grotte sonore, si je ne suis pas assez jeune, pas assez solitaire, à toi, Hexamètre, à toi Pentamètre, je le livre. Sachez combien elle embellit mes jours, combien elle enchante mes nuits! Recherchée de tous, elle évite les piéges que l'homme entreprenant lui dresse effrontément, le rusé en cachette; avisée et charmante, Elle file devant, et connaît les sentiers où l'amant qui guette à coup sûr l'accueille avec ardeur... O lune! elle vient, tarde encore, de peur que le voisin ne l'aperçoive; chuchote dans les feuilles, brise du soir, afin que nul ne surprenne son pas! Et vous, croissez et fleurissez, chants bien-aimés; bercez-vous dans la si douce haleine d'un air tiède et amoureux, et révélez enfin aux Quirites comme ces roseaux jaseurs, le secret divin d'un couple heureux.

ÉLÉGIES

II

ALEXIS ET DORA.

Ah! d'instants et instants le rapide navire avance à travers la plaine écumante; la quille trace au loin son sillon, où les dauphins suivent en bondissant, comme si leur proie s'enfuyait. Tout annonce un heureux passage, le nautonier paisible s'appuie doucement contre la voile qui travaille pour tous; l'esprit des voyageurs flotte en avant comme les banderoles. Un seul reste en arrière, et, tournant tristement le dos au mât, voit les montagnes déjà bleues s'abîmer dans la mer, et toute joie s'efface pour lui. Toi aussi, ô Dora! tu viens de voir disparaître le navire qui t'enleva ton Alexis, ton ami, ah! ton fiancé; toi aussi tu regardes en vain de mon côté! Hélas! nos cœurs battent encore l'un pour l'autre; mais non plus désormais l'un contre l'autre. Seul instant où j'ai vécu, tu pèses plus dans la balance que tous mes autres jours écoulés jusque-là dans l'indifférence. Oh! seulement à cet instant, le dernier, une vie nouvelle en toi, et que je n'avais pas soupçonnée, m'est descendue des cieux. En vain l'Éther se transfigure à ta lumière, ta splendeur universelle, ô Phébus! m'est odieuse désormais. Je veux rentrer en moi; je veux repasser en silence le temps où chaque jour elle m'apparaissait. Est-il bien possible que tu aies vu la beauté sans la sentir? Le charme céleste ne pouvait donc rien sur ton cœur émoussé? Ah! malheureux, ne t'accuse pas! — Ainsi le poëte propose à tout un cercle une énigme qu'il enlace à plaisir de broderies littéraires, chacun d'abord admire l'étrange, l'élégant tissu, mais le mot manque, le mot qui recouvre le sens. Est-il à la fin dévoilé, tous les cœurs alors s'épanouissent, et trouvent dans la pensée un double plaisir. Ah! le bandeau que tu m'avais lié sur les yeux, Amour, pourquoi me l'avoir arraché si tard? Déjà, depuis longtemps, le navire frété n'attendait plus qu'un vent favorable; enfin, la brise se leva soufflant du rivage à la mer. Vaines heures de jeunesse! vains songes d'avenir, vous avez disparu; il ne reste pour moi que cet instant unique. Oui, il me reste, ce bonheur me reste; je t'ai retenue, ô Dora, et l'espérance ne me laisse voir que ton image chérie! Souvent je t'avais vue aller au temple, parée et modeste, et ta mère marchait près de toi d'un air de fête. Accorte et légère, tu portais les fruits au marché, et quand tu revenais du puits, il fallait voir comme ta tête berçait l'amphore vaillamment! Là ton joli cou brillait entre tous; là brillait surtout la décence de tes mouvements. Que de fois j'ai tremblé de voir crouler la cruche; mais elle tenait ferme sur le fichu roulé. Belle voisine, oui, je m'étais accoutumé à te voir comme on voit les étoiles, comme on contemple la lune; on en jouit, mais sans que le moindre désir s'agite au fond de l'âme de les posséder. Ainsi, ô mes années, vous vous êtes écoulées. A peine si vingt pas séparaient nos maisons, et je n'ai jamais effleuré le seuil de la tienne; et maintenant l'horrible flot nous sépare. Tu n'as qu'un faux semblant du ciel! ô vague! ton azur limpide a pour moi la couleur de la nuit. — Déjà tout s'émouvait; un enfant accourut à la maison de mon père, et m'appela vers le rivage... Déjà la voile se déploie et voltige au vent, disait-il ; déjà levée avec force, l'ancre se sépare du sable. Viens, Alexis, oh! viens! Alors mon digne père me bénit, pressant ma tête bouclée de sa main vénérable, et ma mère me tendit avec sollicitude un paquet tardivement préparé : « Reviens heureux, s'écrièrent-ils, heureux et riche. » Et je m'élançai dehors ainsi ; mais, en descendant vers les remparts, je te trouvai debout sur la porte de ton jardin. Tu souriais, et me dis : « Alexis, ces gens qui font du bruit là-bas sont-ils donc tes compagnons de voyage? Tu vas maintenant visiter les côtes étrangères, acquérir de précieux objets, parures des riches matrones de la ville. Rapporte-moi aussi une petite chaîne, je veux te la payer avec reconnaissance : j'ai tant de fois souhaité ce bijou ! » Je m'étais arrêté, et commençais à la manière des marchands par t'interroger sur la forme et le poids de ta commande. Tu calculais le prix modestement! cependant je regardai ton cou, digne de la parure de notre reine. Les clameurs qui partaient du navire augmentaient. Alors, d'une voix amie : « Prends encore avec toi quelques fruits du jardin, me dis-tu, prends les oranges les plus mûres, les blanches figues! la mer ne porte point de fruit, tout pays n'en produit pas. » Et moi j'entrai... Tu t'empressas de me choisir des fruits, et le fardeau doré faisait tendre les plis de ta jupe retroussée. J'avais beau à chaque instant demander grâce et te dire : « Maintenant c'est assez ; » toujours, encore un fruit plus beau doucement effleuré te venait dans la main. Enfin tu courus vers le feuillage; là se trouvait une corbeille, et le myrte en fleur courba son arc au-dessus de nous. Alors tu te mis en silence à disposer artistement les fruits; d'abord l'orange, globe d'or, maintenue par sa pesanteur, puis les molles figues que toute pression dégrade, et le myrte pour couvrir et décorer le présent ! Mais j'oubliais de le soulever; je restais là debout! Nous nous regardâmes l'un l'autre dans les yeux : ton regard me troubla jusqu'au fond de l'âme; je sentais ton sein contre le mien! mon bras enlaçait ta jolie nuque et je baisai mille fois ton cou; ta tête s'affaisa sur mon épaule, alors tes bras chéris nouèrent la chaîne autour du bienheureux; je sentis l'étreinte de l'amour : il nous serrait ensemble avec puissance. Trois fois dans l'éther pur le tonnerre roula. Une larme rapide s'échappa de mes yeux; tu pleurais, je pleurai, et de peine et de bonheur, il nous sembla que l'univers croulait. De minute en minute les clameurs du rivage augmentaient; mes pieds refusaient de me porter, je m'écriai : Dora! et tu n'es pas à moi! — Pour l'éternité! soupiras-tu. — On eût dit qu'une brise divine aspirait les larmes de nos yeux. J'entendais une voix de plus en plus proche appeler : Alexis! En ce moment l'enfant qui me cherchait regarda à travers la porte. Comment il reçut la corbeille, et m'entraîna; comment une dernière fois encore j'étreignis ta main; comment j'arrivai jusqu'au navire, je l'ignore. J'avais l'air d'un homme ivre, mes compagnons le pensèrent ainsi. On épargna le malade et les vapeurs de l'éloignement couvrirent la ville. — Pour l'éternité! soupiras-tu, Dora! et cette parole retentit toujours à mon oreille avec le tonnerre de Zeus! Oui, près du trône en ce moment se tenait sa fille, la déesse de l'amour, ayant les Grâces à ses côtés! Notre alliance a la sanction des dieux! Vogue donc rapidement, ô navire, et que tous les vents te soient favorables! Avance, quille puissante! sillonne les flots écumants, porte-moi sur la rive étrangère! Que l'orfèvre en son atelier façonne aussitôt le céleste gage. Oui, je l'atteste, la chaînette sera une chaîne, et, flexible, neuf fois se roulera autour de ton cou. J'aurai en outre des parures et des plus variées; je veux que de riches bracelets ornent aussi ta main, que le rubis y rivalise avec l'émeraude; que le doux saphir s'y oppose à l'hyacinthe et que l'or enserre la pierre précieuse en une splendide monture. Oh ! combien c'est une joie unique pour un fiancé de parer sa maîtresse ! Si je trouve des perles, aussitôt je pense à toi, et chaque anneau rend présente à mon idée la douce image de ta main effilée ; je veux acheter et troquer, tu choisiras dans le tout ce qu'il y aura de plus précieux ; je vouerai volontiers à toi seule l'entière cargaison. Mais ce ne sont pas seulement les parures et les joyaux que ton bien-aimé te donnera : ce qui réjouit une bonne ménagère, il te l'apportera aussi. De fins tissus de laine à franges de pourpre pour préparer la couche honnête qui nous recevra mollement, des pièces de lin précieux. Tu es assise à ton ouvrage et tu couds et nous habilles, toi, moi et un troisième avec. Fantômes d'espérance, vous abusez mon cœur ! Modérez, ô dieux, cet incendie puissant qui se déchaîne dans mon sein ! et cependant cette volupté douloureuse, je la regrette chaque fois que le souci glacé, horrible, s'approche de moi. Non, les torches des Furies, l'aboiement des chiens infernaux effrayent moins le criminel errant dans les campagnes du désespoir, que ce spectre impassible qui me fait voir de loin ma bien-aimée : la porte du jardin est ouverte encore ! un autre y entre ! Pour lui tombent aussi les fruits ; à lui aussi la figue donne son miel nourrissant ; lui aussi ne l'attire-t-elle pas vers le feuillage ? La suivra-t-il ? Dieux immortels, faites que je devienne aveugle ; effacez en moi l'image du souvenir : elle est jeune fille ! et celle qui se donne ainsi rapidement à l'un retourne aussi vite vers l'autre. Ne ris pas cette fois des serments effrontément rompus ; ô Vénus ! que ta foudre gronde plus terrible ! frappe ! Répands tes éclairs, dirige sur moi la nuée incertaine, et qu'au sein de la nuit ténébreuse ta foudre étincelante brise ce mât infortuné. Disperse en éclats les planches du navire ; que ces marchandises deviennent la proie des vagues en courroux et moi celle du dauphin. — Assez, Muses, assez ; vous prétendez vainement peindre comment le désespoir et le bonheur se succèdent dans un cœur amoureux. Vous êtes impuissantes à guérir les blessures que l'Amour a faites; mais de vous seules, ô déesses, vient le soulagement!

LE NOUVEAU PAUSIAS

ET SA BOUQUETIÈRE [1].

Mai 1799.

ELLE.

Amoncelle les fleurs à mes pieds et aux tiens ! Quelle image charmante du chaos tu fais là !

LUI.

Tu apparais comme l'Amour pour lier les éléments ; dès que tu les attaches, une vie aussitôt s'y révèle.

ELLE.

Touche avec soin la rose ; qu'elle reste au fond de la corbeille. Lorsque je te rencontre, ami, d'ordinaire je te la donne.

LUI.

Et moi, je fais comme si je ne te connaissais pas, et je

---

[1] Pausias de Sicyon, le peintre, devint amoureux étant jeune de sa compatriote Glycère qui possédait un art ingénieux à tresser les couronnes ; ils rivalisèrent ensemble, et lui, porta l'imitation des fleurs à la plus grande variété ; ensuite il voulut peindre sa maîtresse, assise, occupée à une couronne. Ce tableau, qui passe pour l'un de ses meilleurs, fut appelé la *Tresseuse* ou la Marchande de couronnes, de ce que Glycère, pauvre fille, gagnait sa vie à ce métier. Lucius Lucullus en acheta une copie à Athènes, au prix de deux talents. (Pline, l. xxxv, ch. xi.)

te remercie amicalement; mais la donneuse évite ce qu'on veut lui rendre en échange.

ELLE.

Maintenant, cherche-moi l'hyacinthe et l'œillet, que la fleur hâtive et tardive soient ensemble l'une près de l'autre.

LUI.

Laisse-moi m'asseoir à tes pieds dans le cercle étoilé, que je remplisse ton giron de l'aimable moisson.

ELLE.

Donne-moi le fil d'abord; que ces cousines du jardin, habituées à ne se voir que de loin, sentent les douceurs du voisinage.

LUI.

Que faut-il admirer d'abord! les belles fleurs? ou l'industrie des doigts? ou l'esprit du choix?

ELLE.

Donne des feuilles pour adoucir l'éclat des fleurs éblouissantes; la vie aussi veut des feuilles paisibles dans sa couronne.

LUI.

Dis, pourquoi composes-tu ce bouquet avec tant de soin? à coup sûr pour quelqu'un à qui tu penses beaucoup.

ELLE.

Je distribue cent bouquets par jour, et des couronnes en foule; mais le plus beau je ne manque jamais de l'apporter à toi le soir.

LUI.

Ah! qu'il serait heureux le peintre qui peindrait ces guirlandes, le champ de fleurs, et d'abord, avant tout, la déesse!

ELLE.

Mais il doit être déjà passablement heureux, j'imagine, celui qui s'assied là, celui à qui, moi, plus heureuse encore, j'offre mes baisers!

LUI.

Ah! bien-aimée, encore un! les brises jalouses du matin m'ont pris aussitôt le premier sur mes lèvres.

ELLE.

Comme le printemps me donne ses fleurs, ainsi volon-

fraîche, qui, sans jamais se flétrir, nous parlerait sur le tableau.

LUI.

Ah! combien je me sens pauvre et impuissant! combien je voudrais retenir le bonheur qui m'éblouit les yeux!

ELLE.

Homme inquiet! tu es poëte, et tu envies le talent de cet ancien? Use donc de ton propre génie!

LUI.

Et quand j'atteindrais l'émail de ces fleurs éclatantes, ma parole ne serait jamais qu'une ombre auprès de ton image!

ELLE.

Mais le peintre peut-il dire : Je t'aime! je n'aime que toi, mon amie! et ne veux vivre que pour toi!

LUI.

Ah! et le poëte lui-même peut-il dire : Je t'aime! avec cette douceur dont ta voix, céleste enfant, me caresse l'oreille!

ELLE.

Ils peuvent beaucoup l'un et l'autre; mais la langue du baiser et celle du regard n'est donnée qu'aux amants.

LUI.

En toi tout est réuni, tu rimes et tu peins avec tes fleurs; les enfants de Flore te sont des couleurs ensemble et des paroles.

ELLE.

Bien fragile est l'œuvre qui s'échappe chaque matin des mains de la jeune fille; avant le soir déjà son éclat se ternit.

LUI.

Ainsi les dieux octroient des biens qui passent, et leurrent les mortels par des présents qui se renouvellent sans cesse.

ELLE.

Pas un bouquet, pas une couronne ne t'a manqué depuis le premier qui te lie à moi par le cœur.

LUI.

Oui, elle pend encore à la maison, dans ma chambre cette première couronne que tu m'offris en tournant avec grâce autour de la table.

ELLE.

Lorsque je couronnai ta coupe, un bouton de rose y tomba, et tu bus en t'écriant : Jeune fille, les fleurs sont du poison !

LUI.

Et toi, tu répondis : Au contraire, elles sont pleines de miel les fleurs; mais l'abeille seule en sait trouver l'ambroisie.

ELLE.

Et le rude Timanthe me saisit brusquement, et me dit : Les bourdons en veulent aussi aux doux mystères du calice.

LUI.

Et tu te détournas, tu voulais fuir; devant ce maladroit roulèrent tes corbeilles et tes fleurs.

ELLE.

Et tu lui crias d'un ton d'autorité : Laisse la jeune fille! les bouquets comme la bouquetière ne sont que pour les sens délicats.

LUI.

Mais lui serrait toujours plus fort, et, tout en ricanant, déchira ta robe par en haut.

ELLE.

Et toi, dans ta rage exaltée, tu lui lanças ta coupe, qui l'atteignit au front, hideusement répandue.

LUI.

Le vin et la colère m'aveuglaient; pourtant je surpris d'un regard ta blanche nuque et ta gorge que tu couvrais.

ELLE.

Quel tumulte alors et quel soulèvement! Mêlé au vin le sang, couleur de pourpre, ruisselait de la tête de ton rival.

LUI.

Je ne voyais que toi, toi seule à genoux sur le sol, éperdue; d'une main tu levais un pan de ta robe.

ELLE.

Ah! je tremblais que le coup du métal roulé en cercle n'atteignît le noble étranger.

LUI.

Et cependant je ne voyais que toi si prompte à ramasser de l'autre main les corbeilles, les fleurs et la couronne.

ELLE.

Tu t'avançais pour me protéger, pour m'empêcher d'être victime d'un hasard, ou de la colère de l'hôte dont j'avais troublé le banquet.

LUI.

Oui, je m'en souviens encore, je saisis le tapis comme fait celui qui l'agite devant le taureau sur son bras gauche.

ELLE.

L'hôte et ses amis sensés commandèrent la paix, et je me glissai dehors sur la pointe du pied, les yeux toujours tournés vers toi.

LUI.

Hélas! et tu avais disparu pour moi; vainement je te cherchai dans tous les coins de la maison, comme aussi dans les rues et sur le marché.

ELLE.

Je me dérobais de honte à tous les yeux; la jeune fille sans reproche, naguère aimée de la ville entière, était devenue la fable du jour.

LUI.

Je voyais des fleurs, et des bouquets et des couronnes en foule; mais toi tu me manquais, tu manquais à la ville.

ELLE.

Je restais coi à la maison ; là s'effeuillait mainte rose sur la branche, là se flétrissait maint œillet.

LUI.

Plus d'un jeune homme disait sur la place : Voilà bien les fleurs. Mais la charmante n'y est plus, qui savait les tresser en couronnes.

ELLE.

Cependant moi je tressais des couronnes dans ma chambre, et je les laissais se flétrir. Vois-tu ? elles y sont encore, près du foyer, pour toi !

LUI.

Ainsi se flétrit aussi la couronne, ton premier présent, je ne l'oubliai pas dans le tumulte, et je la gardai suspendue au chevet de mon lit.

ELLE.

Le soir je me mettais à contempler les pauvres fleurs fanées ; j'étais assise encore, et je pleurais jusqu'à ce que la nuit sombre vint éteindre couleur après couleur.

LUI.

J'errais à l'aventure, et m'informais de ta demeure ; nul, même parmi les plus coureurs, ne savait me renseigner.

ELLE.

Nul ne m'a jamais visitée, nul ne connaît ma retraite éloignée, la grandeur de la ville protége la pauvre fille.

LUI.

J'errais à l'aventure, invoquant le soleil fureteur : montre-moi, Dieu puissant, le coin où tu lui apparais.

ELLE.

Les grands dieux ne t'ont pas entendu, mais Penia ! la nécessité a fini par me pousser dehors, vers mon métier.

LUI.

Un autre dieux ne t'engageait-il pas à chercher ton soutien ? Amour n'avait-il pas échangé des flèches sur nous !

ELLE.

J'épiais en plein marché si je ne te verrais pas, et je te vois.

LUI.

Et la foule ne retient ni l'un ni l'autre des amants.

ELLE.

Nous fendîmes le peuple, nous nous rejoignîmes, c'était toi.

LUI.

Et toi devant mes yeux, et nous étions seuls !

ELLE.

Seuls au milieu des hommes ! ils nous semblaient des buissons et des arbres.

LUI.

Et leur tumulte me parut comme le murmure d'une source.

ELLE.

Toujours seuls sont les amoureux dans une grande foule; mais dès qu'ils ne sont plus que deux, un troisième survient.

LUI.

L'Amour! oui, lorsqu'il se pare de ces belles couronnes! secoue tes fleurs maintenant, ce qui reste de fleurs dans ton giron.

ELLE.

Maintenant, je les secoue, les belles! dans ton embrassement, chéri, le soleil se lève encore aujourd'hui pour moi.

EUPHROSINE

Octobre 1797.

Des pics neigeux du plus haut mont se retire aussi la pourpre et l'éclat du soleil occident. Déjà depuis longtemps la nuit enveloppe le vallon et les sentiers du passant qui, sur le bord de l'abîme qui gronde, soupire après la cabane de la hauteur, après la paisible habitation du pâtre, but de la journée; et le divin sommeil, ce doux compagnon du voyageur, prend les devants d'un pied aimable. Qu'aujourd'hui encore, propice, il couronne mon front du saint pavot! Mais quel feu rayonne vers moi de ce rocher, illuminant de son reflet si pur la vapeur des torrents qui écument. Le soleil filtre peut-être à travers les fentes secrètes et les crevasses du granit; car ce n'est pas une lueur terrestre que celle qui flotte là-bas. La nuée se rapproche, incandescente! O prodige! la flamme rose ne devient-elle pas une image vivante! Quelle déesse me visite? laquelle d'entre les Muses poursuit son amant fidèle jusque dans ces cavernes terribles? Être divin! révèle-toi à moi et ne laisse en disparaissant, ne laisse pas dans la déception mes sens agités et mon esprit ému; nomme, si tu le peux, ton nom devant un mortel, sinon inspire-moi, que je sente laquelle tu es des filles éternelles de Zeus, et que le poëte aussitôt dignement t'exalte dans son chant! « Eh quoi! ne me connais-tu donc plus? Et cette image qu'un jour tu as aimée, est-elle déjà pour toi une forme étrangère? Il est vrai, je n'appartiens plus à la terre, et mon esprit frémissant a dit adieu avec regret aux pures jouissances de la jeunesse, mais j'espérais que mon image serait restée gravée au souvenir d'un ami, mon image encore éclairée d'un pur rayon d'amour. Oui! ton regard ému, tes larmes me le disent : Euphrosine est connue encore de son ami. Vois, l'exilée flotte à travers les bois et les âpres montagnes après l'homme errant, et le cherche encore, hélas! désormais de loin! Elle cherche le maître, l'ami, le père, et jette en arrière un suprême regard sur l'échafaudage léger des joies terrestres. Laisse-moi les rappeler ces jours où tu m'initiais, moi enfant, au jeu de cet art décevant des Muses attrayantes, laisse-moi me rappeler cette heure et ses moindres circonstances. Ah! qui n'invoque avec amour l'irréparable! cette douce mêlée des jours faciles de la vie, ah! qui l'estime assez ce rapide trésor! Au cœur, il paraît moindre désormais; mais, hélas! non mesquin! l'amour et l'art font grande toute chose petite. Te souvient-il encore de cette heure où sur les planches d'un théâtre tu me faisais gravir les sérieux degrés d'un art sublime? Je paraissais sous les traits d'un garçon, touchant enfant, tu me nommais Arthur, et animais en moi la création du poëte britannique; tu menaçais avec une ardeur farouche mes pauvres yeux, et détournais, dupe toi-même de ton émotion intérieure, tes regards tout en larmes! ah! tu étais si bon! tu protégeais une triste existence, que sa fuite imprudente ravit enfin au pauvre enfant. Alors tu saisissais dans tes bras mon corps brisé, tu m'emportais loin de là, et longtemps je feignais la mort sur ton sein. Enfin j'ouvrais les yeux, et te voyais dans une grave et silencieuse contemplation t'incliner sur ton enfant chéri. Je me soulevais d'un air filial et baisais tes mains avec reconnaissance, et tendant à un pur baiser ma bouche complaisante : Père, m'écriais-je, d'où te vient ce front soucieux? oh! dis ce que je dois faire pour mieux réussir. Auprès de toi nul effort ne me coûte et je recommence si volontiers toutes choses lorsque tu me diriges et m'enseignes. Mais toi, tu me saisissais avec force me serrant plus étroitement dans tes bras, et mon cœur tressaillait dans ma poitrine. Non! mon doux enfant, répondais-tu, tout ce que tu viens de produire aujourd'hui reproduis-le demain devant la ville entière, émeus-les tous comme tu m'as ému, et qu'en signe de suffrage, coulent pour toi de nobles larmes des paupières les plus desséchées. Mais tu m'as touché plus à fond, moi, l'ami, qui te tiens dans ses bras et que le seul semblant d'une mort précoce épouvante. Ô nature, qu'en toute chose tu te montres sûre et grande! le ciel et la terre suivent une loi éternelle, immuable; dans la famille des saisons, l'été tend la main au printemps, l'hiver à la riche automne; les rocs se tiennent sur leur base, et en écumant, en mugissant l'onde éternelle se précipite des hauteurs du granit que les nuages enveloppent; le sapin verdoie sans cesse, et les bois dépouillés eux-mêmes nourrissent déjà pendant l'hiver de mystérieux bourgeons à leurs branches : tout vit et meurt selon sa loi; mais sur la vie de l'homme, ce précieux trésor ne règne qu'une destinée incertaine. Ce n'est pas toujours le père disposé à s'en aller, qui salue du bord de la fosse son fils florissant, valeureux; ce n'est pas toujours le jeune qui ferme les yeux au vieillard résigné d'avance, le fort au faible. Trop souvent, le sort contraire intervertit les jours, et le vieillard sans ressources déplore en vain ses fils et ses neveux, tronc mutilé, autour duquel les orages ont amoncelé les rameaux fracassés. Et voilà d'où venait, mon gracieux enfant, cette contemplation profonde qui me pénétrait tout à l'heure, tandis que, transformé en un cadavre, tu reposais dans mes bras. Mais je te vois avec joie dans tout l'éclat de la jeunesse, créature chérie, ranimée sur mon cœur. Va gaiement, garçon travesti! La jeune fille croît pour le plaisir

du monde et mon ravissement. Persiste ainsi toujours, et qu'à chaque pas de ta vie ascendante l'art forme tes dons naturels. Sois longtemps mon bonheur, et qu'avant de fermer ma paupière je voie ton noble talent accompli.
— Ainsi tu parlas, et jamais je n'oublierai cette heure solennelle ! je me développai selon ta parole éminente. Oh ! comme je les transmettais au peuple avec bonheur, ces discours touchants que toi, dans ta capacité, tu confiais à mes lèvres enfantines ! oh ! comme je me formais à tes regards, comme je te distinguais dans la foule profonde des spectateurs étonnés ! Cependant ces lieux, tu les fréquentes encore, et jamais Euphrosine n'y reparaîtra pour rasséréner ton regard. Tu n'entendras plus les accents du jeune disciple que tu formais à l'amoureuse peine, de bonne heure, de si bonne heure ! D'autres viendront et passeront, d'autres aussi te plairont. Même derrière un grand talent s'en trouve un plus grand qui le pousse. Mais toi, ne m'oublie pas ! si jamais dans l'action confuse une autre vient vers toi d'un front ouvert, se fait à ton clin d'œil, recherche ton sourire, et n'a de joie qu'à la place que tu lui destines ; si nul effort pour toi, nulle peine ne lui coûte, et si jusqu'au seuil du tombeau elle se montre heureuse de t'offrir le sacrifice de son activité ; ami ! souviens-toi de moi, et te dis encore à ces heures tardives : « Euphrosine revit devant mes yeux ! » Je parlerais longtemps encore ; mais, hélas ! il n'est pas permis à l'exilée de s'attarder comme elle le voudrait. Un dieu sévère me dirige. Adieu ! déjà il m'attire en une course flottante. Entends un dernier vœu, et daigne y faire droit : ne me laisse pas descendre sans gloire chez les Ombres ! la Muse seule octroie à la mort quelque vie. Car, là-bas, dans le royaume de Perséphone, flottent en masse, pêle-mêle, les Ombres séparées de leur nom ; mais celui que le poëte chante, celui-là marche à part, dans une forme qui lui est propre, et se joint au chœur des héros. An-

noncée par ta voix, heureuse je m'avance, et le regard de la déesse s'arrête avec complaisance sur moi. Elle m'accueille ensuite favorablement et me nomme; les femmes divines, incessamment rangées dans le voisinage de son trône, me font signe des yeux. Pénélope m'adresse la parole, la plus fidèle des compagnes, Evadné aussi, s'appuyant sur son époux bien-aimé. De plus jeunes s'approchent, avant l'âge, ici en bas envoyées, et déplorent avec moi notre commun destin. Lorsque paraissent Antigone, la plus fraternelle des âmes, et Polixène, sombre encore de sa mort nuptiale, je les reçois comme deux sœurs, et les aborde avec dignité; car elles sont les douces créations de l'art tragique; et moi aussi un poëte m'a formée, et ses chants complètent en moi ce que la vie m'avait refusé. » Elle dit, et ses lèvres charmantes s'agitaient encore pour parler, lorsque sa voix s'éteignit en un murmure. Du sein d'un nuage de pourpre incessamment balancé dans l'espace, le puissant dieu Hermès s'avança d'un air calme, leva doucement son caducée et lui fit signe. Aussitôt la nuée accrue engloutit, en s'éloignant, les deux fantômes à mes yeux. — La nuit s'étend plus sombre, la chute des eaux gronde plus mugissante près du sentier glissant. Un deuil insurmontable, une tristesse énervante s'emparent de moi, je chancelle et ne trouve pour m'appuyer qu'un roc couvert de mousse. L'affliction déchire les cordes de mon âme; les larmes de la nuit s'épanchent, et le matin s'annonce au-dessus du bois.

LE REVOIR.

LUI.

Douce amie ! encore, encore un baiser sur tes lèvres ! D'où vient que je te trouve si avare ce matin ? hier, l'arbre fleurissait comme aujourd'hui ; hier nous échangions des baisers par mille, et tu les comparais à l'essaim d'abeilles qui s'approche des fleurs et butine, puis voltige et revient de nouveau butiner, tandis qu'une musique heureuse emplit l'air. Vois-les toutes encore occupées à leur aimable tâche. Le printemps nous échapperait-il avant que les fleurs se dispersent ?

ELLE.

Rêves ! mon doux ami ! tout n'est que rêves ! Parle d'hier et je t'écouterai ! d'hier, et je te presserai sur mon cœur ! Hier, dis-tu ? — C'était, je le sais, une précieuse journée : les mots se perdaient dans les mots, les baisers chassaient les baisers. Hélas ! quand vint le soir il fallut se quitter. Bien longue et bien triste fut la nuit qui sépara hier d'aujourd'hui. Pourtant le matin reparaît. Ah ! pendant ce temps, dix fois au moins pour moi l'arbre a porté des fleurs et des fruits.

AMYNTAS.

Nicias, homme excellent, médecin du corps et de l'âme! je languis, il est vrai, mais ton remède est trop cruel! Ah! pour suivre ton conseil, les forces m'ont manqué, oui! et déjà il me semble ne voir qu'un rival dans l'ami. Je ne saurais te réfuter; je me répète tout, tes paroles cruelles, et aussi ce que tu me caches. Mais, hélas! l'onde se précipite du rocher, et le ruisseau ne suspend point sa chanson. Le torrent cesse-t-il de gronder? et le soleil ne plonge-t-il pas des cimes glorieuses du jour dans les flots! Ainsi la nature murmure autour de moi : « Toi aussi, Amyntas, tu fléchis sous la loi sévère d'une destinée d'airain! » Ne fronce pas tes traits, ami; écoute patiemment ce qu'hier un arbre m'a révélé là-bas, près du ruisseau. Il ne porte que de rares fruits, lui jadis si chargé, vois le lierre en est cause qui l'étreint dans ses embrassements. Or, j'avais pris mon couteau à la lame aiguë et recourbée, et je séparais en coupant, et j'arrachais ramure sur ramure, lorsque tout à coup je frémis au soupir d'une plainte profonde qui se répandait sur moi des hauteurs de l'arbre : « Oh! ne me déchire pas, moi ton compagnon du jardin, à qui de bonne heure tu as dû, tout enfant, plus d'une jouissance, oh! ne me déchire pas! Tu m'arraches, avec cette enveloppe que tu brises sans pitié, cruel, tu m'arraches la vie. Ne l'ai-je pas nourrie moi-même, et doucement élevée vers moi! son feuillage ne m'est-il pas identifié aussi bien que mon propre feuillage? Ses rejetons par milliers ont pris racine, et ses fibres sans nombre plongent aux sources de ma vie. Elle prend de moi sa nourriture, ce qu'il me faut elle le dévore, et c'est ainsi qu'elle suce ma moelle, qu'elle suce mon âme. Vainement je me nourris, hélas! ma racine puissante n'envoie en haut que la moitié du suc vital. Car l'hôte fatal, et bien aimé, avidement s'approprie au passage la force destinée à féconder mes fruits d'automne. Rien ne parvient à ma couronne; ma cime extérieure se flétrit, et déjà se flétrit la branche au-dessus du ruisseau. Oui, la traîtresse! c'est elle qui dévore l'élan de ma force, qui dévore mes espérances. Je ne sens qu'elle, elle seule qui m'enlace, et j'aime ses liens, et ne me réjouis que de cette mortelle parure d'un feuillage étranger. » Retiens ta serpe, ô Nicias! épargne un malheureux qui se consume, engagé librement dans l'amoureux plaisir. Douce est chaque dissipation, oh! laisse-moi savourer la plus belle! Qui s'abandonne à l'amour songe-t-il à ménager sa vie?

ÉPIGRAMMES

VENISE, 1790.

Comme on a dépensé son temps et son argent,
le petit livre vous le montre.

ÉPIGRAMMES

CINQUIÈME PARTIE.

I

Le païen décorait des images de la vie les sarcophages et les urnes : les Faunes dansent autour et se groupent en rondes avec le chœur des bacchantes ; le joufflu aux pieds de chèvre tire un son aigre et sauvage de sa trompe retentissante ; les cymbales, les tambours résonnent ; nous voyons, nous entendons le marbre. Oiseaux qui voltigez, comme ce fruit a bon goût pour votre bec ! Nul bruit ne vous effarouche, nul bruit n'effarouche l'Amour qui, dans la mêlée variée, joue avec son flambeau. Ainsi la plénitude triomphe de la mort, et la cendre au dedans paraît, en sa muette enceinte, jouir encore de la vie. Que cette volute décorée par lui de tous les trésors de la vie entoure ainsi plus tard le sarcophage du poëte !

II

A peine je voyais briller le soleil au ciel bleu et le lierre pendre en couronnes de la montagne, à peine je voyais le vigneron matinal lier le pampre au peuplier, un vent tiède souffla vers moi au-dessus du berceau de Virgile ; aussitôt les Muses vinrent se joindre à leur ami et nous eûmes un entretien interrompu comme on les aime en cheminant.

III

Toujours je la tiens serrée avidement entre mes bras, toujours mon cœur la presse contre le sien, toujours ma tête s'appuie sur ses genoux, et je cherche des yeux sa jolie bouche et ses yeux. Efféminé, me dira-t-on, et tu passes ainsi tes jours! Ah! je les passe mal! Entends ce qui m'arrive. Je tourne le dos, hélas! à la seule joie de la vie : voici la vingtième journée que la voiture me traîne au loin. Les voiturins me bravent, les camériers me flattent, et le garçon de place invente ruses et mensonges. Leur échappé-je, c'est le maître de poste qui me prend à son tour; — ce sont messieurs les postillons et la douane. — « Je ne te comprends pas; tu te contredis, tu semblais enivré d'un repos céleste, tu semblais heureux comme Renauld. » — Ah! je me comprends bien, c'est mon cœur qui voyage et mon esprit toujours repose au sein de ma maîtresse!

IV

C'est la belle Italie que j'ai quittée. Les chemins poudroient encore; l'étranger est encore dupé, de quelque façon qu'il s'y prenne. Vainement vous cherchez dans tous les coins la droiture allemande : la vie et le mouvement sont ici, mais point d'ordre ni de frein. Chacun ne pense qu'à lui-même et se méfie des autres; partout la vanité. Les maîtres de l'État n'ont de souci que pour leurs intérêts. Beau pays, mais, hélas! Faustine, je ne te retrouve pas. Ce n'est plus l'Italie que j'ai quittée avec douleur!

V

J'étais étendu dans la gondole et nous glissions à travers les bâtiments frétés qui attendent dans le grand canal. Là se trouvent marchandises de mainte espèce; il y en a pour nombre de besoins : du blé, du vin et des légumes, du bois de chantier et des broussailles. Nous passions à travers avec la rapidité d'une flèche; tout à coup un laurier vert me cingla vertement la joue. « Daphné! m'écriai-je, toi, me blesser! j'eusse attendu plutôt une récompense! » Et la Nymphe murmure en souriant : « Péchés de poëte ne sont pas gros, léger est le châtiment! Allons!... »

VI

Quand je vois un pèlerin, je ne puis jamais me défendre des larmes. Qu'une idée fausse nous rend heureux, nous autres hommes!

VII

J'avais un amour qui m'était plus cher que tout! Hélas! je ne l'ai plus. Tais-toi, et supporte ta perte.

VIII

Je compare cette gondole à un berceau doucement balancé, tandis que sa caisse semble un large cercueil. Fort bien! Entre le berceau et le cercueil nous flottons insouciants, et voguons sur le grand canal à travers la vie.

IX

Nous voyons le Nonce marcher d'un air solennel près du Doge : ils ensevelissent le Seigneur; l'un scelle la pierre. Ce que pense le Doge à part lui, je l'ignore; mais l'autre, à coup sûr, rit sous cape du sérieux de cette pompe.

X

D'où vient que le peuple ainsi se presse et crie? Il veut vivre, faire des enfants et les nourrir aussi bien que possible. Mets à profit la leçon, voyageur, et, de retour chez toi, fais de même. Nul homme n'a l'idée d'aller au loin, s'il se place à son gré.

XI

Comme ils sonnent, les prêtres ; comme ils ont à cœur qu'on vienne et qu'on babille aujourd'hui comme hier ! Ne blâmez pas les prêtres, ils savent les besoins de l'homme ; car comme il est heureux s'il bavarde demain comme aujourd'hui !

XII

Que le charlatan se fasse des disciples innombrables comme le sable de la mer ; le sable est sable. Ami sensé, ô perle, sois à moi !

XIII

Il est doux, au printemps, de fouler d'un pied délicat l'herbe nouvelle, et de toucher d'une main douillette la toison de l'agneau : il est doux de voir les rameaux ravivés se couvrir de bourgeons, et d'aspirer ensuite d'un œil avide la verte feuillée ; mais il est plus doux encore de caresser avec des fleurs le sein de la bergère, et ce bonheur-là, le mois de mai me le refuse.

XIV

A cette enclume je compare le pays, le marteau au maître ; et je compare le peuple à la plaque de cuivre qui se courbe entre les deux. Malheur à la pauvre plaque si les coups tombent sur elle arbitraires et mal assurés, et si jamais le chaudron ne semble achevé.

XV

Le charlatan a des disciples par centaines et remue la foule, lorsque l'homme sensé compte à peine quelques gens qui l'aiment. Les images miraculeuses ne sont, la plupart du temps, que de méchants tableaux ; les œuvres de l'intelligence et de l'art n'ont rien à faire avec le peuple.

XVI

Que celui-là s'empare du pouvoir, qui comprend son intérêt; quant à nous, nous devrions choisir celui qui comprend le nôtre.

XVII

Misère apprend à prier, dit-on; si quelqu'un veut l'apprendre, qu'il aille en Italie! L'étranger y trouvera la misère à coup sûr.

XVIII

Quelle multitude se presse vers cette boutique! avec quelle activité on pèse, on reçoit l'argent, on offre la marchandise! On vend là du tabac à priser. Cela s'appelle se faire justice soi-même! Le peuple recherche l'ellébore sans ordonnance ni médecin.

XIX

Deux lions antiques, deux lions grecs gardent paisiblement l'arsenal; la porte, la tour et le canal semblent petits auprès du couple. Si la mère des dieux descendait, tous deux fléchiraient devant son char, et la déesse aurait plaisir à les voir attelés ensemble. Mais aujourd'hui ils reposent tristement. Le chat ailé moderne grogne partout, et Venise le nomme son patron.

XX

Le pèlerin chemine avec ardeur! Trouvera-t-il le saint? Entendra-t-il, verra-t-il l'homme qui a fait des miracles? Non, les temps l'ont emporté; tu ne trouveras que des restes, son crâne et quelques ossements conservés. Nous sommes tous des pèlerins qui cherchons l'Italie, et nous honorons avec foi et honneur des ossements épars.

XXI

Jupiter Pluvius, te voilà aujourd'hui un démon favorable. En un seul moment, tu donnes un présent multiple ; tu donnes à boire à Venise, au pays une vaste crue, et maint petit poëme à ce petit livre.

XXII

Abreuve, inonde les grenouilles à la robe de pourpre ; trempe le pays altéré, que les Broccoli abondent. Mais ne baigne pas ce petit livre ; qu'il soit pour moi un petit flacon d'Arak pur, et que chacun prépare son punch à sa fantaisie.

XXIII

Cette église s'appelle Saint-Jean-dans-la-Boue. A double raison je nomme Venise aujourd'hui Saint-Marc-dans-la-Boue.

XXIV

Vois-tu, Baja, tu connais aussitôt la mer et ses poissons. Voici Venise ; tu connaîtras maintenant aussi la bourbe et les grenouilles.

XXV

Dors-tu encore ? Trêve, et laisse-moi reposer. Si je m'éveille maintenant, que trouverai-je ici ? Le lit est large, mais vide. Partout où l'on couche seul c'est la Sardaigne, et Tibur ami, partout où votre maîtresse vous éveille.

XXVI

Toutes neuf me clignaient de l'œil souvent ; je veux parler des Muses ; cependant alors je n'y prenais pas garde, j'avais une maîtresse sur mon sein. Aujourd'hui j'ai quitté ma maîtresse, et les Muses m'ont quitté. J'ai maugréé dans le trouble, j'ai cherché le couteau et la corde. Heureusement l'Olympe est plein de dieux. Ennui, tu vins à mon secours, salut donc à toi, père des Muses !

ÉPIGRAMMES.

XXVII

Quelle fille je désire avoir? Vous me le demandez? Je l'ai comme je la souhaite; cela s'appelle, à mon avis, beaucoup avec peu. J'allais au bord de la mer, et me cherchais des coquillages; dans un j'ai trouvé une perle, et je la garde maintenant sur mon cœur!

XXVIIII

J'ai tenté maints essais : j'ai dessiné, gravé sur cuivre, peint à l'huile, manié l'argile, tout cela sans constance, sans profit pour moi ni personne. Il n'est qu'un seul talent où je sois devenu presque maître : à écrire en allemand, et je perds de la sorte, infortuné poëte, mon temps et ma peine dans la plus ingrate des étoffes.

XXIX

Debout, le visage voilé et de beaux enfants dans les bras, vous mendiez! Cela s'appelle parler avec puissance au cœur de l'homme. Chacun désirerait pour soi un garçon tel que ce petit indigent que vous montrez, et une maîtresse telle qu'il se l'imagine sous ce voile.

XXX

Ce n'est pas ton enfant, celui pour lequel tu mendies et tu me touches. Combien ne me toucherait pas celle qui me montrerait mon propre enfant!

XXXI

Pourquoi lèches-tu ainsi ton petit museau lorsque je te rencontre. Bien! ta languette me dit combien elle est bavarde.

XXXII

L'Allemand comprend tous les arts et les pratique; dans chacun il montre un vrai talent s'il s'en occupe sé-

20.

rieusement; il n'en est qu'un qu'il exerce sans vouloir l'apprendre, la Poésie ! aussi bousille-t-il ; amis, nous en savons quelque chose.

XXXIII

Souvent, dieux immortels, vous vous êtes déclarés les amis du poëte ; sachez donc satisfaire aussi à ses besoins. Il lui faut modérément et cependant beaucoup : d'abord une maison avenante, et ensuite quelque peu à manger et à boire, l'Allemand s'entend comme vous en nectar ; puis des vêtements convenables et des amis pour les entretiens familiers ; puis, pour la nuit, une maîtresse qui le devine du fond du cœur. Telles sont les cinq choses naturelles que je réclame avant tout ; en outre, ajoutez-y les langues anciennes et modernes ; qu'il comprenne l'industrie des peuples et leur histoire. Donnez-lui aussi le pur sentiment de ce qu'ils ont produit dans l'art. Procurez-moi du crédit dans le peuple, une influence puissante et tout le reste qui passe encore pour désirable parmi les hommes. Bien — et déjà je vous rends grâce, ô dieux, vous avez déjà des longtemps complété l'homme heureux en m'accordant la plupart de ces biens.

XXXIV

Entre tous les princes de la Germanie le mien est petit, ses États sont bornés, eu égard seulement à ce qu'il pourrait faire ; mais si chacun savait comme lui tourner ses forces au dedans et au dehors, ce serait une fête d'être Allemand avec les Allemands. Pourquoi le louer, lui, que ses actions et ses œuvres proclament ? Peut-être on doutera de ma bonne foi, car il m'a donné ce que les grands ne donnent guère : sympathie, loisirs, confiance, champs, jardin et maison. Je ne dois rien à personne qu'à lui, et certes il me fallait beaucoup à moi, poëte, qui comprenais si mal les soins de la fortune. L'Europe m'a loué, que m'a donné l'Europe? rien; j'ai payé bien cruellement, hélas! mes vers. L'Allemagne m'imita, la France put me lire; Angleterre, tu reçus en ami ton hôte en proie au trouble. Cependant que m'importe que le Chinois lui-même peigne d'une main peu sûre Werther et Lolotte sur la porcelaine, jamais un empereur, jamais un roi ne s'est enquis de ma personne, lui seul fut pour moi Auguste et Mécène.

XXXV

Qu'est-ce que la vie d'un homme? Et pourtant des milliers de gens vont parler d'un homme, de ce qu'il a été et de ce qu'il a fait. Moins encore est un poëme, et cependant mille en jouissent, mille le critiquent. Continue donc, ami, à t'ocuper de vivre et de rimer!

XXXVI

J'étais las de ne jamais voir que des tableaux, magnifiques trésors de l'art tels que Venise les conserve; car cette jouissance, elle aussi, a besoin de récréation et de répit. Mon regard épuisé aspirait après des charmes vivants, ô jongleuse! alors je reconnus en toi le type de ces petits drôles que Jean Bellin a peints si attrayants avec des ailes, et que Paul Véronèse envoie avec des coupes au fiancé dont les hôtes abusés boivent de l'eau pour du vin.

XXXVII

Aimable figurine qu'on dirait taillée par la main de l'art; flexible et sans os, elle flotte comme le mollusque! tout est membre, articulation, et tout est ravissant, tout est construit avec harmonie et se meut avec liberté. J'ai vu des êtres, aussi bien hommes qu'animaux, qui tenaient de l'oiseau et du poisson, créations étranges, prodiges de la grande Nature; et pourtant je m'étonne à te voir, Bettine, aimable prodige, qui es ensemble tout cela, et par-dessus encore un ange!

XXXVIII

Ne tourne pas ainsi, gentille enfant, tes petites jambes vers le ciel; Jupiter te regarde, le drôle, et Ganimède est inquiet.

XXXIX

Va, tu peux tourner sans crainte tes petits pieds vers le ciel! nous tendons nos bras dans la prière, mais moins innocents que toi.

XL

Ton petit cou s'incline de côté; est-ce un prodige? Il te porte souvent tout entière, légère que tu es, tu ne pèses qu'à ton joli cou. Je ne la hais pas l'inclinaison de ta petite tête; sous plus charmant fardeau jamais nuque ne s'est ployée.

XLI

Comme Breughel, au génie infernal et nébuleux, trouble de ses visions nos regards éblouis; comme Dürer met le désordre dans nos cerveaux avec ses images apocalyptiques, hommes et fantaisies en même temps; comme un poète qui nous chante avec puissance les Sphinx, les Sirènes et les Centaures, éveille la curiosité dans notre oreille; comme un songe émeut l'homme inquiet qui croit marcher en avant pour saisir quelque chose lorsque tout flotte dans la confusion, ainsi Bettine, tortillant ses jolis membres, nous embrouille l'esprit; mais bientôt le plaisir succède au trouble, quand elle se remet à fouler le sol.

XLII

Je franchis les limites tracées avec de la craie, et la gentille enfant faisant sa ronde me repousse doucement.

XLIII

« Ah! que peut-il faire de pareilles âmes? Jésus Maria!

Ce sont paquets de linge comme on en porte au lavoir, Pour le coup, elle tombe ! je n'y tiens plus ! Viens, partons ! que de gentillesse ! vois seulement comme elle se tient ! Quelle est légère ! tout cela le sourire et la joie sur les lèvres ! » Vieille femme, tu as raison d'admirer Bettine ; le plaisir que tu prends à voir mon cher bijou te rajeunit à mes yeux et te rend belle.

XLIV

Je vois avec tant de plaisir tout ce que tu fais ! mais ce que j'aime surtout, c'est lorsque ton père te lance d'une main agile au-dessus de toi-même. Tu te renverses dans ton élan ; et, après ce saut mortel, tu te redresses comme si de rien n'était.

XLV

Bientôt chaque visage se déride ; les sillons du travail, du souci et de la pauvreté s'effacent : on croirait voir des gens heureux. Le marin s'amollit et te frappe sur la joue ; la bourse s'ouvre pour toi, chichement à la vérité, mais enfin elle s'ouvre ; et l'habitant de Venise déploie son manteau et te donne, comme si tu demandais au nom des miracles de saint Antoine, des cinq plaies du Seigneur, du cœur de la bienheureuse sainte Vierge, au nom du supplice de feu qui purge les âmes. Chaque petit, le mousse, le bossu, le mendiant, se presse à tes côtés, et se réjouit de ce qu'il est un enfant comme toi.

XLVI

Rimer est un charmant métier ; seulement, je le trouve cher. A mesure que mon petit livre grossit, mes sequins s'en vont.

XLVII

« Quelle folie l'oisiveté t'inspire ? y penses-tu ? cette fillette devenir un livre ? Entonne vite un sujet plus digne. » Patience, je chanterai bientôt les rois et les grands de la terre quand je comprendrai leur métier mieux que je ne fais aujourd'hui. En attendant, je chante Bettine; bateleur et poëte sont proches parents; ils se cherchent volontiers et se trouvent.

XLVIII

A ma gauche, les boucs! ainsi le juge à venir l'a réglé, et vous, brebis, rangez-vous en paix à ma droite! Bien, mais ce n'est pas tout, il dira encore, il faut l'espérer : Venez vous placer vis-à-vis de moi, hommes raisonnables!

XLIX

Savez-vous un moyen sûr de me faire faire des épigrammes par centaines? Menez-moi loin de ma maîtresse.

L

Quelle espérance j'ai? Une seule qui m'occupe aujourd'hui : revoir demain ma maîtresse, que je n'ai pas vue depuis huit jours.

LI

Je me suis toujours senti de la répugnance pour les apôtres de liberté; ce qu'ils veulent en fin de compte, c'est l'arbitraire pour eux. Si tu prétends affranchir la multitude, essaye de la servir, et si tu veux savoir combien le jeu en est dangereux, tente-le.

LII

Les rois veulent le bien, les démagogues aussi, dit-on, et pourtant ils se trompent. Hélas! ce sont des hommes comme nous; la multitude n'est pas heureuse lorsqu'il lui arrive de vouloir pour elle, nous le savons; mais que celui qui s'entend à vouloir pour nous tous le montre donc.

LIII

Mettez-moi en croix tout fanatique à sa trentième année. Une fois que le monde lui est connu, la dupe devient le fripon.

LIV

Les mauvais temps de la France peuvent donner à réfléchir aux grands, aux petits encore plus. Les grands s'abîmèrent; mais qui protégea le peuple contre le peuple? Le peuple fut tyran du peuple.

LV

J'ai traversé de folles époques, et je n'ai jamais manqué moi-même d'être aussi fou que l'époque me le disait.

LVI

Dis, n'agissons-nous pas bien ! Il faut tromper le peuple. Vois comme il est inepte, comme il est farouche : ineptes et farouches sont toutes les brutes qu'on dupe. Ayez seulement de la probité dans l'âme, et sachez lui inspirer des sentiments humains.

LVII

Les princes gravent trop souvent leur importante image sur du cuivre à peine argenté; le peuple s'y trompe longtemps. Les charlatans marquent de l'empreinte de l'esprit des mensonges et des sottises, et celui à qui manque la pierre de touche les tient pour de l'or pur.

LVIII

Ces hommes-là sont fous, dites-vous de ces orateurs énergumènes qu'on entend pérorer en France, sur les places et dans les rues. Moi aussi je les trouve tels ; et pourtant un fou en liberté a de sages éclairs, tandis que la sagesse, hélas ! devient muette dans un esclave.

LIX

Longtemps les grands ont parlé la langue française, et presque dédaigné quiconque ne l'avait pas sur les lèvres. Aujourd'hui, cette langue des Francs, chaque peuple ravi la bégaye. Ne vous fâchez pas, ô puissants ! ce que vous souhaitiez arrive.

LX

« Je vous trouve bien osées, mes épigrammes. » Pourquoi pas ? nous ne sommes que les étiquettes; le monde a les chapitres du livre.

LXI

Quand un cuisinier intelligent prépare un fin repas, il mêle à ses plats mille et mille ingrédients. Ainsi, dégustez ce petit livre sans trop distinger de quoi il se compose. Qu'importe si vous vous en trouvez bien.

LXII

Une épigramme, si elle est bonne, peux-tu bien toi-même en décider? On ne sait pas toujours au juste ce qu'elle pense à part, la sournoise.

LXIII

Plus il sera commun et voisin de l'envie et des mauvaises passions, plus vite, à coup sûr, tu comprendras ce petit poème.

LXIV

Chloé jure qu'elle m'aime; je n'en crois rien. Mais elle t'aime! m'assure un connaisseur. Fort bien ; si je le croyais, elle ne m'aimerait plus.

LXV

Que tu m'aimes si ardemment, Philarches, toi qui n'aimes personne ! N'est-il donc pas un autre moyen que celui-là de m'asservir ?

LXVI

Je sais supporter bien des choses ; la plupart des incommodités, je les endure patiemment, ainsi qu'un Dieu m'en a fait loi. Il en est cependant quelques-unes, quatre, que je hais à l'égal du poison et des serpents : la fumée du tabac, les punaises, l'ail et.....

LXVII

Déjà depuis longtemps je vous aurais entretenu de ces animalcules qui vont et viennent si gentiment et si vite, d'ici et de là. Vous les prendriez pour de petits serpents, n'étaient leurs quatre pattes. Ils rampent et s'insinuent, et traînent lentement leur petite queue. Voyez-les, ils sont ici et là ! Où sont-ils ? quelle fente, quelle herbe les a reçus dans leur fuite ? Désormais, si vous voulez me le permettre, j'appellerai lacertes ces animalcules, car j'en aurai plus d'une fois besoin pour mes comparaisons.

LXVIII

Qui a vu des lacertes peut se figurer ces jolies fillettes qui vont et viennent sur la place. Sveltes et rapides, elles filent et s'arrêtent, et jasent, et leur robe flotte en murmurant derrière elles. Voyez, elle est ici et là ! Perdez-vous une fois sa trace, vous la cherchez vainement ; de sitôt elle ne reparaît pas ; mais si vous ne craignez pas les recoins, les carrefours et les escaliers clandestins, suivez-la où elle vous attire, entrez dans son repaire !

LXIX

Ce que c'est qu'un repaire, vous demandez à le savoir ? Voilà dès lors ce livre d'épigrammes transformé presque en un lexicon. Imaginez des maisons obscures dans des ruelles borgnes; la belle vous mène au café, et se montre fort empressée, non pas vous !

LXX

Les saintes gens, dit-on, voulaient le bien du pécheur et de la pécheresse; c'est justement ce que je fais.

LXXI

« Si j'étais une femme de ménage, et si j'avais ce qu'il me faut, je voudrais être honnête et pieuse, chérir et dorloter mon mari. » Ainsi j'entendais, au milieu de tant d'autres refrains obscènes, chanter une catin à Venise, et je n'ai jamais ouï prière plus sincère.

LXXII

Il n'y a pas de quoi s'étonner si les hommes aiment tant les chiens, car le chien est un pauvre gueux comme l'homme.

LXXIII

Je suis devenu libertin : quel miracle ! Dieux immortels, vous savez, et n'êtes pas seuls à le savoir, que je suis aussi dévot et plein de foi.

LXXIV

« N'as-tu donc jamais vu la bonne compagnie ? Ton petit livre ne nous montre que bateleurs, peuple, et quelque chose de plus ignoble encore. » J'ai vu la bonne compagnie; on l'appelle bonne, lorsqu'elle ne fournit pas sujet à la plus petite poésie.

LXXV

Qu'a voulu faire de moi la destinée ? Il serait téméraire de le demander, car, la plupart du temps, de beaucoup elle fait assez peu. Un poëte ? Oui, peut-être l'idée lui eût-elle réussi si la langue ne s'était pas montrée indomptable.

LXXVI

Tu renonces à la botanique? à l'optique? Que fais-tu donc? Et n'est-ce pas un beau lot que de toucher un tendre cœur? Ah! les tendres cœurs! Un lourdaud peut les toucher, que mon bonheur soit donc tout entier dans ton commerce, ô Nature!

LXXVII

Divin Morphée! en vain tu secoues tes aimables pavots; mon œil reste éveillé tant qu'Amour ne vient pas le clore.

LXXVIII

Avec quel soin j'observais autrefois les saisons; comme je saluais la venue du printemps; comme je soupirais après l'automne! Or, désormais il n'est plus pour moi hiver ni été, pour moi bienheureux que l'amour couve de son aile qu'entoure un éternel printemps.

LXXIX

Réponds, comment vis-tu? Je vis! et des siècles me seraient-ils donnés, je me souhaiterais pour unique vœu, que demain fût comme aujourd'hui.

LXXX

Dieux! comment vous remercier! Vous m'avez donné tout ce que l'homme vous supplie de lui accorder; seulement, presque rien dans les règles.

LXXXI

Besoin de grimper au crépuscule du matin au plus haut pic de la montagne, désir de te saluer à l'aube, étoile amie, messagère du jour, et de guetter avec impatience les premiers regards du roi de l'empyrée; ivresse du jeune âge, combien de fois tu m'as la nuit attiré dehors ! Maintenant, montrez-vous à moi, messagers du jour, beaux yeux divins de ma maîtresse, et le soleil toujours se lèvera trop tôt.

LXXXII

Tu t'étonnes et me montres la mer qui semble flamboyer; vois-tu la vague embrasée battre l'esquif nocturne? Pourquoi m'étonnerais-je? la mer n'a-t-elle pas enfanté Aphrodite, et d'elle une flamme n'est-elle point issue, son fils?

LXXXIII

Pauvre et sans vêtement était la fillette lorsque je me la suis conquise. Nue elle m'agréait alors, nue elle me plaît encore aujourd'hui.

LXXXIV

Bien souvent je me suis trompé (quitte à me retrouver ensuite), mais jamais plus agréablement ! En ce moment, cette fille est mon bonheur! Si c'est là une erreur encore, ô dieux qui savez tout, accordez-moi de ne le découvrir que là-bas sur notre froid rivage.

LXXXV

Triste fut ta destinée, ô Midas, dans tes mains frémissantes, tu sentais, vieillard affamé, les aliments se transformer. En semblable circonstance pour moi, les choses au moins se passent mieux. En effet, tout ce que je touche devient sous ma main un rapide poëme. J'y consens volontiers, Muses divines! pourvu que ma maîtresse, lorsque je la presse ferme sur mon sein, ne se transforme pas en une illusion.

LXXXVI

« Oh! ma gorge s'est enflée un peu ! » — Ainsi disait

la mignonne, avec inquiétude. — Chut, mon enfant, chut! et comprends mes paroles : la main de Vénus t'a touchée, elle te prévient tout bas qu'elle va bientôt transformer ton petit corps irrésistiblement. Avant peu elle te gâtera ta taille svelte, ta gentille gorgerette, tout enflera, la dernière robe n'ira plus. Mais sois sans crainte, la fleur qui tombe annonce au jardinier que le doux fruit s'arrondissant en automne prospérera.

LXXXVII

Et c'est ainsi que loin de tous mes amis, je dépensais les jours comme les heures dans la cité neptunienne. Tout ce que j'éprouve, je l'assaisonne par le souvenir et par l'espérance, les plus divines épices du monde.

ÉPITRES

J'aurais continué volontiers, mais c'en est resté là.

ÉPITRES

SIXIÈME PARTIE

ÉPITRE PREMIÈRE.

Aujourd'hui que tout le monde lit, et que bien des lecteurs se contentent de feuilleter le volume avec impatience, et saisissant eux-mêmes la plume, entent avec une dextérité singulière un gros livre sur un petit, dois-je donc, ami, en écrivant moi-même sur l'art d'écrire, augmenter la masse et formuler mon opinion pour que d'autres à leur tour s'en inspirent, et que la vague flottante se roule ainsi jusque dans l'infini ? De même, le pêcheur se lance dans la haute mer, aussitôt que le vent et la matinée se lèvent favorables, et fait son métier quoique cent autres compagnons sillonnent l'étincelante surface.

Noble ami ! tu souhaites le bien de la race humaine, des Allemands surtout, et de ton voisin, et redoutes les conséquences des livres dangereux. Hélas ! nous ne les avons vues que trop souvent. Que faire ? que pourraient tous les honnêtes gens réunis ? que pourraient les princes ? La question me paraît grave et sérieuse ; mais en revanche elle me saisit en un moment heureux. Au sein d'un climat chaud et clair, le pays s'épanouit dans l'opulence. Les brises amoureuses m'apportent au-dessus des moissons ondoyantes une fraîcheur embaumée; à ma sérénité le monde apparaît serein, et le souci ne flotte plus pour moi que dans les lointaines vapeurs d'imperceptibles nuées.

Ce que mon léger crayon esquisse s'efface aisément, et ces caractères, qui doivent au dire des gens braver l'éternité, ne laissent pas d'empreintes plus profondes. Certes, la colonne imprimée parle à plus d'un; mais bientôt comme on oublie sa propre image qu'on a vue au miroir, on oublie la parole quoique gravée par l'airain. Les mots flottent si facilement d'ici et de là, lorsque tous parlent et que chacun ne voit que soi-même dans ses propres discours, que soi-même dans le discours des autres. Il n'en est pas autrement avec les livres : on lit un livre pour en extraire sa personnalité, et pour peu qu'on soit fort, on se lit dans le livre, on s'amalgame l'élément étranger. D'où je conclus que c'est en vain que vous vous efforcez de retourner par des écrits le penchant décidé de l'homme ou sa vocation; vous ne pouvez que le confirmer en sa pensée, ou, s'il est neuf encore, le tremper dans telle ou telle opinion.

Pour dire ici toute ma façon de penser, il me semble que la vie seule forme l'homme, et que les mots signifient peu de chose; car nous écoutons volontiers ce qui confirme notre pensée, mais le fait d'écouter ne décide pas de notre opinion; ce qui nous est contraire, nous l'attribuons à l'art du diseur, et notre conscience libérée court vite aux sentiers accoutumés. Si vous prétendez vous faire écouter avec joie, avec complaisance, flattez-nous. Que vous parliez au peuple, aux princes et aux rois, n'oubliez jamais de leur conter des histoires où, sous la forme de la réalité, leur apparaisse ce qu'ils souhaitent pour eux-mêmes, et ce qu'ils désirent éprouver dans leur vie.

Homère serait-il donc écouté par tous, lu de tous, s'il ne s'insinuait dans l'esprit de son auditeur quel qu'il soit? Dans le palais sublime, sous la tente du roi, l'Iliade ne sonnera-t-elle pas toujours avec magnificence aux oreilles du héros? et sur la place publique où le bourgeois se rassemble, la sagesse errante d'Ulysse ne réussira-t-elle pas mieux?

Là c'est le héros sous le casque et l'armure, ici le mendiant jusque dans ses guenilles qui se voit ennobli.

Ainsi m'arriva-t-il jadis d'écouter une histoire sur la rive dallée de la cité neptunienne où les lions ailés sont en honneur. Le peuple attentif se pressait en cercle autour d'un rapsode en haillons. Un jour, disait-il, la tempête, après m'avoir englouti, me jeta sur le rivage de l'île appelée Utopie; j'ignore si quelqu'un de la société l'a jamais parcourue; elle est située dans la mer, à gauche des colonnes d'Hercule. J'y fus reçu tout amicalement; on me conduisit dans une auberge, où je trouvai à boire et à manger ce qu'il y avait de mieux, et, de plus, bonne couche et soins excellents. Un mois s'écoule ainsi rapidement. J'avais oublié soucis et misères; cependant l'inquiétude ne tarda pas à murmurer tout bas : Comment te tireras-tu d'affaire lorsque viendra l'écot à payer après la fête? car ma bourse ne contenait rien. Je suppliai l'hôte de me traiter avec moins de luxe, lui cependant m'apportait tous les jours davantage; mon angoisse alors augmentait, je ne pouvais manger et me morfondre d'inquiétude plus longtemps, et me décidai enfin à dire : « Je vous en prie, monsieur l'hôte, faites-moi mon compte raisonnable. » Mais lui alors me regarda de côté d'un œil sombre, prit son bâton et le secoua sur moi impitoyablement. Il m'atteignit aux épaules, à la tête, et m'aurait battu presque jusqu'à la mort. Je m'échappai en toute hâte, et courus chez le juge. On fit venir à l'instant mon hôte, qui comparut d'un air calme, et répliqua fort sagement : « Qu'il en arrive autant à tous ceux qui violent la sainte hospitalité de notre île, en demandant d'une façon inconvenante, impie, leur écot à l'homme qui les a poliment hébergés. Pouvais-je donc souffrir une semblable offense en ma propre maison? Non, il m'eût semblé aussi longtemps avoir une éponge à la place du cœur! » Et le juge me dit alors : « Oubliez ses coups, car vous avez mérité la peine, et même de plus cuisantes douleurs; mais si vous voulez rester dans l'île et l'habiter avec nous, il faut dès aujourd'hui vous en montrer digne et faire acte de bon citoyen. — Ah! m'écriai-je, seigneur, je n'ai jamais pu m'accommoder au travail! je ne possède non plus aucun de ces talents qui nourrissent l'homme; on m'a surnommé par dérision Jean sans souci, et chassé de ma maison.

— Ah! sois le bienvenu, répliqua le juge; occupe le haut bout de la table chaque fois que la multitude se rassemble, et prends dans le conseil la place que tu mérites; mais garde-toi qu'un retour honteux te ramène au travail; qu'on n'aille pas trouver chez toi, dans ta maison, la rame ou la pelle, tu serais ruiné pour toujours, et resterais sans honneur et sans pain. Être assis sur la place, les bras croisés sur ton ventre rebondi, écouter les joyeux airs de nos chanteurs, voir les danses de nos fillettes, les jeux des garçons, que tels soient les devoirs auxquels tu t'engages et tu jures de te vouer. »

Ainsi parlait l'homme, et les fronts de tous ceux qui l'écoutaient étaient devenus sereins, et tous rêvaient le jour où ils trouveraient de pareils hôtes et essuieraient de pareils coups.

ÉPITRE DEUXIÈME.

Digne ami, tu fronces le sourcil; le badinage te semble déplacé, la question était sérieuse, et tu demandes une réponse réfléchie. Par le ciel, j'ignore moi-même comment le drôle s'est ému dans mon sein; je poursuis donc sur un ton plus sensé. Tu me dis que la multitude vive et lise et s'arrange comme elle pourra; mais te figures-tu, ma fille, que cet entremetteur de poëte initie à toute espèce de mal?

A quoi je réponds qu'il est plus facile d'y porter remède qu'un autre ne l'imaginerait. Les jeunes filles sont bonnes, et volontiers se prêtent à faire quelque chose. Confie à celle-ci les clefs du cellier, qu'elle soigne les vins de son père aussitôt que, livrés par le vigneron ou le marchand, ils viennent enrichir les vastes caveaux. Une jeune fille a bien à faire pour tenir avec ordre et propreté les futailles nombreuses, les tonneaux et les bouteilles vides, puis elle observe le travail du moût écumant et ajoute ce qu'il manque afin que les bulles qui se dégagent atteignent facilement l'orifice, afin que, potable et limpide, le suc généreux s'améliore pour les années prochaines. Infatigable, elle emplit, elle puise et veille à ce qu'une liqueur spiritueuse et pure anime incessamment la table.

A celle-là donne la cuisine pour royaume. C'est une assez grande affaire, va! de préparer, été comme hiver, tous les jours, un repas savoureux, sans préjudice pour ta bourse. Sitôt que le printemps commence à poindre, la voilà dans la basse-cour, tantôt élevant les poussins, tantôt donnant à manger aux petits canards qui barbotent. Tout ce que la saison lui livre, elle te l'apporte sur ta table et sait, avec chaque jour, varier habilement les mets. A peine l'été a mûri les fruits, que déjà elle songe aux provisions pour l'hiver. Dans le frais cellier le chou succulent fermente pour elle et les conserves mûrissent dans le vinaigre; mais la chambre aérée lui garde les dons de Pomone. Elle recueille avec bonheur l'éloge de son père et de ses autres sœurs, et si quelque chose manque à lui réussir, c'est pour elle un déplaisir plus grand que lorsqu'un créancier vous échappe. Ainsi toujours occupée, la jeune fille grandit en silence pour les vertus domestiques, pour le bonheur d'un honnête homme. Lui prend-il enfin l'envie de lire, sois certain qu'elle choisit alors un de ces livres de cuisine que la presse nous donne par milliers.

Une sœur gouverne le jardin, non plus un bois sauvage destiné à tenir ta maison humide en lui donnant un aspect romantique, mais un jardin coupé en planches élégantes, vestibule de la cuisine, nourrissant des herbes utiles et des fruits qui réjouissent l'enfance. Engendre-toi, en vrai patriarche, un petit royaume, et peuple ta maison d'un essaim fidèle. As-tu d'autres filles qui préfèrent rester assises et pratiquer en silence le travail féminin, c'est encore mieux. L'aiguille ne se repose guère dans l'année, car, si ménagères dans leur ménage, elles veulent cependant se montrer en public, en dames désœuvrées. Quel accroissement n'a pas pris la couture, le ravaudage, le blanchissage et le repassage depuis que les jeunes filles, dans une blancheur arcadique, avec leurs longues robes et leurs queues, vont balayant les rues et les jardins et secouent la poussière des salles de bal. Vraiment, si nous avions dans la maison une douzaine de jeunes fillettes, jamais je ne serais embarrassé pour le travail. Elles s'en forgent à elles-mêmes, et jamais, dans le cours de l'année, un livre sorti du cabinet de lecture ne franchirait le seuil de la porte.

L'ACHILLÉIDE

1798. — 1799

L'ACHILLÉIDE

SEPTIÈME PARTIE

CHANT PREMIER.

Le brasier puissant lançait vers le ciel une dernière flamme, et les murailles d'Ilion se teignaient de rouges lueurs à travers les ténèbres de la nuit; cependant le bûcher gigantesque croula dans un embrasement suprême; les ossements d'Hector s'affaissèrent, et le plus noble des Troyens ne fut plus qu'un peu de cendre sur le sol. Alors Achille, assis devant sa tente, se leva du siége où il passait les heures de la nuit à veiller, observant le jeu lointain, terrible de la flamme et les changeants caprices du feu, sans détourner ses yeux de la citadelle rougeâtre de Pergame: tout entier encore à sa haine contre ce mort qui lui avait frappé son ami, et qui désormais gisait là-bas.

Mais lorsque peu à peu s'apaisa la fureur dévorante du feu, et que la déesse aux doigts de rose embellit la campagne et la mer, de manière à faire pâlir l'épouvante des flammes, l'illustre Pélée, ému profondément, se tourna d'un air doux vers Antilochus, et prononça ces paroles solennelles: « Ainsi viendra le jour où bientôt des ruines d'Ilion, la fumée et les vapeurs de l'incendie s'élèveront.

et, chassées par les vents de Thrace, obscurciront la chaîne de l'Éda et les hauteurs de Gargares. Mais moi je ne le verrai pas! Eos, en réveillant les peuples, me trouva rassemblant les ossements de Patrocle, elle trouve aujourd'hui les frères d'Hector occupés à ce pieux emploi, et toi aussi elle te verra, mon fidèle Antilochus, ensevelir dans la désolation les restes légers de ton ami. Qu'il en soit comme les dieux l'ordonnent; en attendant, songeons à ce qu'il convient de faire. Réuni à mon ami Patrocle, un glorieux sépulcre doit s'élever en mon honneur, sur le haut rivage de la mer, et parler de moi aux peuples comme aux âges à venir. Déjà les robustes Myrmidons ont creusé les fossés, déjà ils ont disposé la terre en palissades, élevant comme un rempart protecteur contre le choc de l'ennemi. Ainsi, avec activité ils ont enceint de limites le vaste espace; mais il faut que l'œuvre s'avance! Je vais convoquer leur multitude qui m'aide à amonceler la terre sur la terre; et peut-être mènerai-je ainsi le travail à moitié. Je vous lègue à tous le soin de l'achever si bientôt l'urne contient ma cendre! »

— Il dit et s'éloigne; et, marchant à travers la ligne des tentes, fait signe à celui-ci, à celui-là, appelle les autres, et tous, empressés, saisissent avec joie le rude attirail, la pelle et le hoyau, le pieu robuste et le levier qui remue la pierre, et ainsi ils sortent, et, répandus en foule hors du camp, remontent le sentier et se hâtent en silence. Comme l'élite d'une armée se préparant à faire une surprise nocturne s'avance à pas comptés, chacun mesurant son chemin en retenant son souffle, dans l'espoir de pénétrer dans la ville ennemie mal gardée; de même ils vont eux aussi, et leur silence actif honore leur tâche solennelle, non moins que les douleurs du roi.

Mais bientôt, lorsqu'ils atteignirent le dos de la colline lavée par les vagues, et que l'étendue de la mer s'ouvrit à leurs yeux, Eos, du sein des lointaines vapeurs de l'aube sacrée, jeta sur eux un regard amical, et vint rafraîchir le cœur de chacun. Tous aussitôt se précipitent vers le fossé, avides de travail ils déchirent le sol longtemps foulé, et rejettent à coups de pelle les mottes de terre que d'autres emportent à pleines corbeilles. Ceux ci en remplissent leurs casques et leurs boucliers, ceux-là les pans de leurs tuniques, dont ils se servent au lieu de vases.

Cependant les Heures ouvrent avec violence les portes du firmament, et l'attelage impétueux d'Hélios s'élève avec fracas. Il éclaire d'abord les Éthiopiens pieux, habitants des limites extrêmes du monde; puis, secouant bientôt ses boucles embrasées, il descend des bois de l'Ida pour éclairer les Troyens gémissants, les Achaïens agiles.

Or les Heures, s'élevant dans l'éther, arrivent au palais sacré de Kronion qu'elles saluent éternellement. Elles entrent; Héphæstos en boitant s'avance à leur rencontre, et leur adresse ces paroles : « O vous! décevantes! si rapides à l'homme heureux, si lentes à celui qui attend! écoutez-moi! Soumis à la volonté de mon père, j'ai construit cette salle selon la divine mesure du plus splendide chant des Muses. Je n'ai épargné ni l'or, ni l'argent, ni l'airain; et telle que la voilà, mon œuvre ne redoute rien des dommages du temps. Car ici la rouille ne prend pas, car jusqu'ici non plus ne monte la poussière, compagne du voyageur terrestre. J'ai fait tout ce qu'il est donné de faire à l'art créateur. La coupole sublime du palais repose inébranlable, et le sol luisant invite à marcher. Chaque souverain a son trône qui le suit, et où il commande comme le chasseur à ses chiens. J'ai créé des enfants d'or qui cheminent et servent de soutiens à Kronion, comme je me suis créé à moi des vierges d'airain. Mais tout cela reste sans vie. Car à vous seules, il appartient aux Charites et à vous seules de répandre les charmes de la la vie sur la forme inanimée. A l'œuvre donc! n'épargnez rien, répandez tout autour de vos urnes sacrées les grâces à torrents, afin que je me réjouisse dans mon œuvre, et que les dieux ravis m'estiment à l'égal d'autrefois. » Elles, alors, sourirent doucement, les inconstantes ! et, faisant au vaillant un signe amical de consentement, versèrent alentour la vie et la lumière avec tant de profusion, que nul mortel ne les eût supportées, et que les dieux furent ravis.

Ainsi, sur le seuil de son palais s'agitait Héphæstos, animé au travail, car le travail seul faisait battre son cœur. Alors s'avance Héra accompagnée de Pallas Athénée, avec qui elle échange des paroles, et sitôt qu'elle aperçoit son fils, elle l'arrête et lui dit : « O mon fils ! cette gloire va bientôt te manquer, cette gloire où tu te complais de forger des armes qui protégent les hommes contre la mort, épuisant tout l'art que t'offrent telle et telle déesse. Car le jour est proche où le vaillant Pélée tombera dans la poussière, montrant par son exemple les limites assignées aux mortels. Ni ton casque, ni ton armure, ni le contour de ton bouclier, n'aideront à son salut lorsque les griffes sombres de la mort viendront l'assaillir. »

Mais le dieu artisan, Héphæstos : « O ma mère, pourquoi me railler d'avoir contenté avec empressement les désirs de Thétis et fabriqué ces armes ? Jamais pourtant armes pareilles ne seraient sorties d'une enclume terrestre ; un dieu même se servant de mes propres outils ne les eût pas forgées, ces armes coulées sur la taille du corps, portant le héros comme des ailes, impénétrables et splendides, un prodige à l'œil étonné ! Car ce qu'un dieu accorde aux hommes est un don fortuné, et non point un présent ennemi, destiné seulement à causer des ruines. Certes, Patrocle me revenait heureux et vainqueur, si Phébus n'eût abattu son casque de sa tête et divisé son armure de telle sorte que le héros dépouillé dût succomber : il en doit être ainsi ; la destinée réclame les humains ; l'arme la plus divine, l'égide elle-même ne les sauverait pas, car des dieux seuls elle éloigne les jours funèbres. Mais que m'importe après tout ? Qui forge les armes prépare la guerre, et serait mal venu d'en attendre le son du cistre. » — Il dit, et s'éloigne en murmurant ; les déesses sourient.

Cependant les autres dieux accourent. Artémise survient, la matinale Artémise, heureuse déjà de la flèche victorieuse qui étend à ses pieds le cerf vaillant des sources de l'Ida. Puis Iris Herméia, puis la noble Léto, éternellement haïe d'Héra, semblable à elle, mais de plus douces mœurs. Phébus la suit ; sa mère divine s'enorgueillit dans son fils. Arès s'avance d'un pied superbe, agile, Arès le guerrier qui ne sait sourire à personne, et que Cypris la douce a dompté seule. Plus tard vient Aphrodite, la déesse aux œillades, si lente à se séparer des amants aux heures matinales. Adorablement épuisée, et comme si la nuit n'eût en rien profité à son repos, elle se laisse aller entre les bras du trône.

Une douce lueur éclaire les salles, le souffle de l'éther pénètre du sein de l'étendue, annonçant l'approche de Kronion, et au même instant il entre ; de son palais sublime, il vient à l'assemblée appuyé sur l'image sortie des mains d'Héphæstos. Ainsi, magnifique, il se dirige vers son trône d'or artistement travaillé ; les assistants s'inclinent et prennent place, chacun sur son siége à part.

Les dieux de la jeunesse, agiles échansons, se hâtent d'un pied joyeux ; les Charites, Hébé, distribuent à l'entour, mais sans qu'il déborde, l'ambrosien nectar, délice des Uranions. Vers Kronion s'avance Ganymède avec la gravité du premier regard de l'adulte dans l'œil de l'enfant, et le dieu s'en réjouit. Ainsi, tous goûtent en silence la plénitude de leur immortalité.

Cependant, le regard affligé, Thétis paraît, la divine

Thétis de puissante stature, la fille chérie de Nérée, et s'adressant aussitôt à Héra : « Déesse, dit-elle, ne détourne pas le visage, apprends à être juste! Car, je le jure par tous ceux qui habitent au fond du Tartare et se tiennent autour de Kronos assis aux sources du Styx, juges tardifs des faux serments; j'atteste que je ne viens point ici pour arrêter la destinée trop sûre de mon fils, ni pour éloigner le jour funeste. Non, une douleur insurmontable me pousse en dehors de ma demeure empourprée des mers; parviendrai-je donc dans la gloire olympienne à l'apaiser jamais cette angoisse lamentable? car mon fils ne m'invoque plus, il s'attarde sur le rivage, m'oubliant, et dévoré uniquement du souvenir de son ami descendu avant lui dans les funèbres royaumes de l'Aïs, et qu'il brûle d'aller rejoindre parmi les Ombres. Non, je ne puis le voir ni lui parler. De quel secours nous serait-il de nous lamenter ensemble sur des calamités inévitables? »

Héra, se tournant avec violence, jette alors sur l'affligée un regard terrible, et, fronçant le sourcil, lui adresse ces paroles amères : « Perfide, impénétrable! pareille à la mer qui t'engendra! dois-je donc me fier à toi et t'accueillir d'un sourire amical, toi qui tant de fois m'as chagrinée, qui naguère encore entraînais à la mort les plus nobles de mes guerriers, tout cela pour flatter de ton fils l'humeur insupportable, insensée? Crois-tu que je ne te connaisse pas? crois-tu que j'aie oublié tes débuts, lorsque Kronion descendit chez toi en splendide fiancé, m'abandonnant, moi, l'épouse et la sœur; lorsque la fille de Nérée, enflée d'orgueil, espérait devenir la reine des cieux? Mais il revint bientôt l'immortel, averti par la prédiction sage du Titan annonçant que de l'indigne couche sortirait pour lui le rejeton le plus fatal. Prométhée, sans doute! car de toi et du mortel un monstre est issu tel que la chimère et le dragon dévastateur. Si maintenant un dieu l'eût engendré, qui assurerait l'éther aux dieux? Et comme celui-là le monde, celui-ci ravageait le ciel? Et cependant jamais je ne te vois t'approcher sans que Kronidès rasséréné ne t'appelle d'un signe pour caresser ton visage, et t'accorder, le terrible, tout ce que tu demandes. Une passion inassouvie ne meurt jamais dans le cœur de l'homme. »

Et la fille du véridique Nérée : « Cruelle, quels discours sont les tiens! tu n'épargnes pas les flèches de la haine aux douleurs d'une mère, les plus effroyables de toutes, d'une mère qu'afflige la destinée prochaine de son fils et qui répand ses plaintes. Aussi bien tu n'éprouvas jamais combien cette misère dévaste le cœur d'une femme mortelle et d'une immortelle déesse; issus de Kronion, d'illustres fils t'entourent, et tu te réjouis dans leur gloire! et cependant, toi-même tu gémis et tu répandis des plaintes lamentables le jour où Kronion, irrité, précipita, à cause de toi, sur le sol de Lemnos, le fidèle Vulcain, et où tu vis l'immortel gisant, blessé au pied, comme un fils de la terre. Tu criais, appelant les nymphes de ce rivage ombreux, invoquant Pœon et soignant toi-même la blessure. Aujourd'hui encore, l'infirmité de ton fils qui boite te chagrine. S'il s'empresse alentour et se hâte pour offrir aux dieux le précieux nectar, et s'il porte la coupe d'or, chancelant et préoccupé de peur qu'il ne s'en répande et qu'un rire inextinguible ne s'élève de l'assemblée des dieux, toi seule conserves sans cesse ta gravité, et ta sollicitude pour ton fils ne te quitte jamais. Et moi, je ne chercherais pas auprès de vous l'apaisement de mon chagrin, aujourd'hui que la mort de mon fils magnanime, de mon unique fils, est imminente! car il me l'a trop fermement prédit, mon vieux père, Nérée la bouche véridique, le scrutateur divin de l'avenir, ce jour où vous tous, dieux immortels descendus de l'Olympe, vous célébrâtes dans les bois de Pélion cette fête où j'étais contrainte, de mon hyménée avec un mortel. Alors aussi, le vieillard m'intima de préférer au père le fils magnanime, car ainsi le voulait le destin. Cependant il m'annonçait en même temps la fin hâtive de ses tristes jours. Ainsi les années se déroulèrent avec rapidité pour moi, poussant irrésistiblement mon fils vers les portes sombres de l'Aïs. Que me servirent les artifices et la ruse ! Que me servit la flamme épuratoire et la robe de femme ? L'héroïque ! un désir immodéré de la gloire et les liens de la destinée l'entraînaient à la guerre. Il a vécu de tristes jours, les voici bientôt à leur fin. Je sais la condition imposée à son destin sublime, une gloire éternelle lui demeure assurée ; mais les armes des Troyens le menacent d'une mort proche et certaine, et Kronion lui-même ne le sauverait pas. » Elle dit, et passe, et s'assied à côté de Léto, qui porte, entre toutes les autres habitantes de l'Olympe, un cœur de mère dans son sein ; et là se repait librement de sa douleur.

Alors, seulement, Kronion tourne sa face divine vers la belle éplorée et d'un ton paternel commence ainsi : « Fille, devrais-je donc entendre sortir de ta bouche les paroles violentes de la rancune, telles qu'un Titan dans sa haine les vomit contre les dieux, dominateurs suprêmes de l'Olympe ! Toi-même tu condamnes ton fils par ton désespoir insensé ; l'espérance reste mariée à la vie, — la flatteuse déesse, agréable entre tous les fidèles démons qui accompagnent l'homme mortel à travers les jours changeants. — La demeure sombre s'ouvre à elle et le destin sourit, lorsque la gracieuse s'approche de lui d'un air caressant. La nuit impénétrable ne rendit-elle pas l'épouse d'Admète à mon fils l'invincible ? N'avez-vous donc pas vu Protésilas monter jusque vers nous pour étreindre dans ses bras son épouse plaintive, et Perséphone s'émouvoir en entendant au fond de ses abîmes le chant d'Orphée et ses ardeurs insurmontables ?

Ma foudre n'arrêta-t-elle point la force d'Esculape, qui rendait, non sans témérité, les morts à l'existence? Même pour les morts, espèrent les vivants; veux-tu donc désespérer, toi, lorsque le vivant jouit encore de la lumière du soleil? Les bornes de la vie ne sont pas irrévocablement arrêtées; un dieu, un homme même, peuvent repousser les limites de la mort. C'est pourquoi laisse-moi tomber cette colère, garde tes lèvres du délire, et ferme ton oreille au sarcasme ennemi. Souvent le malade ensevelit le médecin qui naguère prononçait son arrêt de mort, et, rétabli, s'enivre de la lumière du soleil. Souvent, Poséidon ne pousse-t-il pas avec violence la quille du navire vers la périlleuse Syrta, brisant les planches et les poutres? Aussitôt la rame échappe aux mains, et le dieu disperse sur les flots les débris de l'équipage que les hommes cherchent à retenir. Il les veut perdre tous, mais plus d'un en sauve le démon. Ainsi, nul dieu, c'est ma pensée, nulle déesse, même la première, ne sait qui est destiné à revenir des champs d'Ilion dans ses foyers. »

Il dit et se tait; aussitôt la divine Héra se lève de son trône de déesse, comme du sein des mers une montagne dont les foudres de l'éther illuminent le sommet sublime. Furieuse, elle s'exprime ainsi d'une voix haute et digne : « Terrible! irrésolu! Que signifient ces paroles douteuses? N'aurais-tu donc parlé que pour irriter ma colère et te réjouir de mes emportements, me préparant de la sorte à la confusion céleste? car j'ose à peine croire que tes paroles aient été sérieusement pesées. Ilion tombe! tu me l'as juré! tous les signes du destin l'annoncent. Achille donc, lui aussi, doit tomber! lui, le meilleur d'entre les Grecs, le digne favori des dieux! Car celui qui se rencontre sur le chemin de la destinée, fatalement entraînée vers son but final, celui-là roule dans la poussière sous les pieds des coursiers qui le foulent, et tombe broyé sous la roue du char d'airain, du char sacré. Je ne parlais pas, quels que soient les doutes que tu éveilles pour rasséréner celle-là qui se laisse aller si mollement à ses douleurs. Cependant je te le dis et retiens-le dans ton cœur : L'arbitraire demeure éternellement haï des dieux et des hommes, qu'il se montre dans les actions ou seulement se révèle dans les paroles : car, si haut que nous soyons placés, Thémis est encore la plus immortelle entre les immortels, et seule elle doit survivre et régner en ces jours, quelque reculés qu'ils puissent être, où ton royaume cédera à la force puissante et longtemps comprimée des Titans. »

Mais Kronion, sans s'émouvoir, réplique avec sérénité : « Tu parles sagement et n'agis pas de même; car sur la terre comme dans le ciel le collègue du souverain encourt le blâme lorsqu'il s'associe à ses antagonistes, peu importe qu'il s'agisse d'actes ou de paroles : la parole n'est qu'un héraut des actes qui s'approchent. Ainsi je te le signifie, déesse turbulente, s'il te plaît dès aujourd'hui de partager l'empire souterrain de Kronos, descends-y résolûment et va attendre le jour des Titans, encore bien éloigné, tu peux m'en croire, de la lumière de l'Éther. Et vous, qu'on ne se hâte point de précipiter la ruine sur les murs de Troie. Qui protége Troie protège aussi Achille, et, selon moi, un triste office restera aux autres qui se chargeront de mettre à mort le plus illustre héros d'entre les Grecs favorisés. »

Il dit, se lève de son trône, et se retire dans son palais.

Léto et Thétis quittent aussi leurs siéges et s'enfoncent dans la profondeur des salles, toutes deux altérées des voluptés douloureuses d'un entretien solitaire, et nul de l'assemblée ne suit leurs pas.

Cependant l'auguste Héra se tournant vers Arès : « Mon fils, que penses-tu, toi dont l'indomptable volonté favorise à son gré l'un ou l'autre, et tantôt comble celui-ci, tantôt celui-là, du bonheur changeant des armes redoutables? Jamais le but ne t'occupe, peu t'importe où il est placé; la force du moment, et la rage et la fureur t'animent seules. Aussi je ne désespère pas de te voir bientôt au milieu des Troyens combattre Achille lui-même, dont la destinée est enfin près de se consommer et qui n'est pas indigne de tomber sous une main divine. »

Mais Arès, avec respect et dignité : « Mère, épargne-moi de pareils ordres qu'un dieu n'a jamais accomplis. Les mortels s'égorgent entre eux selon que l'ardeur de la victoire les pousse. Mon seul désir est de les émouvoir au sein de leurs retraites pacifiques, où leurs jours exempts de soucis s'écoulent heureux, occupés assidûment à conquérir les dons de Cérès nourricière. Accompagné d'Ossa, je les appelle aux armes; le bruit des combats lointains résonne à leurs oreilles, déjà le tumulte de la mêlée retentit autour d'eux et réveille leurs courages; désormais rien ne saurait les retenir, et dans un élan valeureux ils marchent ardemment, altérés des dangers de mort. C'est ainsi que je vais animer au combat le fils de la gracieuse Éos, Memnon et les peuples d'Éthiopie, de même que la race des Amazones de qui les hommes sont haïs. » Il parle et se détourne, mais la blonde Cypris le retient, et, fixant ses regards sur ses yeux, lui dit avec un sourire enchanteur :

« Barbare, est-ce ainsi que tu te précipites et vas soulever les peuples les plus reculés de la terre pour qu'ils prennent parti dans une guerre qui se livre ici à cause d'une femme! Pars! je ne te retiens pas, car il est plus digne de combattre pour la plus belle d'entre les femmes que pour la possession de biens ainsi qu'on l'a fait jadis. Seulement ne me déchaîne pas les Éthiopiens, toujours si assidus à célébrer les fêtes en l'honneur des dieux, bon peuple à qui j'ai donné les plus doux présents d'une vie pure : la jouissance d'un amour éternel ainsi qu'un heureux cortége d'enfants nombreux. Rends-toi digne plutôt de mon estime en excitant à des combats mortels la troupe antiféminine des farouches Amazones, car je les hais, les grossières, qui prennent à tâche de fuir le doux commerce des hommes, et, pour dompter des coursiers, dédaignent les charmes, les plus purs honneurs de la femme. »

Elle dit, et le regarde s'éloigner avec rapidité ; cependant son œil se détourne pour épier avidement la course de Phœbus, qui descend de l'Olympe vers la terre fleurie, et parcourt ensuite la mer, évitant toutes les îles, pour se hâter vers le vallon de Tymbrée, où, du temps de la paix propice aux fêtes, s'élevait en son honneur un temple auguste, rendez-vous du peuple de Troie. Hélas ! maintenant le temple est désert sans plus de fêtes ni de luttes. Cypris l'aperçoit, la déesse prudente, avisée, et songe à marcher vers lui, car elle roule maints projets dans son sein.

Or, la grave Pallas Athénée dit à Héra : « Déesse, ne t'irrite pas contre moi ! Je vais descendre sur la terre pour marcher à côté de celui que la destinée doit maintenant bientôt atteindre. Une si belle vie ne mérite pas de finir dans l'amertume et le chagrin. Je l'avoue volontiers, entre tous les héros du temps passé et présent, Achille m'a toujours été au cœur, et même j'aurais voulu m'unir à lui dans les étreintes de l'amour, si l'œuvre de Cypris pouvait convenir à Tritogénie. Mais de même qu'il entoura son ami d'une affection puissante, ainsi, moi, je le garde ; et de même qu'il gémit sur sa perte, de même s'il tombe, moi déesse, je veux gémir sur lui mortel. Ah ! qu'un si noble type doive sitôt manquer à la terre, si facile à s'éprendre à la ronde de tout ce qui est commun ! Que ce beau corps, splendide monument de la vie, devienne la proie des flammes dévorantes et s'en aille en poussière, et qu'il ne doive pas, le noble jeune homme, parvenir à la maturité ! Un prince est désormais si nécessaire à la terre, qui convertisse enfin en un sens puissant, créateur, cette fureur de jeunesse, ce désir farouche de la destruction, et fonde l'ordre où des milliers d'hommes prennent leur direction ! Car il ne ressemble plus, le héros accompli, à l'impétueux Arès, auquel suffit seul le combat homicide. Non ! il est pareil à Kronide lui-même, de qui découle toute prospérité : désormais il ne renverse plus, il construit des cités, conduit aux rivages lointains l'excédant de son peuple. La côte fourmille d'une race nouvelle, avide d'espace et de nourriture. Lui cependant élève son tombeau. Je ne puis, sans quoi je le devrais, écarter mon protégé des portes de l'Aïs, qu'il s'efforce de sonder déjà, et que, pour rejoindre son ami, il cherche à travers la ténébreuse horreur dont elles s'enveloppent encore, si près de lui qu'elles s'entr'ouvrent. » Elle dit, et lance un regard formidable dans le vaste Éther. L'œil formidable d'un dieu plonge partout où pleurent des mortels.

Mais Héra répond, en passant la main sur l'épaule de son amie : « Fille, je partage avec toi les douleurs qui t'agitent : car nous pensons de même sur plus d'un point, sur celui-ci encore : que je fuis ces embrassements de l'homme, ces embrassements que toi aussi tu repousses avec dégoût ; mais le digne et mâle héros ne nous en est que plus cher. Bien des femmes désirent un amoureux efféminé : ainsi Anchise plut à la blonde, ainsi d'Endymion aimé pour son sommeil. Mais reprends tes esprits, digne fille de Kronion ; descends vers le fils de Pélée et remplis son sein d'une vie divine, afin que de tous les mortels il soit aujourd'hui le plus fortuné en rêvant à sa gloire à venir, et que la main des Heures lui offre la plénitude de l'éternité. »

Pallas orne rapidement son pied des sandales d'or qui

la portent, à travers le vaste espace des cieux, au-dessus des flots de la mer. Elle marche, et, sillonnant l'étendue élevée et l'atmosphère inférieure, abaisse sa course sur la hauteur du Scamandre, près du monument d'Æsiete, qu'on aperçoit de loin. Elle ne s'arrête point à contempler les remparts de la ville, à contempler la campagne paisible qui s'étend entre la parure incessamment limpide que lui fait le Xante sacré et le lit pierreux, large et aride du Simoïs, et descend ainsi vers le rivage caillouteux. Son regard s'abstient aussi de parcourir la ligne des vaisseaux, d'épier la rumeur des camps. Occupée à la ronde, la déesse, tournée du côté de la mer, repaît sa vue de la colline de Sigée, et voit le vaillant fils de Pélée commander à son peuple actif de Myrmidons. Tels qu'un troupeau remuant de fourmis, dont le pas rapide d'un chasseur a troublé au fond d'un bois l'occupation en dispersant leur amas si longuement et si laborieusement entassé — aussitôt la multitude sociable, dissipée en mille groupes, bourdonne ici et là, et des myriades s'agitent et grouillent isolément, chacune saisissant ce qu'elle trouve, se hâtant vers le centre, vers l'ancien édifice du labyrinthe en éminence; ainsi des Myrmidons : ils entassent la terre avec la terre, élevant en rond du dehors la chaussée, qui grandit à vue d'œil dans le cercle prescrit.

Cependant Achille se tenait au creux du fossé, environné des éboulements du sol qui s'élevait en mausolée autour de lui. Derrière lui, Athénée s'avance; non loin, la figure d'Antilochus enveloppe la déesse, non point tout à fait, car il semble plus beau, plus glorieux. Bientôt le fils de Pélée se retournant, aperçoit son ami ; joyeux, il marche à sa rencontre et lui dit en lui serrant la main : « Cher, viens-tu donc, toi aussi, pour hâter cette œuvre solennelle, que le zèle de mes jeunes hommes pousse de plus en plus à son accomplissement? Vois! comme à l'entour la palissade s'élève, et comme le gravois, rétrécissant le cercle, se presse déjà vers le centre ! La multitude peut s'acquitter de cette tâche : mais toi, sois chargé de construire l'abri qui doit protéger l'urne. Vois, j'ai mis de côté deux fragments énormes de granit ; sans doute Poseidon, le dieu des commotions, les aura détachés de quelque gigantesque roche, et poussés ici sur le rivage de la mer pour les y enfouir sous les cailloux et la terre. Une fois façonnés, pose-les, construis l'abri solide, en les appuyant l'un contre l'autre, et que l'urne au-dessous, secrètement gardée, se conserve jusqu'à la fin des jours ; comble ensuite avec de la terre les vides de l'espace, toujours plus à fond et que la pyramide achevée devienne un monument pour les générations futures. »

Il dit, et la fille de Zeus, Pallas aux yeux limpides, ne lâche point ses mains, ces mains terribles dont nul, et fût-il le plus brave de tous, n'aime à s'approcher dans les combats. Elle les presse à deux reprises en une étreinte divine, amicale, et lui adresse ces douces et réjouissantes paroles : « Cher, ce que tu ordonnes, le dernier d'entre les tiens l'accomplira un jour ; après cela, que ce soit moi ou un autre, qui le saura ? Mais sortons au plus vite de ce cercle étroit, viens faire le tour de ces palissades élevées ; de là-bas on découvre la mer, le pays et les îles de l'horizon. » Elle dit, et le cœur du héros tressaille. Pallas alors le conduit par la main, l'entraîne légèrement sur la hauteur, et tous deux se promènent ainsi sur le bord élevé de la palissade toujours croissante.

Mais la déesse, tournant vers la mer ses yeux d'azur étincelants, lui adresse alors, pour l'éprouver, ces amicales paroles : « Quelles sont ces voiles qui, nombreuses, les unes derrière les autres, tendent vers le rivage en longue file ? Elles n'approcheront pas, j'imagine, sitôt de la terre sacrée ; car le vent d'est leur souffle de la rive. »

« Si mes yeux ne me trompent pas, reprend l'illustre fils de Pélée ; si la forme de ces navires bigarrés ne m'a point déçu, ce sont des Phéniciens hardis, avides de toutes sortes de richesses. Ils apportent des îles les vivres bienvenus à l'armée athénienne, qui, depuis longtemps, appelait ce convoi de tous ses vœux : du vin, des fruits secs et des troupeaux de bétail mugissant. Oui, ils aborderont, je pense ; les peuples se raviveront avant que la bataille pressée ne convoque leurs forces renouvelées. »

« Vraiment, ajoute alors la déesse au regard d'azur, celui-là fut bien inspiré qui persuada les siens de construire ici sur la côte une tour, afin de guetter sur la haute mer les vaisseaux qui arrivent, ou d'allumer un phare, signe nocturne pour les navigateurs ; car un espace immense, jamais vide, s'étend d'ici aux yeux : un vaisseau rencontre d'autres vaisseaux qui tendent vers le port, ou les suit. Oui, qu'un homme venu des profondeurs de l'Océan, portant dans son navire creux le grain doré des bords reculés du Phase, sillonne les mers dans un but de commerce, partout il sera vu, de quelque côté qu'il se tourne. Qu'il navigue dans les flots salés du vaste Hellespont, vers le berceau de Kronide et les gouffres d'Égypte, curieux de voir la grotte des Tritons, ou qu'il se dirige vers les extrémités de la terre, afin d'y saluer à leur descente les coursiers d'Hélios, pour revenir ensuite en ses foyers, richement chargé des marchandises que tant de rivages lui offraient, on le verra toujours, soit qu'il s'éloigne ou qu'il retourne. Là-bas aussi, dans ces contrées où les ténèbres jamais ne se séparent de la terre sacrée ; là-bas aussi habite, j'imagine, plus d'un homme résolu que l'éternel brouillard importune ; avide de hasards, il s'aventure sur la pleine mer ; il navigue vers la joyeuse lumière du jour, et, près d'aborder, montre de loin la hauteur à ses compagnons, et s'informe du sens que peut avoir ce signe. »

Et Pélée, d'un regard paisible, répond alors avec sérénité : « Tu parles sagement, fils du plus sage des pères.

et l'inspires non-seulement de ce que ton œil touche à cette heure, mais encore de l'avenir, semblable aux devins sacrés. Volontiers je t'écoute, tes douces paroles versent dans ma poitrine une volupté nouvelle que je n'ai pas goûtée depuis longtemps. Ami, plus d'un passera en déchirant la vague bleue, qui, voyant ce noble monument, dira aux nautonniers : Là repose enseveli celui qui ne fut pas le moindre des Achéens, auquel l'âpre rigueur des Parques a fermé le chemin du retour, car de nombreux travailleurs édifièrent la pyramidale éminence. »

« Non, ainsi il ne parlera pas, reprend vivement la déesse. « Voyez! s'écriera-t-il ravi, apercevant de loin le faîte : là s'élève le monument glorieux de Pélée, illustre entre tous, et que la volonté des Parques arracha sitôt à la terre. » Car je te le dis, moi devin ami de la vérité, à qui les dieux pour un moment dévoilent ici l'avenir : loin des gouffres de l'Océan, des régions où mène Hélios ses coursiers jusqu'à celles où le soir il descend, aussi loin que le jour et que la nuit s'étendent, vois, ta renommée splendide s'étend; tous les peuples honorent ton choix sublime d'une vie courte et glorieuse : ton lot est encore le meilleur. Celui qui jeune a quitté la terre, jeune aussi marche éternellement dans le royaume de Perséphone, et apparaît aux hommes à venir éternellement jeune, éternellement regretté. Que mon père un jour meure, le vieux Nestor; qui le plaindra? A peine si de l'œil de son fils roulera une larme d'attendrissement. Le vieillard qui repose gît complet, accompli; mais le jeune homme éveille, en tombant, chez tous les mortels à venir, une ardeur infinie, et meurt de nouveau pour quiconque aime à voir l'action glorieuse d'actions glorieuses couronnée. »

Aussitôt Achille, d'une voix consentante : « Oui, reprend-il, l'homme estime la vie comme un si précieux bijou, qu'il honore au plus haut point quiconque superbement la dédaigne. Il est plus d'une vertu relevant de la sublime intelligence, plus d'une tenant de la foi, du devoir et de l'amour qui embrase toute chose ; mais les hommes n'en élèvent aucune aussi haut que le sens robuste qui, loin de fuir devant la mort, appelle vaillamment, défie même au combat la force des javelots. Recommandable aussi, il apparaît aux générations à venir celui qui, pressé par la honte et le désespoir, tourne résolument le tranchant de l'acier contre son sein fragile. La gloire s'attache à lui contre son gré : de la main du désespoir il prend la sublime couronne du vainqueur immortel ! »

Il dit ; cependant Pallas Athénée lui répond : « Tu dis vrai, car ainsi il en arrive aux hommes ! Le mépris des périls de la mort élève jusqu'au plus chétif. Un serviteur est beau à voir combattre au côté de son roi. Il n'y a pas jusqu'à la gloire de la femme, de la ménagère, que la terre ne répande ; et toujours parmi les héros sera nommée la paisible Alceste qui sut s'immoler pour son Admète. Mais à aucun un plus illustre lot n'est échu qu'au guerrier qui marche le premier sans conteste parmi les hommes innombrables, Achéens d'origine ou Phrygiens indigènes, qui combattent ici des combats infinis. Mnémosyne et ses augustes filles oublieront ces divins combats qui assurent à Kronide son royaume, querelles primitives où la terre et le ciel et la mer prirent une part furieuse, avant que le souvenir s'efface de la valeur des Argonautes, et la terre perdra la mémoire des actions d'Hercule, avant que ces campagnes et ces rivages aient cessé de proclamer la gloire de cette lutte de dix ans. Et à toi il était réservé dans cette guerre splendide qui remua tout Hellas attirant à travers les mers ses vaillants héros, comme aussi les Barbares les plus reculés, alliés des Troyens, à toi il était réservé d'être nommé toujours le premier comme guide des peuples. Et dans l'avenir, partout où les hommes s'assembleront pour entendre la voix du poëte, qu'ils soient assis à l'abri dans le port et se reposant sur la pierre taillée des travaux de la rame et des combats terribles avec les vagues indomptables, ou se tiennent campés, par un jour de fête solennelle, autour du temple magnifique de Jupiter Olympien ou de Phébus qui lance au loin les traits, lorsque la récompense glorieuse aura été décernée au vainqueur, toujours ton nom coulera des lèvres du chanteur divin immédiatement après celui des dieux ! tu seras là toujours, comme présent pour ranimer les cœurs, et dans toi seul viendra s'absorber la gloire de tous les braves. »

À ces mots, Achille repartit vivement et d'un regard austère : « Tu parles dignement et bien, ô jeune homme sensé ! car, en effet, c'est une joie pour l'homme de voir la foule qui se presse autour de lui, avide de contempler ses traits ; c'est une joie aussi de penser au doux poëte qui entrelacera à son nom la couronne du chant ; mais rien ne vaut le charme qu'on éprouve à se dire que, dans la vie comme dans la mort, on a pour soi l'opinion des hommes élevés. Car jamais sur la terre, ivresse plus précieuse ne me fut donnée que lorsque Ajax, fils de Télamon, me secouait la main au soir d'une bataille en se réjouissant de la victoire et des ennemis égorgés. Vraiment, la vie si courte, il serait à souhaiter que l'homme pût la passer ainsi du matin jusqu'au soir dans la salle des festins, au milieu de l'abondance des mets et goûtant le vin généreux qui dompte les soucis, tandis que le rapsode lui mettrait sous les yeux le passé et l'avenir. Mais il en fut décidé autrement du jour où Kronion, irrité contre l'audacieux fils de Japet, ordonna à Vulcain de fabriquer l'image de Pandore : de ce jour datent tous les fléaux déchaînés contre tous les hommes mortels qui ont jamais habité la terre et auxquels le soleil ne luit que pour de décevantes espérances, décevant lui-même par son éclat céleste et ses rayons fécondateurs. Car, chez l'homme, toujours est prête à s'épancher la source intarissable de la discorde, ruine de la maison paisible, l'envie et la soif de la domination, et le désir de possessions immenses, des biens divisés à l'infini, des troupeaux, comme aussi de la femme, qui, tout en lui apparaissant divine, apporte dans ses foyers le fléau le plus dangereux. Où se repose-t-il de sa peine et de ses efforts, l'homme qui traverse les mers dans un navire creux? Qui, suivant les robustes taureaux, déchire d'un adroit sillon les entrailles de la terre? Partout des dangers le menacent, la plus vieille des Parques régit le sol de la terre aussi bien que la mer. C'est pourquoi je te le dis : que le plus heureux soit toujours disposé au combat et ressemble au guerrier sans cesse préparé à se séparer du regard d'Hélios. »

La déesse Pallas Athénée reprit en souriant : « Laisse-moi tout cela ; nulle parole, si sage qu'elle soit, d'un homme né de la terre, ne saurait délier l'énigme de l'impénétrable avenir ; aussi j'en reviens d'autant mieux au motif qui m'amène de te demander si tu n'aurais rien à m'ordonner pour ton service ou celui des tiens. »

Et l'illustre Palide d'un ton de gravité sereine : « Tu me rappelles avec raison, ô sage! ce qu'il convient de faire ; je ne sens plus la faim désormais, ni la soif, ni aucun autre de ces désirs terrestres qu'on fête aux heures joyeuses ; mais ces hommes, fidèles travailleurs, n'ont pas même reçu dans leurs fatigues le soulagement de la fatigue. Or, si tu veux exploiter la force des tiens, tu dois les réconforter par les dons de Cérès, de qui toute nourriture émane. Hâte-toi donc, ami, et donne assez de pain, assez de fruits pour que nous puissions exiger le travail, et ce soir, que le vent nous apporte, agréable bouffée, l'odeur bienvenue des viandes égorgées d'abord. »

Il dit, et les siens entendent ses paroles en souriant entre eux, ravivés par la sueur du travail.

Cependant la divine Pallas descend d'un pied qui vole, elle atteint aussitôt les tentes des Myrmidons qui gardent au pied de la colline la droite du camp, lot échu au magnanime Achille.

Sur-le-champ la déesse active ces hommes prévoyants qui, gardant les fruits d'or de la terre, sont toujours prêts à les distribuer aux guerriers. Elle les appelle et leur adresse ces paroles souveraines : « Alerte ! que tardez-vous à porter la nourriture bienvenue du pain et du vin à ces hommes accablés là-haut sous le faix du travail, et qui, pour aujourd'hui, n'ont point le loisir de se préparer sous leur tente, et dans une joyeuse causerie, la nourriture quotidienne ? Alerte donc, paresseux ! qu'on procure à l'instant à ces hommes actifs ce que leur estomac demande, car trop souvent vous rognez au peuple qui combat la ration due de la nourriture promise. Mais, je pense, la colère du maître va vous activer, car il n'a point amené ici le guerrier pour votre bon plaisir. »

Elle dit, et ils obéissent, se hâtant d'un cœur indolent, et portent au dehors les provisions dont les bouches vont s'emplir.

PROMÉTHÉE

FRAGMENT DRAMATIQUE

1773

PROMÉTHÉE

FRAGMENT DRAMATIQUE.
1773.

ACTE PREMIER.

PROMÉTHÉE, MERCURE.

PROMÉTHÉE.

Je m'y refuse, dis-le-leur! bref, je ne le veux pas. Leur volonté contre la mienne, un contre un! Ces conditions sont dignes, il me semble!

MERCURE.

Moi, les rapporter à Zeus ton père? à ta mère?...

PROMÉTHÉE.

Père! mère! qu'est cela? Sais-tu d'où tu viens? Je me tenais debout lorsque, pour la première fois, je m'aperçus que j'avais des pieds, et je gesticulais lorsque je me sentis des mains; et je les trouvai observant mes pas, ceux que tu nommes père, mère...

MERCURE.

Et subvenant aux besoins pressants de ton enfance.

PROMÉTHÉE.

Aussi ont-ils eu pour leur peine la soumission de mon enfance, la faculté de former le pauvre nourrisson, de l'élever au vent de leurs caprices.

MERCURE.

Et de te protéger.

PROMÉTHÉE.

Contre qui? Est-ce contre des dangers qu'eux-mêmes redoutaient? ont-ils gardé ce cœur des serpents qui le dévoraient en secret? ont-ils cuirassé ce sein pour le rendre plus ferme à braver les Titans? N'est-ce point la nature qui m'a forgé homme, la toute-puissante nature, ma souveraine et la vôtre?

MERCURE.

Malheureux! parler ainsi de tes dieux, des immortels!

PROMÉTHÉE.

Dieux! je ne suis point dieu, moi, et je m'estime aussi haut qu'un de vous! — Infinis? — tout-puissants? — Eh! que pouvez-vous donc? Pouvez-vous faire tenir dans ma main l'espace du ciel et de la terre? pouvez-vous me séparer, moi, de moi-même? pouvez-vous m'étendre, m'élargir en un monde?

MERCURE.

Le destin!

PROMÉTHÉE.

Ah! tu reconnais donc sa puissance? moi aussi. Va, je ne sers point des vassaux!

Mercure sort.)

PROMÉTHÉE, retournant à ses statues répandues çà et là par tout le bois.

Instant irréparable! qu'un pareil fou m'ait arraché à votre compagnie, ô mes enfants! — Qui palpite ainsi dans votre sein? (À une jeune fille:) Que ta gorge ne s'enfle-t-elle! ton œil parle déjà! parle, oh! parle-moi, lèvre chérie! Oh, ce que vous seriez si je pouvais vous animer!

(Survient Épiméthée.)

ÉPIMÉTHÉE.

Mercure s'est plaint amèrement.

PROMÉTHÉE.

Si tu fusses demeuré sourd à ses plaintes, il ne se plaindrait pas.

ÉPIMÉTHÉE.

Frère! cependant ce qui est juste? La proposition des dieux était cette fois équitable! ils veulent te céder les cimes de l'Olympe; prétends-tu donc fonder en bas ta demeure, prétends-tu régner sur la terre?

PROMÉTHÉE.

Moi, être leur burgrave et défendre leur ciel? — Mes conditions étaient plus justes! — ils veulent partager avec moi, et je pense n'avoir rien à partager avec eux. Ce que j'ai ils ne peuvent me le ravir, et ce qu'ils ont ils peuvent le défendre. Ici le mien et le tien, et de la sorte nous sommes séparés.

ÉPIMÉTHÉE.

Et jusqu'où s'étend ton empire?

PROMÉTHÉE.

Aussi loin que le cercle de mon activité; rien au-dessous et rien au-dessus! — Quel droit ont là-haut les étoiles pour fixer sur moi leurs regards?

ÉPIMÉTHÉE.

Tu marches seul! ton orgueil méconnaît le céleste concert qui en résulterait, si les dieux, toi, les tiens, et la terre et le monde ne formaient qu'un tout harmonieux.

PROMÉTHÉE.

Je te connais! mais je t'en prie, cher frère, fais comme tu l'entends, et me laisse!

(Épiméthée s'éloigne.)

PROMÉTHÉE.

A moi, mon royaume! mon tout! ici je me sens être! ici tous mes désirs ont revêtu des formes corporelles! ici mon esprit disséminé en parcelles sans nombre, et tout entier pourtant dans mes enfants chéris!

(Survient Minerve.)

L'oses-tu bien, ma déesse? oses-tu venir visiter l'ennemi de ton père?

MINERVE.

J'honore mon père, et je t'aime, Prométhée!

PROMÉTHÉE.

Et tu es à mon esprit ce que mon esprit est à lui-même; dès le commencement tes paroles furent pour moi la lumière céleste? il me semblait toujours que mon âme se parlait, se révélait à elle-même, qu'en elle résonnaient des harmonies innées sorties de ses intimes profondeurs; lorsqu'il me semblait à moi que je parlais, parlait ma déesse, et tout en m'imaginant entendre une déesse parler, moi-même je parlais... et de la sorte, avec toi, avec moi, toujours toi et moi ne formant qu'un, je t'ai voué un amour éternel !

MINERVE.

Et je te suis présente éternellement !

PROMÉTHÉE.

Comme la douce lueur du soleil occident surnage au-dessus du Caucase obscurci, inondant mon âme d'une volupté calme, — toujours présent à moi, bien qu'il ait disparu ! — Ainsi mes forces se sont développées à chaque souffle de ton être divin. Et quels droits viendraient-ils désormais revendiquer sur mes forces, les superbes habitants de l'Olympe ? Elles m'appartiennent, et l'usage aussi m'en appartient. Non, plus un pas pour le souverain d'entre les dieux !

MINERVE.

Ainsi s'exprime la puissance.

PROMÉTHÉE.

Ainsi je m'exprime, déesse, puissant que je suis, moi aussi ! — Jadis, que de fois ne m'as-tu pas vu, dans ma volontaire servitude, porter le fardeau dont ils me chargeaient les épaules d'un air de gravité majestueuse ! Alors je consommais l'œuvre de la journée, je fournissais ma tâche selon qu'ils l'ordonnaient ; car je m'imaginais qu'ils lisaient le passé, l'avenir dans le présent ; car je regardais leur direction, leur souveraineté comme primordiale et désintéressée.

MINERVE.

Te servais pour te rendre digne de la liberté.

PROMÉTHÉE.

Et pour rien au monde je ne voudrais changer avec

l'oiseau du tonnerre, et, superbe, tenir les foudres du maître en une serre d'esclave. Que sont-ils ? que suis-je ?

MINERVE.

Ta haine est injuste ! Les dieux ont reçu en partage la durée et la puissance et la sagesse et l'amour.

PROMÉTHÉE.

Oui, j'en conviens, mais non pas seuls ! Comme eux je dure ! — Tous nous sommes éternels ! — Je ne me souviens pas de mon commencement, je n'ai nulle envie de finir, et ne vois pas de fin. Je suis donc éternel, car je suis ! — La sagesse ?.....

(Conduisant Minerve parmi les statues.)

Vois ces fronts ! mon doigt ne l'y a-t-il pas bien imprimée, et ce sein puissant craint-il de s'élancer au-devant du péril qui nous circonvient tous ?

(Il s'arrête en face d'une image de femme.)

Et toi, Pandore, vase sacré de tous les dons qui nous enchantent sous les vastes cieux, sur la terre infinie, toi l'unique volupté qui jamais ait ravivé mes sens, toi le baume dont la fraîcheur des ombres m'inondait, toi le rayon amoureux qui m'enivrait au printemps, le seul flot tiède de la mer qui soit venu caresser ma poitrine, toi de qui s'émanaient pour moi toute pureté, toute splendeur céleste, tout le repos de l'âme que je goûtai jamais, toi mon tout, oui, mon tout, — ma Pandore !

MINERVE.

Jupiter t'a défendu de leur donner la vie, si tu acceptais les conditions qu'il te propose.

PROMÉTHÉE.

C'est là le seul motif qui m'a fait réfléchir. Mais — il me faudrait être esclave — et — comme les autres — reconnaître là-haut la souveraineté du foudroyeur. — Non ! — qu'elles restent clouées à cette place par leur inanimation ; n'importe, elles n'en sont pas moins libres, et je sens leur liberté !

MINERVE.

Qu'elles s'animent donc ! c'est au destin, non aux dieux, qu'il appartient de donner la vie et de la reprendre ; viens, je vais te conduire à la source de toute vie, où Jupiter ne nous défend pas de pénétrer. — Elles vivront, et par toi !

PROMÉTHÉE.

Par toi, ô ma déesse ! vivre, se sentir libre ! vivre ! — Leur joie sera ta récompense !

ACTE DEUXIÈME.

SUR L'OLYMPE.

JUPITER MERCURE.

MERCURE.

Horreur ! — ô père Jupiter ! — trahison ! — Minerve, ta fille, assiste le rebelle, et, lui ouvrant les sources de la vie, anime autour de lui sa tour d'argile, son monde de limon. Pareils à nous, ils s'agitent et se meuvent, et bondissent de joie autour de lui comme nous autour de toi. O Zeus, ta foudre!

JUPITER.

Ils sont! ils seront! et doivent être. Sur tout ce qui est au-dessous de la vaste coupole des cieux, sur la terre infinie, ma domination s'étend. Cette race de vermisseaux accroît le nombre de mes serviteurs. Qu'ils prospèrent donc s'ils savent se soumettre à ma direction paternelle! malheur à eux s'ils croient braver ma main souveraine!

MERCURE.

O père tout-puissant! source universelle de bonté qui pardonnes leurs forfaits aux criminels! de tous les points de la terre et du ciel, qu'un tribut d'amour monte vers toi! Oh! envoie-moi! qu'à ce malheureux peuple enfant de la terre, j'aille t'annoncer, père, toi, ta bonté, ta puissance!

JUPITER.

Pas encore! dans la première ivresse de la vie, leur âme se croit pareille aux dieux. Ils ne t'entendront pas jusqu'à ce qu'ils aient besoin de toi. Laisse-les à leur existence.

MERCURE.

Aussi sage que bon!

(Un vallon au pied de l'Olympe.)

PROMÉTHÉE.

Vois, Zeus! jette un regard d'en haut sur mon monde : il vit pourtant! je l'ai formé à mon image, une race à moi semblable, pour souffrir, pour pleurer, pour jouir et te braver, comme je fais.

(On aperçoit la race humaine épandue par toute la vallée; ils grimpent aux arbres pour en arracher les fruits, se baignent dans les eaux, courent à l'envi par les prés; les jeunes filles cueillent des fleurs et tressent des couronnes.)

Un homme portant de jeunes arbres qu'il vient d'arracher, s'avance vers Prométhée.

L'HOMME.

Voilà ces arbres comme tu les demandais.

PROMÉTHÉE.

Comment es-tu parvenu à les détacher du sol?

L'HOMME.

Avec cette pierre aiguë je les ai arrachés juste à la racine.

PROMÉTHÉE.

Détache d'abord les branches. — Plante ensuite celle-là ici, dans le sol; celle-ci, là, vis-à-vis, et joins-les par le haut; puis, deux encore ici, par-derrière, et là-haut une en travers; puis des branches du haut en bas, tombant jusqu'à terre, liées ensemble, entrelacées; du gazon tout autour et des sarments encore par-dessus, de manière à ce que les rayons du soleil, ni la pluie, ni le vent, ne pénètrent. — Et voilà, mon enfant, un asile pour toi, une hutte!

L'HOMME.

Grâces te soient rendues, père chéri! merci mille fois! Dis, tous mes frères doivent-ils habiter dans ma hutte?

PROMÉTHÉE.

Non, non; tu l'as construite, elle est à toi : tu peux la

partager avec qui tu veux. Qui en veut avoir une semblable, se la bâtisse !

(Prométhée sort.)

DEUX HOMMES.

PREMIER HOMME.

Ne touche pas à mes chèvres; tu n'en auras pas même un morceau; elles m'appartiennent.

SECOND HOMME.

D'où cela ?

LE PREMIER.

J'ai passé hier le jour et la nuit à grimper sur la montagne; à l'âpre sueur de mon front, je les ai prises vivantes; je les ai gardées cette nuit et enfermées ici avec la pierre et les branches d'arbre.

LE SECOND.

Donne-m'en une ! Moi aussi, hier j'en ai tué une; je l'ai rôtie au feu et mangée avec mes frères. Une te suffit pour aujourd'hui : demain nous en prendrons d'autres.

LE PREMIER.

N'approche pas de mes chèvres.

LE SECOND.

Nous verrons bien !

(Le premier se veut défendre, l'autre lui porte un coup, le renverse, prend une chèvre et s'enfuit.)

LE PREMIER.

A la violence! malheur! malheur!

PROMÉTHÉE survient.

Qu'y a-t-il?

L'HOMME.

Il me vole ma chèvre! — Le sang ruisselle de mon front. — Il m'a terrassé contre cette pierre.

PROMÉTHÉE.

Arrache de cet arbre cette excroissance spongieuse, et applique-la sur ta blessure.

L'HOMME.

Ainsi. — Père chéri! déjà la douleur est apaisée.

PROMÉTHÉE.

Va, et lave ton visage.

L'HOMME.

Et ma chèvre?

PROMÉTHÉE.

Laisse-le! si sa main s'est levée contre quelqu'un, quelqu'un lèvera la sienne contre lui.

(L'homme s'éloigne.)

Non, vous n'êtes pas dégénérés, mes enfants! Vous êtes laborieux et paresseux, féroces et doux, généreux et avares; vous ressemblez à vos frères du destin, et ressemblez aux animaux comme aux dieux.

PANDORE, survient.

PROMÉTHÉE.

Qu'as-tu, ma fille ? pourquoi cette émotion ?

PANDORE.

Mon père ! ah ! ce que j'ai vu, mon père, ce que j'ai senti !

PROMÉTHÉE.

Parle.

PANDORE.

Ma pauvre Mira !....

PROMÉTHÉE.

Que lui arrive-t-il ?

PANDORE.

Des sensations sans nom. Elle s'acheminait vers ce petit bois où nous allions ensemble cueillir des couronnes de fleurs ; je la suivis, et comme je descendais de la colline, je la vis, elle, dans la vallée, étendue sur un lit de gazon. Par bonheur Achar s'était trouvé par là dans le bois ; il la tenait fortement enlacée dans ses bras, de peur qu'elle ne tombât ; puis tout à coup, ah ! voilà qu'il tombe avec elle. Sa belle tête tombe, il la couvre de baisers, et se suspend à ses lèvres comme pour aspirer son âme. L'angoisse me saisit ; je m'élance et crie : ma voix lui rend les sens. Achar la laisse : d'un bond elle se lève et me tombe autour du cou, les yeux à demi voilés. Son sein battait à se briser, sa joue brûlait, sa lèvre était de feu, et des larmes sans nombre ruisselaient de ses yeux.

Je sentis de nouveau ses genoux chanceler; je la retins, ô mon père! et ces baisers, cette flamme, ont versé dans mes veines un tel sentiment inconnu, que, troublée, émue et tout en larmes, enfin je la laissai, elle, et le champ et le bois. — Maintenant parle, mon père : qu'est-ce tout cela qui nous épouvante, elle et moi?

PROMÉTHÉE.

La mort!

PANDORE.

Qu'est-ce?

PROMÉTHÉE.

Ma fille, tu as goûté plus d'une joie.

PANDORE.

Mille! et c'est à toi que je les dois toutes.

PROMÉTHÉE.

Pandore, ton sein battait à l'encontre du soleil levant, à l'encontre de la lune errante; et dans les baisers de tes compagnes tu goûtais une ivresse pure entre toutes!

PANDORE.

Indicible!

PROMÉTHÉE.

Qu'est-ce qui, dans la danse, soulevait lestement ton corps du sol?

PANDORE.

La joie! Tous mes membres s'agitaient, frémissaient aux atteintes du chant des instruments, et je me noyais dans les flots de la mélodie.

PROMÉTHÉE.

Et tout a fini par se résoudre dans le sommeil, joie aussi bien que douleur ! Tu as senti la flamme du soleil, l'ardeur de la soif, la fatigue de tes genoux ; tu as pleuré sur ta brebis perdue ; tu as soupiré, tu as tremblé avant que je ne te guérisse, lorsqu'en parcourant le bois tu t'enfonças une épine dans le talon.

PANDORE.

O mon père ! il y a bien des joies dans la vie, bien des maux !

PROMÉTHÉE.

Et tu sens à ton cœur qu'il existe encore des joies nombreuses, de nombreuses douleurs que tu ne connais pas !

PANDORE.

Oui, oui ! le cœur est souvent pris de langueurs indicibles ! Être partout à la fois et nulle part !

PROMÉTHÉE.

Il y a un moment qui vient tout accomplir, tout ce que nous avons désiré, rêvé, espéré, redouté, Pandore : — c'est la mort !

PANDORE.

La mort !

PROMÉTHÉE.

Sentir dans le plus profond, dans le plus intime de son être, sentir avec épouvante tous les trésors d'émotions que la joie et la douleur ont jamais répandus sur nous ! — Ton cœur se gonfle dans le paroxysme et cherche à se soulager par les larmes, et son ardeur s'accroît; tout s'émeut, tressaille et vibre autour de toi, tu perds l'usage de tes sens, tu te vois défaillir, tu tombes, la nuit partout se fait profonde, et toi, dans un sentiment de plus en plus intime, tu t'empares d'un monde : alors meurt l'homme !

PANDORE, l'embrassant.

O père, mourons !

PROMÉTHÉE.

Pas encore !

PANDORE.

Et après la mort ?

PROMÉTHÉE.

Lorsque tout — désir et joie et douleur — a trouvé sa résolution dans la fougue de la jouissance, puis s'est endormi pour se refaire en un sommeil de volupté, alors tu reviens à la vie, tu renais pour craindre de nouveau, pour espérer, pour désirer.

ACTE TROISIÈME.

PROMÉTHÉE, dans son atelier.

Couvre ton ciel, ô Zeus ! des vapeurs des nuages, et, semblable à l'enfant qui abat les têtes des chardons, exerce-toi contre les chênes et les montagnes. Il faudra bien cependant que tu me laisses ma terre, à moi, et ma hutte que tu n'as point bâtie, et mon foyer dont tu m'envies la flamme.

Je ne sais rien sous le soleil de plus misérable que vous autres dieux! Votre majesté se nourrit péniblement d'offrandes, de victimes, de fumée, de prières, et dépérirait s'il n'y avait là des enfants et des mendiants, pauvres fous qui se bercent d'espérances!

Quand j'étais enfant, que je ne savais que devenir, je tournais mon œil égaré vers le soleil comme s'il y avait eu par derrière une oreille pour entendre ma plainte, un cœur comme le mien pour prendre en pitié les opprimés!

Qui m'est venu en aide contre l'arrogance des Titans? Qui m'a sauvé de la mort, de l'esclavage? N'as-tu pas tout accompli toi-même, ô cœur saintement embrasé! et, dupe que tu étais, ne brûlais-tu pas d'un jeune et naïf sentiment de reconnaissance pour le dormeur de là-haut?

Moi, t'adorer! et pourquoi? As-tu jamais adouci les douleurs de l'opprimé? as-tu jamais essuyé les larmes de celui qui souffre? L'éternité toute-puissante et l'éternel destin, mes maîtres et les tiens, ne m'ont-ils pas forgé homme?

Croirais-tu, par hasard, que je dusse haïr la vie et fuir au désert, parce que toutes les fleurs de mes rêves n'ont pas donné?

Ici je reste à fabriquer des hommes à mon image, une race qui me ressemble pour souffrir et pleurer, et te dédaigner, toi, comme je fais!

VERS POUR DES TABLEAUX.

―――

UN AIGLE, s'élevant avec une lyre.

Faut-il donc que nos chants toujours tendent vers le sublime Éther? Descends plutôt avec ta lyre, que nous chantions l'amour et nos maîtresses.

―――

Le jour, un tourbillon de nuages enveloppant les formes! la nuit, la vie ardente des phalanges étoilées! Tente d'y pénétrer avec tes cordes pures, et tu chanteras l'hymne éternel des sphères.

―――

Bon aigle! pas si vite là-haut avec ta lyre; apporte-la plutôt en bas, que nous nous essayions sur elle : mainte chose est à louer en nous.

―――

UN GÉNIE, prenant son essor au-dessus du globe.

Entre le haut, entre le bas, je flotte à la poursuite d'un beau spectacle; je me complais dans la variété et me rafraîchis dans le bleu.

Assez de *memento mori*, je n'ai que faire d'en parler ici : pourquoi, dans le torrent de la vie, se tourmenter des bornes? Voici ce que moi, vieille barbe, je te recommande, mon ami : *Vivere memento.*

C'est un spectacle pour les dieux de voir des amoureux! Le plus beau jour de printemps n'est pas si chaud, n'est pas si beau.

Comme ils se tiennent et se regardent! leur âme entière voudrait passer dans leurs yeux! Dans une extase incertaine, la main attire la main, une étreinte frémissante lie deux âmes pour toujours.

Comme autour d'eux, de leur âme qui déborde, s'épanouit tout un printemps! C'est votre image, ô dieux! ô dieux, c'est votre image!

LES HOMMES, du dehors.

Éveillez-vous! éveillez-vous! Entendez les amis qui vous appellent, entendez leurs chants, ne dormez pas plus longtemps! Réveillez-vous, réveillez-vous! Entendez les amis, ils vous appellent!

LES FEMMES, du dedans.

Laissez-nous en repos, laissez-nous dormir! doux amis, chantez à notre sommeil! votre musique berce gentiment. Laissez-nous en repos! doux amis, chantez à notre sommeil.

LES HOMMES.

Debout! debout! Entendez les amis, ils vous appellent; entendez leurs chansons! plus longtemps n'hésitez pas! Debout! debout! Entendez les amis, ils vous appellent!

ELLE.

Qu'il est beau, qu'il est doux de savoir qu'on règne dans le cœur du bien-aimé !

LUI.

Qu'il est beau, qu'il est doux d'aller par les champs et les vallons, sa bien-aimée au bras !

ELLE.

On voit avec bonheur les nuages filer, les ruisseaux couler avec calme.

LUI.

Les arbres fleurissent, les fleurs s'épanouissent, on jouit doublement de tout.

TOUS LES DEUX.

Les jours de la jeunesse brillent et fleurissent ; oh ! jouissons de la jeunesse !

ELLE.

L'onde murmure et ne s'arrête pas, les étoiles au ciel filent joyeusement, joyeusement au ciel les nuages filent : l'amour murmure et file ainsi.

LUI.

L'onde murmure, les nuages se dissipent ; mais les étoiles, elles, passent et restent : ainsi de l'amour, de l'amour fidèle : il s'agite et remue, et ne change pas.

LE DIVAN ORIENTAL-OCCIDENTAL.

(PIÈCES CHOISIES.)

HÉGIRE.

Le Nord, l'Ouest et le Sud éclatent; les trônes s'entr'ouvrent, les empires croulent; fuis, va respirer en Orient l'air pur des patriarches, et dans l'amour, l'ivresse et le chant, te retremper aux sources de Chisa!

Là-bas, dans un élément sain, je veux remonter aux origines des races humaines, lorsqu'elles recevaient encore de Dieu les dogmes célestes dans les langues de la terre et ne se rompaient pas la cervelle;

Lorsqu'elles révéraient les aïeux, défendaient tout culte étranger. Je veux prendre plaisir à ces mœurs restreintes des peuples jeunes: vaste croyance, pensée étroite; parole d'autant plus puissante qu'elle est parlée.

Je veux me mêler aux pasteurs, me rafraîchir à l'oasis, lorsque errant avec les caravanes, je ferai le trafic des schalls, du café, de l'ambre; je veux fouler chaque sentier du désert aux cités.

Que je monte ou descende les mauvais chemins rocailleux, Hafis, tes chants me consoleront, les chants que, du haut de son mulet, le guide chante avec ravissement pour éveiller les étoiles et pour effrayer les brigands.

Je veux, dans les bains, dans les hôtelleries, penser à toi, divin Hafis; à toi, quand l'amante expose à l'air son voile et secoue les parfums de ses cheveux ambrés; oui... et que l'amoureux chuchotement du poëte irrite le désir jusque dans le sein de la houri.

Si de cela vous lui en voulez le moins du monde, apprenez que les paroles du poëte voltigent incessamment autour des portes du paradis et frappent, implorant l'immortalité.

GAGES PROPICES.

Le talisman sur cornaline apporte aux croyants bonheur et santé; est-il gravé sur onyx, baise-le d'une lèvre pieuse : il chasse au loin tout maléfice, te garde, toi, et garde les tiens, et pour peu que la parole tracée représente les noms d'Allah, il t'enflamme à l'amour, à l'action; les femmes surtout ont foi aux talismans.

Les amulettes sont aussi des signes formés sur le papier, mais on n'y est plus resserré comme sur l'étroite surface d'une pierre fine, et ici il est permis aux saintes âmes de se choisir de plus longs versets. Les hommes pendent ces brins de papier dévotement à leur cou, comme des scapulaires.

Mais l'inscription ne cache rien derrière elle; elle est elle-même, et ne doit te dire que ce dont tu dis à cœur ouvert : Oui, c'est moi qui le dis!

Pour l'Abraxas rarement je l'offre; ici, le plus souvent, l'absurde qu'invente un esprit en délire tient la place du sublime; s'il m'arrive de vous débiter des sornettes, pensez que je vous offre un Abraxas!

Une bague à sceller est chose difficile à décrire; le plus grand sens dans le plus étroit espace; mais si tu sais t'en approprier une vraie, le mot se trouve gravé, à peine tu y penses.

LIBERTÉ.

Laissez-moi courir sur ma selle! restez dans vos cabanes, dans vos tentes. Je galope joyeux à travers l'espace. Au-dessus de mon bonnet, les étoiles seules!

———

Il vous a donné les astres pour guides à travers le pays et les mers, pour que vous ayez toujours les yeux fixés là-haut.

———

TALISMANS.

Dieu est l'Orient! Dieu est l'Occident; le pays du Nord et du Sud repose dans la paix de ses mains!

———

Lui, le seul juste, veut le droit pour chacun; qu'il soit glorifié par ses cent noms! amen.

———

L'erreur cherche à m'embrouiller; mais toi, tu sais me débrouiller. Quand je trafique, quand je rime, donne à mon chemin la droite ligne.

———

Ma pensée, bien que terrestre, touche à un but supérieur. L'esprit ne s'en va pas en poussière; refoulé en lui-même, il tend là-haut?

———

Dans la respiration sont deux grâces : absorber l'air et s'en décharger. De ces deux mouvements, l'un oppresse, l'autre soulage. Ainsi la vie est un mélange étrange; remercie Dieu lorsqu'il t'opprime, et le remercie encore lorsqu'il te délivre.

ENCORE UN COUPLE.

Oui, l'amour est un grand mérite! où trouver une gloire plus belle? Tu n'es ni riche ni puissant, et cependant te voilà l'égal des plus grands héros! Aussi bien que du Prophète on parlera de Wamik et d'Asra — on ne parle pas d'eux, on les nomme. Leurs noms, tous doivent les connaître; ce qu'ils ont fait et pratiqué, nul ne le sait! qu'ils ont aimé, nous le savons! C'est bien assez pour répondre lorsqu'on s'enquiert de Wamik et d'Asra.

LIVRES DE LECTURE.

Le plus étrange des livres est le livre de l'amour; attentivement je l'ai lu : peu de feuillets pour les joies, des cahiers entiers pour les peines; la séparation forme un paragraphe; le revoir, un petit chapitre fragmentaire! des volumes de martyres avec notes, éclaircissements sans mesure. O Nisami (1)!... tu as trouvé la bonne voie. Qui résoudra l'insoluble? des amants qui se retrouvent.

Oui! c'étaient les yeux, oui, les lèvres qui me regardaient, qui me baisaient! ces hanches sveltes, ce corps si rond fait pour la volupté du paradis! Était-elle là? où donc est-elle? Oui, elle était là, elle a donné, elle s'est donnée en fuyant, et elle a enchaîné ma vie entière!

---

(1) Génie tendre et sentimental qui choisit de préférence les douces vicissitudes du cœur, en opposition à Firdusi, porté vers la tradition héroïque, mort vers 1180.

COMPLIMENT.

Oh! que j'avais de joie au cœur! J'erre dans le pays où trotte Hudhud dans le sentier; je cherchais dans la pierre des coquillages pétrifiés de la mer antique; Hudhud courait çà et là déployant sa couronne et faisait le beau d'un air agaçant, comme s'il eût voulu railler ce qui est mort, lui vivant. Hudhud, m'écriai-je, en vérité vous êtes un bel oiseau! va donc vite, Huppe! va trouver ma maîtresse, et lui dire que je lui appartiens pour toujours! N'as-tu pas aussi jadis fait l'entremetteur entre Salomon et la reine de Saba?

Hudhud répondit: D'un regard elle m'a tout confié, et je suis toujours, comme par le passé, édifié de votre bonheur. Aimez donc! dans ces nuits de séparation, lisez écrit dans les étoiles: Que votre amour lumineux étincelle, uni aux puissances éternelles.

Hudhud, sur la tige d'un palmier, là dans ce petit coin, niche en roulant des yeux, charmant oiseau! et toujours vigilant.

« Tu t'éteins et tu es si riant! tu te consumes et tu chantes si bien! »

LE POÈTE.

L'amour me traite en ennemi! Oui, j'en conviens, je chante le cœur oppressé. Vois! regarde les cierges! ils brillent en se consumant.

Peine d'amour cherchait une place, une place bien désolée et sombre. Elle trouva mon cœur désert, et vint y nicher dans le vide !

MYSTÈRE.

A voir les yeux de ma maîtresse, les gens demeurent étonnés ; mais moi, qui sais tout, je sais ce que cela veut dire.

Cela signifie : J'aime celui-ci, et non celui-là, ni cet autre. Laissez donc là, bonnes gens, vos étonnements et votre ardeur !

Oui ! elle promène ses yeux farouches à la ronde, mais elle le cherche, lui, pour lui apprendre l'heure si douce du rendez-vous.

TIMUR (Il parle).

Quoi ! vous condamnez l'élan sublime de l'orgueil, prêtres stupides ! Si Allah avait voulu faire de moi un ver, il m'en aurait donné la forme.

PROVERBES.

Du jour d'aujourd'hui, de la nuit d'aujourd'hui, ne demande rien que ce que le jour et la nuit d'hier t'ont apporté.

Apprends qu'il me déplaît très-fort que tant de gens

chantent et riment. Qui chasse la poésie du monde? les poëtes.

AVEU.

Qu'est-ce qui est difficile à cacher? le feu! car par le jour la fumée le trahit, par la nuit la flamme le montre. De plus, chose encore difficile à cacher c'est l'amour: si discrètement qu'on le garde, il perce toujours par les yeux. Mais le plus difficile de tous est un poëme: impossible de le tenir sous le boisseau. Le poëte vient-il de le chanter, il en est pénétré dans l'âme; vient-il de le mettre au net sur une jolie page, il veut que tout le monde l'aime. A voix haute, à cœur ouvert il le lit à chacun, qu'il vous assomme ou vous édifie.

ÉLÉMENTS.

De combien d'éléments faut-il qu'un lied se compose pour que le vulgaire le sente volontiers et que les maîtres aient plaisir à l'entendre?

Que l'amour, avant toute chose, soit notre thème quand nous chantons. S'il peut à fond pénétrer le lied, celui-ci n'en sonnera que mieux.

Ajoutez-y le cliquetis des verres, et le rubis du vin qui pétille; car aux amoureux, aux buveurs il faut les plus belles couronnes.

Le bruit des armes est aussi de rigueur: que la trompette retentisse! qu'au moment où le bonheur l'enflamme, le héros se divinise dans la victoire!

Enfin, il est indispensable que le poëte haïsse mainte

chose et ne laisse pas vivre auprès du beau la laideur et le vice.

Si le chanteur sait mêler à souhait l'étoffe de ces quatre éléments, pareil à Hafis, il va réjouir les peuples et les récréer éternellement.

CRÉATION ET ANIMATION.

Maître Adam était une motte de terre que Dieu fit homme; toutefois, de son origine maternelle il lui restait mainte trace grossière.

Les Elohim lui soufflèrent au nez leur meilleur esprit: de ce moment il sembla devenir quelque chose de mieux, car il commença à éternuer.

Cependant avec ses os, ses membres et sa tête, il n'était qu'une pauvre masse, jusqu'au jour qu'il eût trouvé ce qu'il lui fallait: la cruche. La masse aussitôt entre en branle, à peine elle s'est arrosée; de même que la pâte fermente au contact du levain.

Ainsi Hafis, que ta douce chanson, que ton divin exemple nous conduise, au cliquetis des verres, jusqu'au temple de notre créateur!

Que Suléika fût ravie de Joseph, il n'y a point là de merveille; il était jeune, jeunesse a faveur; il était beau, dit-on, à ravir, elle était belle; ils pouvaient être heureux l'un l'autre. Mais que toi qui me fus si longtemps cruelle, tu me lances maintenant des regards de flamme, que tu m'aimes aujourd'hui pour me combler plus tard, voilà ce que mes chants devront célébrer, et je veux désormais te nommer Suléika.

Laissez-moi pleurer, enveloppé des ombres de la nuit, dans le désert infini ! Les chameaux reposent, leurs guides aussi ; l'Arménien veille et compte en silence. Moi, cependant, auprès de lui, je compte les milles qui me séparent de Suléika, et je repasse sur les sinuosités monotones qui allongent si tristement la route. Laissez-moi pleurer ! il n'y a point de honte, les hommes qui pleurent sont bons. Achille pleurait pour Briséis, Xercès pleure son armée non exterminée ; sur son favori frappé à mort, Alexandre pleura. Laissez-moi pleurer ! les larmes fécondent la poussière ; déjà elle verdoie.

SULÉIKA.

Souffle de l'Ouest, combien je t'envie tes ailes humides ! car tu peux aller lui conter à quel point je souffre dans la séparation.

Le mouvement de tes ailes éveille dans le sein une ardeur silencieuse ; les fleurs, les yeux, les bois et les collines sont tout en larmes à ton haleine !

Mais ton souffle doux et pur rafraîchit les paupières souffrantes. Ah ! je sens que je mourrais de douleur si je n'espérais le revoir !

Hâte-toi donc vers mon bien-aimé, parle doucement à son cœur ; mais garde-toi surtout de l'affliger, et lui cache avec soin mes souffrances. Dis-lui, mais tout discrètement, que son amour est ma vie, et que de l'un comme de l'autre sa présence me rendra le sentiment heureux.

Es-tu séparé de ta mie comme l'Orient de l'Occident ? Le cœur court par tous les déserts et se fait partout compagnie à lui-même; pour les amoureux, Bagdad n'est pas loin.

Votre monde si fragile peut toujours se compléter en soi. Ces beaux yeux transparents, ils brillent; ce cœur, il bat pour moi !

Pourquoi faut-il que nous ayons tant de sens ! ils apportent le trouble dans le bonheur. Lorsque je te vois je voudrais être sourd; et lorsque je t'entends, aveugle !

HATEM.

Ce n'est pas l'occasion qui fait le larron, elle est elle-même le plus grand larron; car elle m'a volé le reste d'amour que j'avais au cœur.

Elle te l'a donnée à toi, cette richesse de ma vie entière, et désormais, pauvre que je suis, j'attends de toi mon existence.

Mais je sens déjà la pitié dans l'escarboucle de ton regard, et je me réjouis dans tes bras de ma destinée nouvelle.

SULÉIKA.

Heureuse que je suis de ton amour, je n'accuse point l'occasion. Friponne, dis-tu? ah ! qu'une pareille friponne m'enchante !

Et pourquoi donc parler ici de fraude? A moi donne-toi librement; il me serait si doux de croire que c'est moi-même qui t'ai ravi !

Ce qu'ainsi volontiers tu donnes te rapportera les plus

beaux profits; mon repos, ma vie si riche, je te les livre, prends.

Ne raille pas! point de misère! L'amour ne nous fait-il pas riches? Lorsque je te tiens dans mes bras, quel bonheur dépasse le mien?

SULÉIKA.

Comme je voguais sur l'Euphrate, l'anneau d'or que tu me donnas dernièrement glissa de mon doigt dans l'abîme des eaux.

Ainsi je rêvais! l'aurore me donna dans les yeux à travers les arbres; dis, poëte, dis, prophète, ce que ce rêve signifie.

HATEM.

Je suis prêt à te le dire : ne t'ai-je pas conté souvent comment le doge de Venise se marie avec la mer?

Ainsi, de ton doigt tomba la bague dans l'Euphrate. Ah! doux songe, tu m'inspires mille célestes lieds!

Moi qui de l'Indostan suis allé jusqu'à Damas, pour de là, avec de nouvelles caravanes, me diriger jusques à la mer Rouge.

Tu m'as uni à jamais à ton fleuve, à ta terrasse, à ton bosquet; et ici jusqu'au dernier baiser, mon esprit sera à toi!

SULÉIKA.

Avec quel ravissement intime, ô lied, je comprends ton sens! Plein d'amour, tu sembles dire que je suis à ses côtés!

Qu'il pense éternellement à moi, qu'il m'accorde sans fin l'extase de son amour, à moi qui suis au loin et qui lui ai voué toute ma vie !

Oui, mon cœur est le miroir, ami, où tu te réfléchis, et dans ce cœur, baisers sur baisers ont imprimé ton sceau.

Douce imagination, pure vérité, m'enlace dans les chaînes de la sympathie, essence lumineuse de l'amour incarnée dans le voile de la poésie !

Laisse là ce miroir du monde qu'on appelle Alexandre. Qu'y voit-on, en effet ? — ici et là des peuples silencieux, qu'il chasse avec d'autres par la force et refoule toujours plus loin.

Mais toi, ne t'efforce pas de pénétrer plus avant chez l'étranger ! qu'il te suffise de chanter pour moi, pour moi sujet que ton inspiration s'est choisi. Pense que j'aime, que je vis, pense que je suis ta conquête !

Le monde est vraiment doux à contempler, surtout le monde des poëtes. Sur des champs bariolés, lumineux, argentés, des flambeaux brillent nuit et jour. Aujourd'hui tout m'est splendide ; pourvu que cela dure ! car je vois tout aujourd'hui à travers le prisme de l'amour.

FIN.

TABLE DES MATIÈRES

Introduction.. iii
Dédicace... 1

LIEDS.

Avant-Plainte.. 7
Aux bienveillants.. 7
Le nouvel Amadis.. 8
La Rose des bois.. 9
Colin-Maillard.. 9
La Prude... 10
La Convertie... 10
Comment je fus sauvé....................................... 11
L'Enfant des Muses... 12
Trouvé... 12
Menaces.. 12
Vraie jouissance... 14
L'Adieu.. 14
La belle de Nuit... 15
Bonheur et Rêve.. 15
Souvenir vivant.. 16
Bonheur de l'éloignement................................... 16
A la Lune.. 17
L'Innocence.. 17
La première perte.. 17
Voisinage de l'objet aimé.................................. 18

TABLE DES MATIÈRES.

Présence.	18
Pendant l'absence.	19
Sur le fleuve.	19
La Rupture.	19
L'Inconstance.	20
Arrivée et Départ.	20
Autre Amour, autre Existence.	21
Lied de Mai.	22
Amour sans Repos.	22
Le Flibustier.	23
Lied suisse.	23
Lied du Bohémien.	23
La Destruction de Magdebourg.	24
Motifs.	25
Avec une petite chaîne d'or.	26
Lied de Mai.	26
Plainte du pâtre.	27
Consolation dans les larmes.	27
Printemps anticipé.	28
Sehnsucht.	29
Illusion déçue.	30
Sur le lac.	30
Lied finlandais.	31
Sensations diverses en un même lieu.	31
Du haut de la montagne.	32
Salut de fleurs.	32
En été.	32
A Mignon.	33
A Belinde.	33
Calme de la mer.	34
Sentiment d'automne.	34
Lied nocturne du voyageur.	35
Même sujet.	35
Volupté du chagrin.	35
A la lune.	35
Lied sicilien.	36
A Lina.	36
Propriété.	37
Un printemps de plus.	37
Ressentiment.	38
Lied cophte.	38
Un autre.	39

TABLE DES MATIÈRES.

Le Compagnon orfévre...............................	39
L'Amoureux sous mille formes.......................	40
Lied alterné pour la danse..........................	41
Déclaration de guerre...............................	42
Souhaits de jeunes filles............................	42
Amour à contre-cœur...............................	43
A un cœur d'or qu'il portait au cou.................	43
Semblant de mort...................................	44
Vanitas! vanitatum vanitas!.........................	44
Épiphanie..	45
Table ouverte.......................................	46
Les heureux époux..................................	46

BALLADES.

Mignon...	53
Le Barde...	54
Ballade...	55
La Violette...	57
Le Roi des Aulnes..................................	57
Le Pêcheur...	58
Le Roi de Thulé....................................	59
La Fleurette belle à ravir — Lied du comte prisonnier.	60
Le Voyage nuptial du chevalier Curt.................	62
Chant nuptial......................................	63
Le Chercheur de trésor..............................	65
Le Preneur de rats..................................	66
Devant la justice...................................	66
Le Page et la Meunière..............................	67
Le jeune Gars et le Ruisseau........................	68
Le Voyageur et la Fermière.........................	69
Effet à distance....................................	72
La Cloche qui marche...............................	73
La Danse des morts.................................	73
L'Apprenti sorcier..................................	75
La Fiancée de Corinthe..............................	76
Le Dieu et la Bayadère..............................	80
La Légende du Paria................................	82
Complainte de la noble femme d'Hassan-Aga.........	85

CANTATE.

La première Nuit de Walpurgis.................... 89

ODES.

A mon Ami.................... 93
Ode deuxième.................... 94
Ode troisième.................... 94
Chant de Mahomet.................... 95
Chant des Esprits sur les flots.................... 97
Ma Déesse.................... 97
Traversée.................... 98
L'Aigle et la Colombe.................... 100
Prométhée.................... 101
Ganimède.................... 102
Le Divin.................... 102

POÉSIES DIVERSES.

Le Parnasse allemand.................... 107
Le Parc de Lili.................... 111
Les Musagètes.................... 114
Besoin d'amour.................... 115
Plainte du matin.................... 116
Les Souffrances du jeune Werther.................... 117
Trilogie de la passion. — A Werther.................... 118
Élégie.................... 121
Apaisement.................... 125
Harpes éoliennes, dialogue.................... 125
Impatience.................... 126
Les Gouttes de nectar.................... 128
Phœbus et Hermès.................... 129
Sainte Famille.................... 129
Hymen mal assorti.................... 129
Philomèle.................... 129
Solitude.................... 130
Conseil.................... 130
Chronomètre.................... 130
Les deux Frères.................... 131

TABLE DES MATIÈRES.

	131
Philine	132
Au Laboureur	132
Le Tombeau d'Anacréon	132
Pensée nocturne	133
De loin	133
A Lida	133
De près	134
Mignon	135
Heureux Soucis	
Explication d'une ancienne vignette sur bois représentant la mission poétique de Hans Sachs	136
	140
SONNETS	140
Croissance	141
Bagage de route	141
Départ	145
Époque	146
ÉPIGRAMMES. — Condition fondamentale	146
Aux originaux	146
Humilité	146
Œuf frais, bon œuf	147
Nette et Joliette	148
Traversée heureuse	149
Les Auteurs	150
La Coupe	151
A la Cigale, d'après Anacréon	151
La Joie	153
Les Cerises de saint Pierre, légende	155
Le Voyageur	159
Chant matinal de l'artiste	161
Bon Conseil	161
L'Amour peintre de paysage	163
Chant du soir et l'Artiste	164
Le Connaisseur et l'Enthousiaste	164
Monologue de l'Amateur	165
Études	165
Antique	165
Enthousiasme	165
Idéal	166
Moderne	166
Paysage	166
La Visite	168
Les Sages et les Gens	

Sentiment humain.. 173
Proverbes... 173
Ilmenau... 174

ÉLÉGIES.

Élégies romaines... 185
Alexis et Dora... 200
Le nouveau Pausias et sa bouquetière...................... 206
Euphrosine... 216
Le Revoir.. 221
Amyntas.. 222
ÉPIGRAMMES... 227

ÉPITRES.

Épître première.. 249
Épître deuxième.. 252

L'ACHILLÉIDE.

Chant premier.. 257

PROMÉTHÉE.

Acte premier... 281
Acte deuxième.. 287
Acte troisième... 295
VERS POUR DES TABLEAUX....................................... 297

LE DIVAN ORIENTAL-OCCIDENTAL.

Hégire.. 301
Gages propices... 302
Liberté... 302
Talismans... 303
Encore un couple... 304
Livre de lecture... 304
Compliment... 305
Mystère... 306

TABLE DES MATIÈRES.

Timur	306
Proverbes	306
Aveu	307
Éléments	307
Création et animation	308
Suléika	309
Hatem	310
Suléika	310
Suléika	311
Hatem	311
Suléika	311

FIN DE LA TABLE.

Paris. — Imprimerie de P.-A. BOURDIER et Cie, rue Mazarine, 30.

www.ingramcontent.com/pod-product-compliance
Lightning Source LLC
Chambersburg PA
CBHW050738170426
43202CB00013B/2293